AF816788

WOLFGANG STRÜBELE

Das Wachstum der Weltwirtschaft

Beiträge zur angewandten Wirtschaftsforschung

Herausgegeben von Lothar Hübl

Band 1

Das Wachstum der Weltwirtschaft

Untersuchungen mit Hilfe eines regionalisierten Weltmodells

Von

Dr. Wolfgang Ströbele

Diplom-Mathematiker

DUNCKER & HUMBLOT / BERLIN

CIP-Kurztitelaufnahme der Deutschen Bibliothek

Ströbele, Wolfgang

Das Wachstum der Weltwirtschaft: Unters. mit Hilfe e. regionalisierten Weltmodells. — 1. Aufl. — Berlin: Duncker und Humblot, 1976.
(Beiträge zur angewandten Wirtschaftsforschung; Bd. 1)
ISBN 3-428-03770-7

Gedruckt 1976 bei Emil Homann, Hannover
Printed in Germany

ISBN 3 428 03770 7

VORWORT DES HERAUSGEBERS

In den letzten Jahren rückten die Probleme der zukünftigen wirtschaftlichen Entwicklung der Welt in den Mittelpunkt der wachstumstheoretischen und -politischen Diskussion. Durch Studien wie „Die Grenzen des Wachstums", durch die Ölkrise 1973/74, durch neuartige Wachstumsschwierigkeiten in den Industriestaaten und durch die zunehmende Artikulation von Ansprüchen der Dritten Welt wird die Notwendigkeit deutlich, das Weltwirtschaftswachstum regional differenziert zu analysieren.

Die vorliegende Arbeit stellt einen Baustein für solche Wachstumsanalysen vor, indem die Wirtschaftsentwicklung der Welt durch ein Simulationsmodell quantifizierbar beschrieben wird. Das Modell ist in zehn regionale Submodelle gegliedert, die über einen dynamischen Handelskopplungsmechanismus verbunden sind. Sowohl unter theoretischen Aspekten als auch vom Zahlenmaterial her wird ein vertiefter Überblick über das Wachstum der Weltwirtschaft gegeben.

Hannover, im Sommer 1976 — Lothar Hübl

INHALTSVERZEICHNIS

I. Fragestellungen an eine Wachstumsuntersuchung

Zu Beginn der siebziger Jahre wurde der grenzenlose Wachstumsoptimismus der fünfziger und sechziger Jahre durch einen ebenso großen Pessimismus in den industrialisierten Ländern abgelöst. Dieser neue Wachstumspessimismus artikuliert sich in den verschiedensten Formen. Gemeinsame Basis aller Diskussionen ist die Überzeugung: "Das Boot ist voll, wir müssen uns im 'Raumschiff Erde' einrichten."[1] Die negativen Begleiterscheinungen der Entfaltung der Produktivkräfte im Zuge der zunehmenden Industrialisierung lassen es immer zweifelhafter erscheinen, ob der eingeschlagene Weg langfristig stabil sein kann oder ob nicht die Kosten den Nutzen vielfach übersteigen werden.

Die Argumentation der Wachstumspessimisten beruht im Gegensatz zur Argumentation früherer Pessimisten wie etwa Malthus nicht auf einfachen, fast monokausalen Wirkungs- und Rückwirkungsketten, sondern auf einem komplexen Zusammenspiel verschiedener Faktoren wie Bevölkerungszunahme, Abbau nichtersetzbarer Rohstoffvorräte, Luft- und Wasserverschmutzung, ökologische Störungen durch Chemikalien, Bodenerosion durch übermäßige Düngung und Bewässerung etc.

Schon diese kurze Auflistung der in der Argumentation auftretenden Einflußgrößen zeigt, daß die herkömmliche Trennung der Wissenschaft in Einzeldisziplinen einer Erforschung der langfristigen Wachstumsmöglichkeiten im Wege steht. Angesprochen sind Demographen, Chemiker, Agronomen, Ökonomen, Soziologen u.a.[2]

Als bisheriger Höhepunkt der wachstumspessimistischen Untersuchungen kann sicherlich die Studie 'Die Grenzen des Wachstums' von D.Meadows u.a.[3] gelten, die verkündet, daß lediglich ein baldiger Wachstumsstopp eine Katastophe innerhalb der nächsten 100 Jahre verhindern kann. Im folgenden wird kurz an Hand der inzwischen bereits ausgiebig diskutierten Mängel dieser Studie ein Katalog von Forderungen an eine langfristige Wachstumsunter-

1) B.Fritsch,"Wachstumsbegrenzung als Machtinstrument", Stuttgart, 1974, S. 9.
2) Die Neigung z.B. der Ökonomen, durch einen 'Deus ex machina' in Gestalt des 'technischen Fortschritts' bestimmte Probleme auszuklammern, ist den Problemen nicht angemessen. Vgl. z.B. H.Bossel,"Unser Weg in die Zukunft bleibt unsicher", Frankfurter Allgemeine Zeitung, 22.12.1972.
3) D.Meadows u.a.,"Die Grenzen des Wachstums", Stuttgart, 1972, engl. "The Limits to Growth", New York, 1972.

suchung entwickelt. Seit Herbst 1972 entwickelt ein Team unter der Leitung von E.Pestel, Hannover und M.Mesarovic, Cleveland/Ohio ein umfangreiches Wachstumsmodell, das technische, ökonomische und politische Aspekte integriert. Der Verfasser der vorliegenden Arbeit hat als Teammitglied entscheidend bei der Erstellung der ökonomischen Ebene des Modell mitgearbeitet. Diese Arbeit stellt den eigenständigen Beitrag des Verfassers für eine spezielle Ebene eines großen Gesamtmodells dar, das im folgenden als MP-Modell bezeichnet wird. Die Konzeption und die Ergebnisse dieses Teilmodells, das im folgenden diskutiert wird, sind auf diesem Hintergrund zu sehen. Insbesondere sind z.B. Projektionen über längere Zeiträume nicht als Prognosen anzusehen, da entscheidende Einflüsse aus anderen Modellebenen in diesem Stadium der Modellkonzeption nicht berücksichtigt sind!

Die Arbeit gliedert sich in drei große Hauptteile:
Teil I beschreibt die Fragestellungen und den methodischen Ansatz des Modells: In Kapitel 1 wird ausgehend von der Kritik an der Studie 'Die Grenzen des Wachstums' ein Katalog von Forderungen an die Wachstumstheorie als Teilgebiet der Volkswirtschaftslehre entwickelt werden. Die Methodologie eines computerorientierten Ansatzes und die Bedeutung der sogenannten Mehrebenensystemtheorie für die hier zu untersuchenden Probleme werden in Kapitel 2 dargestellt.
Teil II enthält ein spezielles ökonomisches Modell mit mehreren Teiluntersuchungen, die die Wachstumsbedingungen in einer in zehn Regionen gegliederten Welt untersuchen. Das Kapitel 3 stellt die einzelnen Modelbausteine vor und beschreibt die Zusammenfügung zu einem gekoppelten regionalisierten Weltmodell. Kapitel 4 referiert die Simulationsergebnisse mit diesem Modell.
Teil III enthält im Kapitel 5 den Datenanhang und in Kapitel 6 die Literaturliste.

Die Arbeit wurde Ende 1974 praktisch abgeschlossen und im Frühjahr 1975 fertiggestellt. Datenmaterial aus späteren Veröffentlichungen z.B. der UNO oder des IMF etc. konnte nicht mehr berücksichtigt werden.

1. Einleitung

1.1. Grenzen des Wachstums

Um das Jahr 1600 betrug die geschätzte Erdbevölkerung rund 0,5 Milliarden Menschen. Um 1800 lag sie noch unter einer Milliarde, 1930 waren etwa 2 Milliarden erreicht. Seit 1950 ist die Weltbevölkerung von weniger als 3 Milliarden Menschen auf rund 3,6 Milliarden im Jahre 1970 gestiegen, ein absoluter Zuwachs, für den vor 300 Jahren mehr als die zehnfache Zeit benötigt wurde. Optimistische Schätzungen für das Jahr 2000 rechnen mit rund 5 Milliarden Menschen, pessimistische mit 7 Milliarden.[4)]
Die Weltindustrieproduktion stieg in den letzten 20 Jahren um rund 7 % jährlich, d.h. sie verdoppelte sich alle zehn Jahre.[5)]
Der Weltenergieverbrauch stieg seit 1955 jährlich um über 5 % mit einer entsprechenden Verdopplungszeit von 13 - 14 Jahren. Prognosen für das Jahr 2000 rechnen mit einem Mindestenergiebedarf von 25 - 30 Milliarden Tonnen Steinkohlenäquivalenten gegenüber rund 4 Milliarden im Jahre 1955.

Die Liste der Beispiele für ein derart beschleunigtes Wachstum in den letzten Jahrhunderten und Jahrzehnten ist lang. Es ist eine Binsenweisheit, daß in einem endlichen System jedes derartige Wachstum Grenzen hat. Die Erde ist ein solches endliches System. Die Frage ist also: Wo sind die Grenzen, wodurch wird das Wachstum der verschiedenen Größen jeweils abgeschwächt, welche Zeitverzögerungen, d.h. welche 'Bremswege' treten dabei auf, etc.? Das bekannte Seerosenbeispiel verdeutlicht in dieser Situation die dringende Notwendigkeit vorausschauender Planung: Verdoppelt sich täglich die Fläche, die eine Seerose in einem Teich bedeckt, und ist der Teich nach 30 Tagen vollständig zugewachsen, so erscheint die Situation z.B. noch am 27. Tag recht harmlos und kontrollierbar, denn der Teich ist dann erst zu einem Achtel zugewachsen. Der endgültige Kollaps vollzieht sich dann jedoch innerhalb von drei Tagen, und man hat kaum noch Zeit für Gegenmaßnahmen.

---

4) P. und A. Ehrlich,"Bevölkerungswachstum und Umweltkrise", Frankfurt/M., 1972.
5) Aus der Formel $(1+0.01\cdot x)^t \cdot a_0 = 2\cdot a_0$, d.h. einer Wachstumsrate von x % pro Periode, erhält man für "kleine" x (unter 10) als Abschätzung für die Verdopplungszeit $t = \log 2 / \log (1+0.01\cdot x) \approx 0,7\cdot 100/x = 70/x$.

Das enorme Wirtschaftswachstum in den letzten Jahrhunderten hat zwar für viele Menschen, insbesondere in den Industrieländern, große Einkommens- und Wohlstandssteigerungen gebracht, doch sind parallel dazu neue Probleme entstanden und in ebenso große Dimensionen hineingewachsen, wie sie vorher unbekannt waren: Die Luftverschmutzung durch den industriellen Prozeß, die Wärmeabgabe an Athmosphäre und Wasser, die Eutrophierung von Gewässern, Gifte in Nahrungsketten sind zum ersten Mal in der Geschichte der Menschheit über fast alle nationalen Grenzen hinweg zum weltweiten Problem geworden.
Ähnliche Erscheinungen in früheren Zeiten, wie z.B. die Luftverschmutzung in den Industriegebieten Englands oder Mitteleuropas, konnten noch zu Recht als lokale Störungen im ökologischen System der Erde betrachtet werden. So ernst sie für die betroffene Region waren, so konnten sie doch den weltweiten Stoffwechsel der Natur nicht nennenswert belasten.
Auf Grund dieses lokalen Charakters können die Umweltprobleme dieser Zeit nur sehr beschränkt für die heutige Diskussion herangezogen werden. Die Möglichkeiten der Natur zur quasi-automatischen Selbstreinigung nehmen in dem Maße ab, wie die Industrialisierung mit ihren negativen ökologischen Begleiterscheinungen global voranschreitet.
Zwei entscheidende Fragen müssen geklärt sein:
- Wo liegt die Größenordnung, die zum Umschlag der Quantität in Qualität führt? Wie lange läßt sich z.B. die Erdatmosphäre durch Abwärme aufheizen, bis klimatische Schwankungen größeren Ausmaßes auftreten? Wenn nur wenige Grad Celsius erforderlich sind, dann ist offensichtlich ein bloßes Aufaddieren der Abwärme nur innerhalb enger Grenzen sinnvoll.[6)]
- Welche Rückkopplungen und Wechselwirkungen bestehen zwischen den verschiedenen Problemen? Inwieweit sind isolierte Maßnahmen zur Lösung bestimmter Probleme, wie z.B. Einsatz von DDT zur Bekämpfung von Hungersnöten durch Mißernten, überhaupt noch sinnvoll?

6) Vgl. z.B. B.Fritsch, op. cit., S. 77 ff.

Die Hauptschwierigkeit der gegenwärtigen ökologischen Debatte liegt einerseits in dem Mangel an gesicherten Kenntnissen über die beiden oben genannten Grundfragen - die Menschheit ist auf vielen Gebieten von den dramatischen Grenzen noch weit entfernt, was jedoch z.B. bereits heute auf einigen Gebieten wie Nahrungsmittelbereitstellung für alle Menschen oder Oberflächenwasserverschmutzung schon stark relativiert werden muß, so daß es zwangsläufig 'optimistische' und 'pessimistische' Szenarios geben wird hinsichtlich der zukünftigen Entwicklungschancen - andererseits hat das Wissen um lange 'Bremswege' ein Gefühl für die Dringlichkeit von Maßnahmen und rechtzeitigen Änderungen entstehen lassen. Selbst wenn z.B. ab sofort auf jeden Menschen genau ein Kind als Nachfolger käme, stiege die Erdbevölkerung auf Grund des Altersschichtungseffektes bis zum Jahre 2000 auf rund 5 Milliarden Menschen an.

Als die wichtigsten Eingriffe des Menschen in das ökologische System der Erde, welche nicht länger als eine 'quantité négligeable' anzusehen sind, wären zu nennen:

- In wenigen Jahrzehnten verbrennt der Mensch fossile Stoffe, die in mehreren Millionen Jahren entstanden sind;
- Durch die Erzeugung von radioaktiven Abfällen mit Halbwertszeiten von bis zu tausend Jahren werden zukünftigen Generationen von der heutigen Generation unübersehbare Folgelasten aufgebürdet;
- Die natürlichen Gleichgewichte im Klima, in der Bodenbeschaffenheit, Tier- und Pflanzenwelt haben sich in Zeiträumen von Jahrtausenden eingestellt; der Mensch ist heute in der Lage, in Jahrzehnten Störungen in diesen Gleichgewichten herbeizuführen;
- Der Mensch löst Veränderungen in einem Ausmaß und Tempo aus, welche seine Fähigkeiten übersteigen, Verhalten und Normen anzupassen.[7)]

"Der gegenwärtige Zustand der menschlichen Spezies insgesamt im Verhältnis zu ihrer gesamten Umwelt ist ein so weites Feld, daß vorsichtige und besonnene Leute eher vermeiden, es zum Ge-

7) Vgl. B.Fritsch, op. cit., S. 122.

genstand einer einzigen kurzen Abhandlung zu machen."[8]
Angesichts der bereits heute drängenden Probleme wie Nahrungsmittelversorgung für eine steigende Erdbevölkerung, Erschöpfung von wichtigen Rohstoffreserven, ungleicher Macht- und Einkommensverteilung, Umweltbedrohung gibt es für die Wissenschaft zwei prinzipiell verschiedene Wege:

- Die Wissenschaft bleibt vorsichtig und besonnen. Angesichts der zugegebenen Komplexität der Probleme ist eine fundierte Stellungnahme zu vielen Fragen augenblicklich schwer möglich. Stattdessen verfolgen Spezialisten der verschiedenen Disziplinen ihren 'piecemeal approach' mit der möglichen Konsequenz, daß die empfohlenen Maßnahmen sich eventuell gegenseitig aufheben, die Situation an einer Stelle auf Kosten anderer Bereiche verbessern oder Kombinationen von Maßnahmen, die sich ergänzen können, eventuell nicht gesehen werden. Insbesondere ist unter den gegenwärtigen gesellschaftlichen Bedingungen damit zu rechnen, daß sich vorwiegend technokratische Konzepte als die 'einzig machbaren' durchsetzen.
- Die Wissenschaft geht auf dem recht brüchigen Fundament bisher gesicherter Erkenntnisse methodisch neue Wege, überschreitet die Grenzen der Spezialdisziplinen und versucht die Synthese der beteiligten Einzeldisziplinen zu einer 'Ökologischen Wissenschaft'. Dabei dürften sukzessive die Fundamente besser werden. Gleichzeitig ist mit Kontroversen über Methoden und Lösungsansätze zu rechnen, was jedoch als Zeichen für eine wichtige Fragestellung positiv zu werten ist.

Ein Ansatz, der bei aller berechtigten Kritik dem letztgenannten Weg zuzuordnen ist, hat in den vergangenen zwei Jahren für weltweites Aufsehen gesorgt. Die Studie von D.Meadows u.a. über 'Die Grenzen des Wachstums'[9] sowie das vorausgegangene Buch von J.W. Forrester[10], die im Auftrage des Club of Rome erstellt wurden, lösten nicht nur in wissenschaftlichen Kreisen, sondern auch in einer breiten Öffentlichkeit heftige Diskussionen aus.

8) S.R.Eyre,"Man the Pest: Eine Frage des Überlebens", zitiert aus: Kursbuch 33, Berlin, 1973, S. 53.
9) D.Meadows u.a., op.cit.
10) J.W.Forrester,"Der teuflische Regelkreis", Stuttgart, 1972.

Im folgenden wird auf die ernstzunehmende Kritik an der Studie eingegangen, um die allgemeinen, grundsätzlichen Probleme einer Wachstumsuntersuchung, die ökonomische, politische, technische und ökologische (i.e.S.) Fragen behandelt, zu erörtern. Kritik, die aus falsch interpretierten Aussagen der Studie abgeleitet wurde oder bereits anderweitig als unbegründet zurückgewiesen wurde, soll hier beiseite gelassen werden.[11)]

Die vorgebrachte Kritik läßt sich unter drei große Überschriften zusammenfassen: Ideologiekritik, Methodenkritik und immanente Modellkritik.

a) Ideologiekritik

Unter dem Gesichtspunkt Ideologiekritik wird vor allem zum einen die Legitimation des Club of Rome als Initiator der Studie in Zweifel gezogen, zum anderen der Zeitpunkt des Erscheinens der Studie als Zeichen der ideologischen Ausrichtung gewertet. Der Club of Rome wird als ein Gremium der Industrie angesehen[12)], seine Aktivitäten als Ausfluß der Kapitalinteressen der amerikanischen, japanischen und europäischen Großindustrie. Die Finanzierung durch die VW-Stiftung wird als Indiz für Industrieabhängigkeit gewertet. Zu dieser Argumentation ist zu sagen, daß sie bei aller Gefahr der Beeinflussung von Wissenschaft durch finanzstarke Interessen den Club of Rome nicht treffen dürfte. Denkt man z.B. an die ordnungspolitischen möglichen Konsequenzen eines Wachstumsstopps, von wirksamer Umweltkontrolle etc., so wäre die Studie als ein potentielles Eigentor der Industrie zu werten. Sie hat zu verbreiteter Diskussion von Themen wie Investitionskontrolle, Rohstoffvergeudung und Gefälle zwischen Industrie- und Entwicklungsländern beigetragen und insofern antikapitalistische und antiindustrielle Propaganda ausgelöst.

Der andere Aspekt der Ideologiekritik verfängt m.E. eher. Diese setzt beim Zeitpunkt des Erscheinens der Studie an. Die Lebensverhältnisse für viele Menschen in vielen Ländern sind heute mi-

11) Vgl. z.B. W.Beckerman,"Economists,Scientists, and Environmental Catastrophe", Oxford Economic Papers, Vol.24, Nov. 1972 (3) und die Antwort auf diesen Artikel von L.S.Brown u.a.,"Are there Real Limits to Growth? - A Reply to Beckerman", Oxford Economic Papers, Vol.25, Nov. 1973 (3).

12) Vgl. z.B. G.Kade,"Wirtschaftswachstum und Umweltschutz im Kapitalismus", in: H.v.Nussbaum, (Hrsg.),"Die Zukunft des Wachstums, Düsseldorf, 1973.

serabel; doch ist dies ein Zustand mit langer Tradition. Im 19. Jahrhundert litten ebensoviele Menschen unter unwürdigen Arbeitsbedingungen und Umweltverschmutzung, ebensoviele waren mangelhaft ernährt und bekamen nur unzureichende Gesundheitsversorgung oder lebten in schlechten Wohnverhältnissen wie heute. Es ist nicht von der Hand zu weisen, daß das Interesse am Umweltschutz erst in dem Augenblick virulent wird, wo abzusehen ist, daß auch ein hohes Einkommen, geschweige denn ein Mittelklasseneinkommen keine Sicherheit mehr bietet, sich ein sauberes Refugium zu erhalten. "Erst seitdem auch die Wohnviertel und die Lebensverhältnisse der Bourgeoisie den Umweltbelastungen ausgesetzt sind, hat die ökologische Bewegung eingesetzt. Was ihre Propheten mit Schrecken erfüllt, ist weniger die ökologische Verelendung, die bereits seit Menschengedenken herrscht, als deren Verallgemeinerung."[13)]

Das Thema Umweltschutz stellt sich in dieser Kritik dar als das Interesse der Ober- und Mittelklasse, ihren Lebensbereich sauber zu erhalten. Doch selbst wenn dieses Interesse eingeräumt und kritisiert wird - von Ideologiekritik werden Menschen nicht satt, werden Luft und Wasser nicht sauberer, erfährt man nichts über langfristige Gefahren und Möglichkeiten. Jedes gehaltvolle Konzept muß über die notwendige Ideologiekritik hinausgehen und inhaltliche Aussagen über zukünftige Perspektiven machen. Genau diese Forderung meint H.M.Enzensberger mit seiner Kritik der Ideologiekritik: Die Ideologiekritik "ist, auf sich allein gestellt, keineswegs in der Lage, ihren Gegenstand zu erledigen; denn sie ist immer nur die Interpretation einer Interpretation realer Verhältnisse und kann deshalb diese nicht aus den Angeln heben. Der Gestus des 'Entlarvens', der ihr eigen ist, kann zur selbstgenügsamen Pflichtübung werden, wenn der Blick an der Larve fixiert bleibt, statt sich auf das Entlarvte zu richten."[14)]

Propagandistisch wirkungsvoller, da für die anstehenden Probleme konkreter, sind z.B. die Untersuchungen der argentinischen

---

13) H.M. Enzensberger,"Zur Kritik der politischen Ökologie", in: Kursbuch 33, Berlin, Oktober 1973, S. 9.

14) Ebenda, S. 22.

Gruppe um A.O.Herrera. Auf einer Tagung in Wien 1974 konnte er demonstrieren, daß das lateinamerikanische Reservoir an Arbeitskräften, Kapitalgütern und natürlichen Ressourcen ausreichen könnte, auch einer wachsenden Bevölkerung die Basisbedürfnisse in den Bereichen Ernährung, Wohnung, Ausbildung und Gesundheitsversorgung zu befriedigen. Notwendige Voraussetzung wären Umorientierung der wirtschaftspolitischen Ziele und entsprechende Umstrukturierung der Investitionen. Das zeigt, daß die materielle Basis zur Beseitigung von Hunger und Not in Lateinamerika vorhanden sein könnte, ist also sehr konkrete Utopie.[15] Eine Untersuchung wie diese rückt die Ideologiekritik in ihrer Bedeutung für Wachstums- und Umweltfragen auf einen bescheideneren Platz.

b) Methodologische Kritik

Die methodologische Kritik an der Studie 'Die Grenzen des Wachstums' richtet sich zum einen auf die starre, mechanistische Struktur des Modells, zum anderen auf die einseitige Konzentration auf quantifizierbare Größen.
Die mechanistische Struktur des Modells verhindert Anpassungen an Krisensituationen, erlaubt keine politischen Eingriffe und ist deshalb zu Recht angegriffen worden. Ein realistischeres Konzept hätte aufzuzeigen, welche Katastrophen durch rechtzeitiges Eingreifen verhindert oder abgemildert werden können, welche Konsequenzen eine Umorientierung der Ziele haben kann etc.

Die ausschließliche Einbeziehung quantifizierbarer Größen ist ein Dilemma jeder operational ausgerichteten Untersuchung, zumal auf Computern nur Zahlen zu verarbeiten sind. Bei hinreichend einfachen qualitativen Zusammenhängen ist es jedoch prinzipiell möglich, auch diese durch Übersetzung in computerverständliche Strukturen auf einer Rechenanlage zu implementieren. Die Kritik an der Nichteinschließung von rein qualitativen Größen wie z.B. Machtverteilung auf der Erde, politische und kulturelle Faktoren ist dann als Kritik an den gewählten wichtigen Modellvariablen zu verstehen. Darauf wird in Punkt c) noch einmal eingegangen.

15) Vortrag von A.O.Herrera auf der IIASA-Konferenz,"Multilevel Computer Model of World Development System", Laxenburg bei Wien, 29.4. - 3.5.1974.

c) Modellimmanente Kritik

Die modellimmanente Kritik hat derart viele kritische Argumente gegen die Studie 'Die Grenzen des Wachstums' vorgebracht, daß allein auf Grund dieser Einwände eine Überprüfung und Verbesserung des Modells notwendig erscheint. Es soll hier nicht eine breite Zusammenstellung der bisher vorgebrachten Kritik folgen. Allein in der deutschsprachigen Literatur sind dazu bereits mehrere Arbeiten greifbar.[16)]

Die modellimmanente Kritik läßt sich in drei Bereiche einteilen: Kritik an 1. Struktur, 2. Daten und 3. Berechnungsmethoden im Modell.[17)]

Positiv wird von den meisten Kritikern die Darstellung der Welt als geschlossenes komplexes System gewertet. Bezweifelt wird jedoch, ob die wichtigsten Modellvariablen eingeschlossen sind, vor allem, ob die Festlegung ihrer Verknüpfung und die Beschreibung der Wechselwirkungen korrekt erfolgt ist. Unter anderem wird das Fehlen des Einflusses von Forschung und Wissenschaft oder das Ignorieren von sozialen oder politischen Anpassungsprozessen kritisiert. Die Wahl der verwendeten Rückkopplungen, die z.T. nur heuristisch begründet ist, scheint entscheidenden Einfluß auf bestimmte Modellergebnisse zu haben. So hängen z.B. Ergebnisse von Simulationsläufen stark vom gewählten Startzeitpunkt ab, d.h. es ist nicht gleichgültig für die Modellverläufe, ob die Simulation im Jahre 1900 oder im Jahre 1880 gestartet wird.[18)] I.O.Rademacher von der holländischen Arbeitsgruppe 'Project Group Global Dynamics' weist darauf hin, daß die angeblich komplexe Struktur in Wirklichkeit vom Einfluß einer einzigen

16) Die wichtigsten in Buchform erschienen Beiträge: Freeman/Jahoda u.a. (Hrsg.), "Zukunft aus dem Computer?", Neuwied/Berlin, 1973; H.v.Nussbaum (Hrsg.), "Die Zukunft des Wachstums", Düsseldorf, 1973; Enzensberger/Michel (Hrsg.), "Kursbuch 33", Berlin, Oktober 1973; K.Scholder, "Grenzen der Zukunft", Stuttgart, 1973; letzterer enthält eine ausführliche Biographie über die Diskussion im angelsächsischen und deutschen Sprachraum; in den deutschsprachigen Zeitschriften ist besonders die Debatte in der 'Neuen Zürcher Zeitung' vom Herbst 1972 zu beachten.

17) Vgl. H.S.D.Cole, "Die Struktur der Weltmodelle", in: Freeman/Jahoda, op.cit., S. 17 ff.

18) Vgl. H.S.D.Cole/R.C.Curnow, "Bewertung der Weltmodelle", in: Freeman/Jahoda, op.cit. S. 180 ff. und die Antwort darauf von D.Meadows u.a., "A Response to Sussex", Futures, Vol. 5 (1), Febr. 1973.

Modellvariablen, nämlich des Industriekapitalstocks, dominiert wird.[19)] Verschiedene Ökonomen versprechen sich von der Einführung von Preisvariablen rechtzeitige Korrektur von Fehlentwicklungen.[20)]

Die wichtigste Kritik trifft jedoch den globalen Charakter der Studie. Die Welt besteht aus einer einzigen Region, die meisten Variablen sind globale Durchschnittswerte. Krisen treten weltweit auf, lokale Krisen können wegen der starren globalen Struktur nicht explizit erfaßt werden. Die Verfasser der Studie weisen zwar darauf hin, daß sie rein lokale Krisen als unwahrscheinlich ansehen angesichts der wachsenden Interdependenz des gesamten Weltsystems. Doch scheint auf Grund des starken Konfliktabwälzungspotentials der Großmächte eher wahrscheinlich, daß bestimmte Regionen unter Nahrungsmittelkrisen, Rohstoffverknappung und anderen Problemen früher und intensiver zu leiden haben werden als andere.[21)]
Eine verbesserte Studie über die langfristigen Wachstumsmöglichkeiten hätte als erstes eine regionale Differenzierung der Erde vorzunehmen und die Möglichkeiten von regionalen Zielkonflikten und Interessenskollisionen zu berücksichtigen.

---

19) Vortrag von I.O.Rademacher auf der IIASA-Konferenz in Wien am 2.5.1974, inhaltliche Wiedergabe etwa in: Progress Report No. 2 der Gruppe 'Global Dynamics', Manuskript, Eindhoven, 1972.
20) Vgl. z.B. W.Beckerman, op.cit.; L.Silk,"Ecological Disaster: How Imminent?", New York Times, 13.3.1972; L.R.Klein, persönliche Mitteilung, Mai, 1974.
21) Vgl. B.Fritsch, op.cit., S. 38 ff., insbesondere S. 50 f.
Die drastische Ölverteuerung durch die OPEC-Staaten 1973/74 hat zwar die Industrieländer in erhebliche Schwierigkeiten gebracht, doch sind die am stärksten Betroffenen die übrigen Länder der Dritten Welt ('Vierte Welt'). Neben der Ölverteuerung, die sich direkt auf Energie- und Düngemittelkosten auswirkt, haben sich als Sekundäreffekt die Industriegüter, die sie importieren, drastisch verteuert. Die Terms-of-trade-Verbesserung der OPEC-Staaten wird damit zu einem großen Teil durch die übrigen Entwicklungsländer mitgetragen. Vgl. den Jahresbericht der International Finance Corporation 1974, zitiert in: Frankfurter Allgemeine Zeitung, 17.9.1974.

1.2 Fragestellungen an eine Wachstumstheorie

Angesichts der durch die Studie 'Die Grenzen des Wachstums' aufgeworfenen Fragen liegt es nahe, in der Wissenschaft 'Ökonomie' nach möglichen Beiträgen zur Verbesserung von langfristigen Zukunftsprognosen zu fragen. Welche Hilfe gibt die Wachstumstheorie, wenn es um Fragen wie Umweltbelastungen, Ressourcenverknappung, Hunger und ähnliche wichtige Probleme geht?

In den Nachkriegsjahrzehnten volkswirtschaftlicher Theorieentwicklung dominierte in der Wachstumstheorie die sogenannte neoklassische Variante. Kennzeichen der neoklassischen Wachstumstheorie sind die Verwendung makroökonomischer Produktionsfunktionen mit den Inputs Arbeit, Kapital und technischer Fortschritt, die Voraussetzung von perfekt funktionierenden Märkten und die Konzentration auf komparativ-statische Gleichgewichtszustände.[22)] Die mangelnde Ausrichtung auf empirisch gehaltvolle Fragestellungen wurde in den letzten Jahren derart intensiv kritisiert, daß die neoklassische Wachstumstheorie zu Recht als ein großartiges formales Gebäude ohne empirische Relevanz erscheint.[23)] Diese Kritik sowie z.B. die sogenannte Cambridge-Kritik sollen hier nicht detailliert dargestellt werden.[24)] Es ist nur festzuhalten, daß die vorherrschende Wachstumstheorie auf die meisten in den wachstumspessimistischen Untersuchungen angeschnittenen Probleme nicht eingeht, sie ausklammert und entsprechend von ihr keine Anstöße für eine Verbesserung der Wachstumsprojektionen zu erwarten sind.

Die neoklassische Wachstumstheorie verdient insofern ihren Namen nicht, als sie eine große Zahl von Fragestellungen der klassischen Nationalökonomie stillschweigend übergeht. Daß in einer solchen Situation die Anstöße für neue Fragestellungen aus anderen Disziplinen kommen, ist nicht erstaunlich. "Die Wachstumsmodelle der MIT-Autoren sind Ausdruck eines wiedererwachten In-

---

22) Vgl. z.B. H.König,"Ansätze und Probleme der Wachstumstheorie", Einleitung zu H.König (Hrsg.),"Wachstum und Entwicklung der Wirtschaft", Köln/Berlin, 1968; oder H.Hahn und R.C.O.Matthews,"The Theory of Economic Growth", Economic Journal, Vol. LXXIV, 1964, S. 779 ff.

23) Vgl. z.B. die Beiträge in B.Gahlen und A.Ott (Hrsg.),"Probleme der Wachstumstheorie", Tübingen, 1972.

24) Vgl. z.B. G.C.Harcourt,"Some Cambridge Controversies in the Theory of Capital", Journal of Economic Literature, 7, 1969, S. 369 ff.

teresses an den Fragestellungen der klassischen Nationalökonomie."[25)]

Als Rahmenforderungen für eine empirisch gehaltvollere und ökologischen und politischen Fragestellungen offene Wachstumstheorie sollten gestellt werden:

- An Stelle des eindimensionalen Sozialproduktbegriffs sind die sektoralen Komponenten und Verflechtungen in Produktion und Verbrauch aufzuzeigen.
- Die Beschränkung von Wachstumsuntersuchungen einer einzigen Volkswirtschaft sind zu ersetzen durch die Betrachtung mehrerer untereinander durch Handel und Kapitalverkehr verbundener Volkswirtschaften.
- Die Voraussetzung perfekt funktionierender Märkte und die makroökonomische Theorie der Einkommensverteilung gemäß den 'Grenzproduktivitäten' der Faktoren sind zugunsten anderer Konzepte zu überprüfen.
- Die Analyse von Gleichgewichtssituationen ist zumindest um die Untersuchung von Mechanismen, die in Ungleichgewichtssituationen wirken, zu ergänzen.
- Explizite Miteinbeziehung des Faktors 'Boden' erlaubt eine Berücksichtigung ökologischer Beschränkungen. Wird Boden als freies Gut behandelt, ist eine ökologisch orientierte Wachstumstheorie nicht möglich.
- Das Ausklammern politischer und sozialer Faktoren ignoriert, daß Wachstum entscheidend von Zielsetzungen und sozialen Strukturen abhängt und umgekehrt diese auch beeinflußt.
- Methodisch heißt das Verfolgen dieses Programms vor allem die Suche nach Konzepten, die einerseits hinreichend formal und operationalisierbar sind, um wirtschaftspolitische Aussagen zu erlauben, andererseits so komplexe Strukturen zulassen, daß eine 'realitätsgerechte' Beschreibung von Wachstum möglich ist. Insbesondere wird man als reduziertes System, das den Wachstumspfad beschreibt, nicht eine elementar-analytische Differentialgleichung erwarten dürfen.[26)]

---

25) K.L.Pavitt,"Malthus und andere Ökonomen - Prognosen des Untergangs in neuem Licht", in: Freeman/Jahoda, op.cit., S. 244.

26) Eine elegant lösbare Differentialgleichung zu erhalten, scheint oft fast der oberste Ehrgeiz in der neoklassischen Wachstumstheorie zu sein.

Es ist natürlich leichter, solche Forderungen aufzustellen, als sie tatsächlich einzulösen. Selbst eine teilweise Ausfüllung dieser Forderungen scheint beim heutigen Stand der Wachstumstheorie als eine sehr schwierige und umfangreiche Arbeit. Andererseits hilft eine Orientierung an einem explizit formulierten Programm, die relevanten Fragen im Auge zu behalten und das jeweils Erreichte kritisch zu beurteilen.

Zwei Hindernisse stehen im Augenblick der Entwicklung einer Wachstumstheorie auf der oben skizzierten Grundlage entgegen:

- Zuviele Zusammenhänge stehen erst am Anfang ihrer theoretischen Erforschung. Da die Neoklassik ein formal-logisches System anbieten kann, das konsistente Deduktionen erlaubt, (wenn sie auch empirisch häufig irrelevant sind), fällt ein Ausbrechen aus dieser Gedankenwelt recht schwer.
- Das fast noch ernsthaftere Problem stellt der Mangel an gesicherten Daten dar. Für viele Bereiche, die in einem Programm wie oben untersucht werden müssen, fehlen zuverlässige Daten. Insbesondere aus Entwicklungsländern sind verläßliche Unterlagen über tatsächliche Beschäftigung, branchenmäßige Investitionsstruktur o.ä. elementare Daten nicht verfügbar.

Das in dieser Arbeit entwickelte Wachstumsmodell unterscheidet sich zwar erheblich von einem neoklassischen Modell, doch muß es sich sowohl an den Grenzen, die durch die Datenverfügbarkeit gesetzt werden, als auch an den 'weißen Flecken' auf der Landkarte der Theorie orientieren.
Das Modell dient als Grundlage für Simulationen ähnlich einem Unternehmensspiel. Es soll also nicht primär der Punktprognose dienen, sondern durch die Nachbildung von ökonomischen Strukturen im Modell soll dem Anwender ein Werkzeug an die Hand gegeben werden, mit dem er Auswirkungen von Maßnahmen differenzierter abschätzen kann als z.B. durch Trendextrapolationen möglich ist. Die Darstellung der entsprechenden computer-orientierten Methodologie folgt im nächsten Abschnitt.

2. Methodologie von computer-orientierten Wachstumsuntersuchungen

2.1 Die Rolle der Mathematik in den Wirtschaftswissenschaften

Da im folgenden ein mathematisches Modell entwickelt werden soll, wird in diesem Abschnitt die Bedeutung der Mathematik in den Wirtschaftswissenschaften allgemein kritisch gewürdigt. Die besondere Bedeutung der Kybernetik für sozialwissenschaftliche Fragestellungen wird mit dem augenblicklichen Stand der mathematisch-kybernetisch orientierten Volkswirtschaftslehre konfrontiert.

2.1.1 Einleitung

"Den Kern jedes analytischen Prozesses bildet die Vereinfachung oder Abstraktion, deren einziger Zweck es ist, die Probleme wissenschaftlich in den Griff zu bekommen."[1] Die Ziele und Fragestellungen einer Untersuchung bestimmen, was vereinfacht oder weggelassen wird. Als Ergebnis der Vereinfachung erhält man ein abstraktes Modell[2], d.h. ein gedankliches Abbild des untersuchten realen Systems, das in einer gewissen Sprache festgehalten ist. Wird das abstrakte Modell in einer Umgangssprache beschrieben, ist es ein verbales Modell; verwendet man zu seiner Darstellung mathematische Ausdrücke, so heißt es ein mathematisches Modell.

Mathematische Modelle lassen sich unterteilen in logisch-formale, numerische und graphische Modelle. Das in dieser Arbeit entwickelte Modell der Weltwirtschaft ist einerseits logisch-formal, da es in einer Programmiersprache formulierbar ist, zum anderen ist es ein numerisches Modell, da seine Parameter quantifiziert sind.

Mathematische Modelle wirtschaftlicher Zusammenhänge sind ex definitione homomorphe Modelle[3], bedürfen also immer der Interpretation. Da bei komplexen Strukturen meistens mehrere Interpretationen denkbar sind, ist also mindestens auf zwei Ebenen ein subjektives Moment auch bei mathematischen Modellen zwangsläufig impliziert:

1. Die Auswahl der 'wichtigen' Variablen und ihre Verknüpfung ist nicht objektivierbar. "Ein Denkmodell, das man zur Be-

---

1) J.McG. Buchanan, "Ceteris paribus: Einige Bemerkungen zur Methodologie", in: R.Jochimsen u. H.Knobel (Hrsg.), "Gegenstand und Methoden in der Nationalökonomie", Köln, 1971, S. 285.
2) Reale Modelle (Windkanal) existieren nur in Technik und Naturwissenschaft.
3) Vgl. "Mathematik und Kybernetik in der Ökonomie", Berlin (Ost), 1973, S.156 f.

schreibung der Wirklichkeit (besonders der menschlichen Wirklichkeit) wählt, stellt einen unentrinnbaren Bestandteil der eigenen Werte, Interessen, Hoffnungen und Befürchtungen dar. Das gilt auch dann, wenn das Denkmodell in ein Computerprogramm übersetzt wird."[4)]

2. Aus gleichen Modellergebnissen können unterschiedliche Interpretationen und damit unterschiedliche praktische Schlußfolgerungen gezogen werden, und das heißt, "daß die Arbeit von Modellkonstrukteuren (und ihrer Kritiker) nicht als rein objektive Darstellung von Wirklichkeitssituationen angesehen werden sollte."[5)]

Verbale Modelle haben den scheinbaren Vorzug, daß sie die Zahl der betrachteten Zusammenhänge bzw. der Modellvariablen offen halten. Da in der ökonomischen Realität selten eine feste Zahl von Einflüssen auf bestimmte Abläufe verantwortlich gemacht werden kann, kommt den verbalen Modellen auf den ersten Blick der Vorteil zu, à priori 'realitätsgerechter' zu sein. Andererseits ist jedoch der Informationsgehalt von offenen Modellen gering, da fast alle denkbaren Möglichkeiten berücksichtigt werden können. Ist ein verbales Modell jedoch präzise mit einer expliziten Struktur des Zusammenhangs der Variablen beschrieben, so läßt es sich ohne Schwierigkeiten in ein mathematisches Modell übersetzen. Mathematik wird hier als Sprache zur Beschreibung und Analyse komplexer Systeme verstanden.[6)] Der Vorteil in der Anwendung dieser Sprache - insbesondere ihrer Regeln der Beweisführung - liegt in der Offenlegung der Prämissen bezüglich Rahmenbedingungen und Struktur eines Modells. Gegen die Anwendung dieser Sprache wird manchmal angeführt, "daß die Symbolsprache der Mathematik zu arm ist, um alle Bedeutungsnuancen zu erfassen, die der verbal arbeitende Ökonom im Sinn zu haben scheint. In Wirklichkeit ist es aber die Zweideutigkeit der Alltagssprache, die ihr den Anschein von Bedeutungsreichtum gibt."[7)]

---

4) H.S.D.Cole,R.C.Curnow,"Bewertung der Weltmodelle", op.cit., S. 210.
5) Ebenda, S. 212.
6) Vgl. z.B. P.Samuelson,"Ökonomische Theorie und Mathematik.Eine Stellungnahme", in: R.Jochimsen u. H.Knobel (Hrsg.), op.cit., S. 204 ff.
7) R.Richter,"Methodologie aus der Sicht des Wirtschaftstheoretikers", in: R.Jochimsen u. H.Knobel (Hrsg.), op.cit., S. 193.

Empirische Überprüfung von Modellen muß möglich sein, um 'gute' von 'weniger guten' Modellen zu trennen. Gegen eine solche Überprüfung immunisierte Modelle - auch mathematische, wie sie z.B. in weiten Bereichen der neoklassischen Wachstumstheorie anzutreffen sind - haben geringen wissenschaftlichen Wert. Je grösser die Möglichkeit, eine Theorie zu falsifizieren, desto grösser ist ihr Informationsgehalt. Nicht falsifizierbare Theorien erklären alles und damit nichts und sind praktisch irrelevant.[8)]
Hier liegt ein weiterer wichtiger Bereich für die Anwendung der Mathematik: "Wirtschaftswissenschaftliche Theorie muß, um durch statistische Methoden richtig gestestet oder abgeschätzt zu werden, unbedingt in eine mathematische Form gebracht werden, ..."[9)]
Die Trennung in die beiden Modelltypen 'verbal' und 'mathematisch' läßt sich natürlich nicht strikt vornehmen. In der wissenschaftlichen Praxis ist es eher ein dialektischer Prozeß, in dem zwischen beiden Typen abwechselnd versucht wird, mehr Erkenntnisse über den betrachteten Gegenstand, seine Struktur und Dynamik zu bekommen. Aus unklar und bruchstückhaft formulierten verbalen Modellen entwickelt man schließlich ein mathematisches Modell. Aus den strukturellen Eigenschaften letzterer lassen sich verbesserte verbale Modelle gewinnen, die wiederum ein besseres mathematisches Modell induzieren. Dessen Implementierung auf dem Computer, Sensitivitätsanalyse und empirische Überprüfung bringt neue Hypothesen, Verwerfen von überholten Annahmen etc.

An dieser Stelle soll als Exkurs auf zwei häufig anzutreffende Mißverständnisse hinsichtlich der Rolle der Mathematik in den Wirtschaftswissenschaften eingegangen werden:

- Da die Mathematik dem nicht mathematisch Gebildeten wie ein großer unerschöpflicher Instrumentenkasten erscheint, mit dessen Hilfe unter Einsatz von Computern jedes prinzipiell lösbare Problem gelöst werden kann, werden Ergebnisse der mathematisch formulierten Wirtschaftstheorie fetischisiert, insbesondere, wenn einige Stunden Computerrechenzeit und einige hundert Blätter Computerausdruck dahinterstehen. Der aus

---

8) Popper-Kriterium, vgl. z.B. H.Albert,"Der moderne Methodenstreit und die Grenzen des Methodenpluralismus", Jahrbuch f. Sozialwissenschaft, 13, 1962.
9) L.Klein,"Die Beiträge der Mathematik in der Wirtschaftswissenschaft", in: R.Jochimsen u. H.Knobel, op.cit., S. 218 ff.

Unkenntnis über die Begrenztheit mathematischer Verfahren und Methoden resultierende Respekt führt zur Verabsolutierung oder im anderen Extrem zur völligen Ablehnung von derart erhaltenen Resultaten. Es gilt jedoch auch hier: "Garbage in, garbage out!"[10] Durch Anwendung komplizierter Methoden lassen sich zwar neue Erkenntnisse über eine komplexe Struktur gewinnen, jedoch nichts, was über den 'Input' an Daten und Struktur hinausgeht.

- Ein zweites Mißverständnis gegenüber der Berechtigung mathematischer Methoden im wirtschaftswissenschaftlichen Bereich scheint in den teils unbefriedigenden Ergebnissen der bisher formulierten mathematischen Modelle zu liegen. Insbesondere abstrakte Beschäftigung mit höchstens noch formal-theoretischen Problemen hat dem mathematisch orientierten Ökonomen den Vorwurf des Modellplatonismus eingebracht. Dieser Vorwurf diskreditiert jedoch weniger die Methode als ihre spezielle Anwendung und Verabsolutierung. Die Mathematik ist für bestimmte ungelöste Probleme, für oberflächliche Behandlung von Problemen oder für Irrwege in einzelnen Disziplinen sowie für ideologische Scheuklappen von Wissenschaftlern nicht primär verantwortlich zu machen. "Die Mathematik spielt bei der Entstehung der gegenwärtigen unglücklichen Situation in der Theorie keine besondere Rolle, abgesehen davon, daß mathematische Formulierungen von wesensmäßig inhaltsleerer Theorie diese so erscheinen lassen, als sagte sie mehr als sie es tatsächlich tut."[11]

Nach diesen Erörterungen sollte deutlich geworden sein, wie die Rolle der Mathematik und der Einsatz von Computern in dieser Arbeit gesehen wird:
Mathematische Modelle sind einerseits als Hilfsmittel zur Bereitstellung empirisch überprüfbarer Hypothesen und andererseits als Modelle für quasi-experimentelle Analysen, d.h. als Hilfsmittel zur besseren Theoriefindung und Zukunftsprojektion,

10) "Mist rein, Mist raus!" Dieser Aphorismus tauchte in amerikanischen Wirtschaftswissenschaftlerkreisen anläßlich der Diskussion der Studie "Die Grenzen des Wachstums" auf.

11) J.S.Duesenberry,"Die methodologischen Grundlage der ökonomischen Theorie", in: R.Jochimsen u. H. Knobel, op.cit., S. 225.

zu verstehen. Letztere lassen sich beim heutigen Stand der Computertechnik am einfachsten und mit der größten Flexibilität auf Großrechenanlagen implementieren.

2.1.2 Wirtschaftskybernetik

In Anlehnung an N.Wiener soll hier Kybernetik verstanden werden als die Lehre von Regelung und Informationsverarbeitung, sowie von Strukturuntersuchungen komplexer Systeme, z.B. von Lebewesen, Maschinen oder sozialen Gebilden.[12] "Ökonomische Kybernetik (ist dann) die wissenschaftliche Disziplin, die die Theorie und Methodologie der Kybernetik auf die Untersuchung und Vervollkommnung ökonomischer Systeme anwendet."[13] Die Wirtschaftskybernetik wird in drei große Teilgebiete unterteilt:

- Theorie der ökonomischen Systeme, die unter Anwendung der Methoden von Regelungs- und Systemtheorie die Wirtschaft als ein hierarchisch organisiertes System samt Aufbau und Wechselwirkungen der Systemelemente untersucht. Vorrangig sind dabei Untersuchungen von allgemeinen Systemeigenschaften wie z.B. Stabilität eines Systems mit Hilfe von Sätzen aus der allgemeinen Systemtheorie.
- Theorie der ökonomischen Informations- und Kommunikationsnetze, die die Konsequenzen der unterschiedlichen Organisation von Infomationsflüssen sowie die dabei verwendeten Zeichensysteme und Meßverfahren erforscht.
- Theorie der Steuerung bzw. Regelung, die die Verhaltensweisen und die Interdependenzen von wirtschaftlichen Leitungs- und Planungsinstanzen untersucht.

Die ökonomische Kybernetik steht erst am Anfang ihrer Entwicklung und ist demzufolge kein fertiges, abgeschlossenes wissenschaftliches Gebiet.

In den fünfziger Jahren bestand volkswirtschaftliche kybernetische Modellbildung in der Übertragung der bekannten regelungstechnischen Verfahren auf ökonomische Modelle. Blockschaltbilder von einfachen Marktmodellen, makroökonomischen Kreislaufmodellen

---

12) N.Wiener,"Kybernetik", Reinbek bei Hamburg, 1968.

13) Nachschlagewerk "Mathematik und Kybernetik in der Ökonomie", Berlin (Ost), 1973, S. 224; vgl. zum folgenden ebenda und G.Kade,R.Hujer,D.Ipsen, "Wirtschaftskybernetik - Eine Zwischenbilanz", in: H.Schenk (Hrsg.), "Systemanalyse in den Wirtschaftswissenschaften", Berlin, 1971.

etc. dienten zur Veranschaulichung der recht elementaren Modellstrukturen. Als Repräsentanten dieser Richtung können z.B. gelten Allen, Tustin, Phillipps und der polnische Nationalökonom Lange.[14)]
Diese Vorstufe der eigentlichen Wirtschaftskybernetik konzentrierte sich auf die Anwendung regelungstechnischer Analogien auf vorhandene volkswirtschaftliche Modelle. Eigene, neue Modelle hat diese erste Phase mit wenigen Ausnahmen nicht hervorgebracht.[15)] Zeitlich parallel entwickelte die Betriebswirtschaftslehre kybernetische Ansätze. In diesem Gebiet zeichnen sich heute bereits mehr Anwendungen und Fortschritte ab als in der Volkswirtschaftslehre.[16)]

Die Kritik an den früheren Formen der Wirtschaftskybernetik verlangte vor allem eine weitere Fassung des Begriffs 'Kybernetik' als die Einengung auf die regelungstheoretischen Aspekte von Stabilität und andere allgemeine Systemeigenschaften und verlangte die Ergänzung um Bereiche wie Modellvarietät, Informationsflüsse, Methoden zur Behandlung hierarchischer vermaschter Systeme etc.[17)]
Eine solche Erweiterung, die etwa zu obiger Dreigliederung führt, bedeutet die Entwicklung einer eigenständigen Wirtschaftskybernetik, die berücksichtigt, daß ihr Forschungsgegenstand ein soziales System ist, das nicht durch zeitinvariante, lineare Modelle ohne adaptive Dynamik und ohne explizite Zielorientierung beschrieben werden kann. Die Wirtschaftskybernetik muß eigene, für spezifisch sozialwissenschaftliche Fragestellungen angemessene Methoden entwickeln.
Eine Volkswirtschaft bzw. der Gesamtkomplex der miteinander verbundenen nationalen Volkswirtschaften läßt sich als ein komplexes System vermaschter Regelkreise interpretieren. Dieses System ist nichtlinear, zeitvariabel, mehrfach rückgekoppelt und durch eine adaptive Systemstruktur gekennzeichnet.
Nichtlinear bedeutet, daß sich wirtschaftliche Vorgänge nicht

14) R.D.Allen,"Mathematische Wirtschaftstheorie", übersetzt von G.Kade, Berlin, 1971, insbes. S. 342 ff.; A.Tustin,"The Mechanism of Economic Systems", London, 1953; A.W.Phillipps,"Mechanical Modells in Economic Dynamics", Economica, 17, 1950; O.Lange,"Einführung in die ökonomische Kybernetik", Tübingen, 1970.
15) C.Föhl,"Volkswirtschaftliche Regelkreise höherer Ordnung in Modelldarstellung", in: Geyer,Oppelt,(Hrsg.),"Volkswirtschaftliche Regelungsvorgänge",München,1957.
16) Vgl. z.B. A.Bensoussan,G.E.Hurst,B.Näslund, "Management Applications of Modern Control Theory", New York, 1974.
17) G.Kade, R.Hujer, D.Ipsen, op.cit.

durch lineare Übertragungselemente beschreiben lassen. Insbesondere treten Nichtlinearitäten in Form von oberen und unteren Begrenzern, z.B. als Sättigungsgrenzen, als Bereiche mangelnder Ansprechempfindlichkeit und als Mehrpunktschalter auf.[18)]

Zeitvariabel bedeutet, daß es für den Ablauf eines wirtschaftlichen Prozesses nicht unwichtig ist, wann er startet. Angesichts des gesellschaftlich-historischen Hintergrunds der konkreten Formen des Wirtschaftens ist diese Feststellung fast banal zu nennen, doch zeigt die Entwicklung z.B. der Wachstumstheorie, daß dieser zeitvariable Aspekt eines wirtschaftlichen Systems nicht immer berücksichtigt wird.

Mehrfache Rückkopplungen beschreiben die Interdependenz des Wirtschaftsprozesses. Wirtschaftliche Vorgänge hängen in der Regel nicht einfach von anderen Größen monokausal ab, sondern beeinflussen sich untereinander in komplexer Weise. Die Identifizierung der wichtigsten Einflüsse und Rückkopplungen ist eine Aufgabe der ökonomischen Theorie.

Adaptive Systemstruktur erlaubt einem komplexen System, seine Zielorientierung, seine innere Struktur endogen auf Grund von Erfahrungen und Lernprozessen zu ändern.[19)]

Überprüft man die bisherige mathematisch orientierte Wirtschaftstheorie, so stellt man eine deutliche Ausrichtung auf sehr einfache und elementar-lösbare Strukturen fest. Es ist deshalb kaum erstaunlich, daß einem großen Teil dieser Modelle die praktische Relevanz bestritten wird, sind sie doch zum größten Teil linear, zeitvariabel höchstens durch exogen aufgeschaltete Trends und in ihrer Struktur starr und einfach aufgebaut. Der Vorzug solcher Modelle ist ihre elementar-analytische Lösbarkeit, welcher bei den 'realitätsgerechteren' Modellen schnell aufgegeben werden muß. Die Lösungen von Modellen letzteren Typs erhält man nur noch durch Simulation auf einem Analog- oder Digitalrechner. Dabei muß man auf die Angabe einer einfachen Formel wie 'Steady-state-growth' verzichten. Die Unbequemlichkeiten der Simulation

18) Vgl. zu diesen Begriffen W.Oppelt,"Kleines Handbuch technischer Regelungsvorgänge", Weinheim (Bergstraße), 1972, S. 551 f.; oder F.Csáki,"Modern Control Theories", Budapest, 1972, part 1.

19) Man denke z.B. an das sukzessive Reduzieren der Maßstäbe für das wirtschaftspolitische Ziel 'Preisniveaustabilität' bei anhaltenden Preissteigerungen. Solche Zielkorrekturen in Abhängigkeit vergangener Erfolglosigkeit treten in volkswirtschaftlichen Systemen häufig auf.

von Modellen haben sicher einen Teil der Ökonomen von diesem Instrumentarium ferngehalten. Der 'Trade-off' zwischen der eleganten, einfachen Formel und der 'realitätsgerechteren' Beschreibung wurde bisher tendenziell zugunsten der einfacheren Strukturen beantwortet.

Einen guten Einblick in die neueren positiven Entwicklungen auf dem Gebiet der kybernetischen Ökonomie geben z.B. J.Kornai und S.V.Känel.[20]

---

20) J.Kornai,"Anti-Equilibrium - On Economic Systems theory and the tasks of research", Amsterdam/London, 1971 und S.v.Känel,"Einführung in die Kybernetik für Ökonomen", Berlin (Ost), 1971.

2.2 Methodologie der Mehrebenensysteme

Das in dieser Arbeit entwickelte Modell ist ebenso wie das MP-Modell auf der Basis der hierarchischen Mehrebenensystemtheorie entwickelt. Die allgemeine Theorie der Mehrebenensysteme (MES) wird im folgenden Abschnitt dargestellt. Danach wird die Anwendung dieser Theorie auf ökonomische Fragestellungen erörtert. Im letzten Abschnitt erfolgt die Darstellung des MP-Wachstumsmodells als spezielles Mehrebenensystem.

2.2.1 Theorie der Mehrebenensysteme

a) Beschreibung

Die allgemeinen Gesetzmäßigkeiten der Organisation und des Funktionierens von konkreten Objekten lassen sich nur auf einer spezifischen Ebene der Abstraktion erfassen.[21] Jedes komplexe System läßt sich durch die folgenden zwei wichtigen Charakteristika beschreiben:

- Es ist eingebettet in eine Umgebung, mit der verschiedene Wechselbeziehungen bestehen. Die Umgebung wird dabei als 'black box' behandelt, deren innere Struktur nicht interessiert, sondern lediglich ihre Input-Output-Beziehung zum System S.
- Es hat eine bestimmte innere Struktur, bestehend aus mehreren miteinander verbundenen Elementarsystemen. "Unter einem Elementarsystem E ist der - in bezug auf ein definiertes System S - nicht weiter zerlegbare, funktionell verselbständigte 'Grundbaustein' dieses Systems zu verstehen."[22]

Die Abgrenzung eines Systems gegenüber seiner Umgebung und die Aufgliederung in strukturelle Komponenten ist offensichtlich von den an eine Systemuntersuchung gestellten Fragen abhängig.

Beispiel 2.1: Ein Staßenverkehrssystem eines Landes kann unter verschiedenen Aspekten analysiert werden:
- Funktionsfähigkeit des nationalen Staßennetzes und der regionale Zusammenhang der Fahrzeugströme;
- Eingegrenzte Probleme wie z.B. das Straßenverkehrsystem in einer Großstadt.

Im ersten Fall ist die Systemumgebung von S_1 z.B. das Ausland, Bahn- und Luftverkehr, die geografischen Bedingungen eines Landes. Elementarsysteme können sein Fernstraßen und Autobahnen, Stadtumgehungsstraßen, städtische Verkehrssysteme.

---

21) Vgl. S.v.Känel, op.cit., S. 22.
22) Ebenda, S. 46.

Im zweiten Fall erweitert sich die Umgebung des Systems S_2 um die nicht zur Stadt gehörenden Bestandteile des Systems S_1. Elementarsysteme in S_2 können z.B. sein: Umgehungsstrassen, Durchgangsstraßen, City-Ring, Straßen in den Wohnvierteln, Zufahrtsstraßen zu den Gewerbegebieten, Parkplätze.

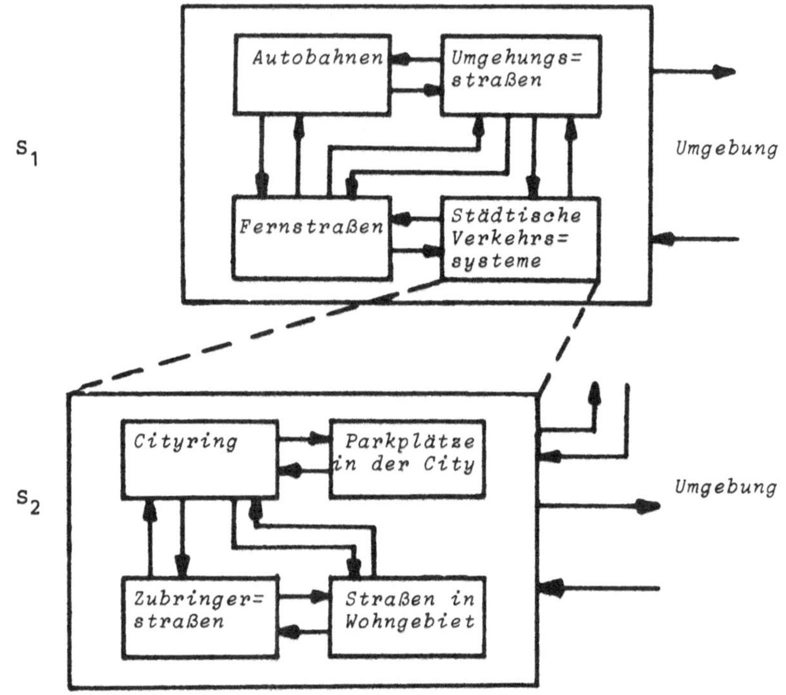

Abb. 2.1 Hierarchischer Systemaufbau am Beispiel eines Straßenverkehrssystems

Wie das Beispiel nahelegt, ist es eventuell sinnvoll und nützlich, eine Hierarchie von Subsystemen zu entwickeln. Das System S besteht dann aus einer systematisch geordneten Menge von Subsystemen, wobei die Systeme S_i auf einer Ebene i die Elementarsysteme auf der nächsthöheren Ebene i+1 sind. In den folgenden Ausführungen soll dieses plausible Konzept formalisiert werden. Die Darstellung von hierarchischen Mehrebenensystemen ist bereits an anderer Stelle geschehen[23], so daß hier lediglich die wich-

23) M.Mesarovic, D.Macko und Y.Tackahara, "Theory of Hierarchical, Multilevel, Systems", New York/London, 1970.

tigsten Grundgedanken dieses Konzepts aufgenommen werden, insofern sie für das Wachstumsmodell relevant sind. Mesarovic, Macko und Tackahara stellen drei Aspekte heraus, die eventuell gleichzeitig zur Charakterisierung eines Mehrebenensystems dienen können:[24)]

i) Ebenen der Abstraktion (Stratum) trifft man in jeder wissenschaftlichen Untersuchung von komplexen Systemen: Ein Ingenieur verläßt sich auf bestimmte Eigenschaften von Material oder Maschinenbauteilen; der Physiker untersucht diese und bestimmt die Gesetzmäßigkeiten und physikalischen Eigenschaften; der Chemiker zerlegt die Materialien in ihre chemischen Bestandteile; der Atomphysiker in ihre inneren Komponenten etc. Auf jeder Ebene wird eine bestimmte Struktur von Umgebung und Elementarsystemen angenommen, die für die spezielle Fragestellung adäquat ist. In "Normalsituationen" ist der Ingenieur an den Strukturen der Chemiker oder Atomphysiker nicht interessiert. Bei unerwarteten Ergebnissen wird i.d.R. die Ebene der Beschreibung und Analyse gewechselt, d.h. es erfolgt eine Anfrage des Ingenieurs z.B. an den Atomphysiker. Ähnliche Stratifizierungen lassen sich in jeder entwickelten Wissenschaft sowie in praktischen Anwendungsbereichen wie EDV-Anlagen oder Produktionsprozessen anwenden.[25)]

ii) Ebenen der Entscheidungskomplexität (Layers) erlauben eine iterative Prozedur im Entscheidungsprozeß. Der Konflikt zwischen der Notwendigkeit zur Entscheidung und der wünschenswerten besseren Abschätzung von möglichen Alternativen wird in einem hierarchisch geordneten Entscheidungssystem nach bestimmten Regeln gelöst. Dazu werden von den einzelnen Entscheidungsebenen sukzessive Parameter für die Entscheidungen der nachfolgenden Ebene festgelegt, bis das Problem eindeutig gelöst ist. Mögliche Ebenen eines komplexen Entscheidungsprozesses sind die Ausführungs- und Bewertungsebene, die adaptive Ebene der Zielkorrektur und die selbstorganisierende Ebene der Strukturanpassung.

iii) Ebenen der Organisationshierarchien (Echelons) erlauben die analytische Behandlung von Zielkonflikten. Bei der Einteilung der Ebenen nach dem Gesichtspunkt 'ii)' wird von möglichen

25) Vgl. ebenda, S. 38 f.

Zielkonflikten im System abgesehen. Werden bestimmte Ebenen von übergeordneten Entscheidungsebenen beeinflußt, wobei Zielkonflikte mit übergeordneten Entscheidungsebenen oder mit den Entscheidungskompetenzen dieser Ebene auftreten können, wird ein solches System als gestaffeltes MES bezeichnet. Formale gesellschaftliche Organisationen wie z.B. 'Produktion' oder 'Absatz' in großen Unternehmen lassen sich auf der Grundlage eines solchen Konzeptes behandeln.

Die Verbindungen zwischen einzelnen Ebenen eines hierarchischen Systems sind einerseits Interventionen höherer Ebenen und andererseits Erfolgsmeldungen der unteren Ebenen nach oben. Interventionen reichen von genauen Vorgaben bis zur Regelung von zulässigen Koalitionen und 'Spielregeln' auf der Ebene i. Beispiele hierfür finden sich im ökonomischen Bereich in den unterschiedlichen Wirtschaftsordnungen. Die Erfolgsmeldungen der unteren Ebene beinhalten die Informationen über den für die Entscheidungen der Ebene i+1 interessanten Prozeßablauf auf der Ebene i.

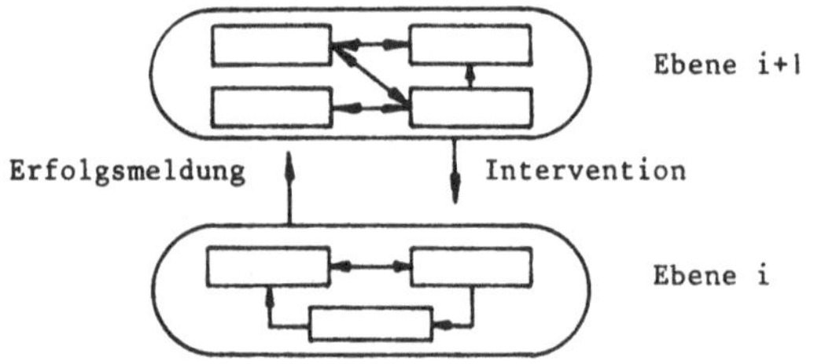

Abbildung 2.2 Verbindungen zwischen den Ebenen eines hierarchischen Systems

b) Mathematische Formulierung [26)]

Ein System S ist eine Relation auf den Mengen X und Y:

$$S \subseteq X \times Y$$ [27)]

Falls S eine Funktion ist, heißt S ein funktionales System. X ist die Menge der Systeminputs (Störungen oder Stimuli), Y ist die Menge der Systemoutputs (Systemantworten).

26) Vgl. für diesen ganzen Abschnitt b): M.Mesarovic,D.Macko,Y.Tackahara, op.cit., S. 69 ff.

27) Eine Relation ist eine Teilmenge von geordneten Paaren (x,y) auf der Menge X x Y. Falls es zu jedem x aus dem Definitionsbereich genau ein y gibt mit $(x,y) \in S$, so ist S eine Funktion.

Die Relation S kann dabei einen mechanistischen Zusammenhang beschreiben oder auch einen Lösungsalgorithmus, der einem Entscheidungsproblem x die Lösung y zuordnet.[28] Ein solcher Entscheidungsalgorithmus kann von der herkömmlichen Optimierung bis zu einem allgemeinen Satisfaktionsansatz reichen.[29] Ist durch S ein Entscheidungsalgorithmus beschrieben, so heißt das System S ein Entscheidungssystem.

Um das Konzept eines hierarchischen Systems zu formalisieren, sei angenommen, daß sich die Menge der Inputs X und die Menge der Systemantworten Y zerlegen läßt, derart daß

$$X = X_1 \times \ldots \times X_n$$
$$Y = Y_1 \times \ldots \times Y_n \quad \text{mit } n \in \mathbb{N} \setminus \{1\}$$

Die i - te Ebene S_i des Systems S ist eine Abbildung

$$\text{(i) } S_n : X_n \times W_n \longrightarrow Y_n$$
$$\text{(ii) } S_i : X_i \times C_i \times W_i \longrightarrow Y_i \qquad 1 < i < n$$
$$\text{(iii) } S_1 : X_1 \times C_1 \longrightarrow Y_1$$

$(S_1, \ldots, S_n)$ heißt dann eine Stratifizierung von S, wenn es Abbildungen $h_i : y_i \rightarrow W_{i+1}$ $(1 \leq i < n)$ und $c_i : y_i \rightarrow C_{i-1}$ $(1 < i \leq n)$ gibt, so daß gilt für alle $x \in X$ und $y = S(x)$:

$$y_n = S_n \, (x_n \, , \, h_{n-1} \, (y_{n-1}) \,)$$
$$y_i = S_i \, (x_i \, , \, c_{i+1} \, (y_{i+1}) \, , \, h_{i-1} \, (y_{i-1}) \,) \qquad 1 < i < n$$
$$y_1 = S_1 \, (x_1 \, , \, c_2 \, (y_2) \,)$$

Unter Vernachlässigung der Hilfsmengen C und W läßt sich dieses Konzept graphisch veranschaulichen für n=3:

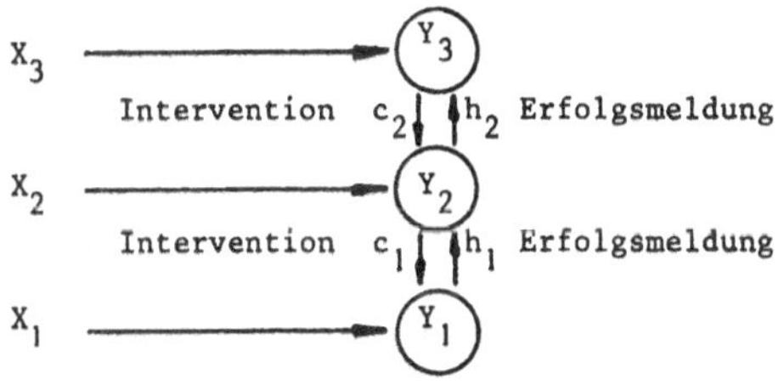

Abb. 2.3 Formalisierung des hierarchischen Systemaufbaus

28) Ist S Relation, so gibt es eventuell mehrere solcher y zu einem Problem x.

29) Die Optimierung läßt sich als Spezialfall des Satisfaktionsansatzes darstellen.

Sei $(S_i)_{i \in I}$ eine Familie von Subsystemen (I endlich) und sei $<$ eine Ordnung auf I. $(S, <)$ heißt ein hierarchisches System. Sind die S_i Entscheidungssysteme und haben die laut $<$ höheren Ebenen Vorrang in der Intervention gegenüber niedrigeren Ebenen, d.h. bei Auftreten von Konflikten auf der Ebene i entscheidet die Ebene i+1, so heißt S ein hierarchisches Entscheidungssystem.

Die verschiedenen Ebenen eines hierarchischen Systems lassen sich als unterschiedlich stark gekoppelt vorstellen. Hier ist insbesondere der Begriff der teilweisen Entkopplung interessant.[30)] Heuristisch läßt sich Entkopplung interpretieren als eine Teilung der Systemzustände auf der Ebene i in 'normale' und 'krisenhafte'. Solange sich die Ebene i im 'normalen' Bereich bewegt, erfolgen keine Interventionen. Erst bei Auftreten von Krisen schaltet sich die übergeordnete Ebene i+1 ein, da die Mißerfolgsmeldungen den Systemablauf der oberen Ebene stören.

Beispiel 2.2: Die Funktionsweise eines Computers als Beispiel für hierarchischen Systemaufbau mit teilweiser Entkopplung.

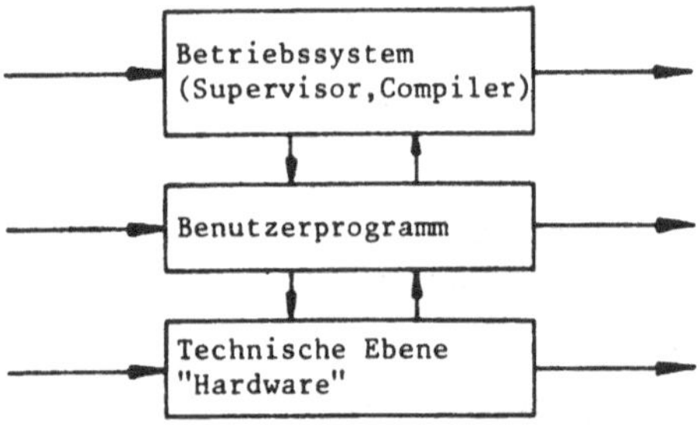

Abb. 2.4

Bei vorausgesetzter einwandfreier Hardware funktioniert der Computer unter der Oberaufsicht des Betriebssystems.
Ist das Benutzerprogramm syntaktisch fehlerhaft programmiert, so kommt die Erfolgsmeldung 'Fehler' an den Supervisor. Nach vollständigem Übersetzen und Aufsuchen aller möglichen Syntaxfehler veranlaßt dann der Supervisor einen entsprechenden Ausdruck auf der Ausgabeeinheit, bricht das Benutzerprogramm ab und reiht das nächste Programm in die Bearbeitungsphase ein.

Will z.B. das korrekt übersetzte Benutzerprogramm von einer staubigen Platte lesen, was im ersten Anlauf mißlingt und eine Mißerfolgsmeldung von der Hardware-Ebene an das Benutzerprogramm und von dort an den Supervisor auslöst, so werden dem Programm vom Supervisor bis zu n weitere Leseversuche erlaubt.

30) Zur Formalisierung vgl. M. Mesarovic, u.a., op. cit., S. 85 ff.

Nach n Mißerfolgen bricht der Supervisor das Benutzerprogramm ab.
Die Ebenen im Computer sind also in wohldefinierten 'Normalzuständen' entkoppelt, in 'Krisensituationen' oder bei 'Kontrollübergabe an andere Programme' miteinander verbunden.

2.2.2 Mehrebenensysteme in der Ökonomie

Anwendungen des Konzepts der Mehrebenensysteme lassen sich im Bereich der Ökonomie vielfach aufzeigen. Große Industrieunternehmen sind hierarchisch gestaffelt nach Entscheidungskomplexität und nach organisatorischen Anforderungen hierarchisch gegliedert. Die einzelnen Ebenen sind teilweise entkoppelt ähnlich wie im Beispiel 2.2. Die Anwendung des allgemeinen systemtheoretischen Ansatzes erlaubt die Abkehr von analytisch-mechanistischen Ansätzen, die aus der Übertragung von naturwissenschaftlichen Methoden in den sozialwissenschaftlichen Bereich resultieren.[31)]

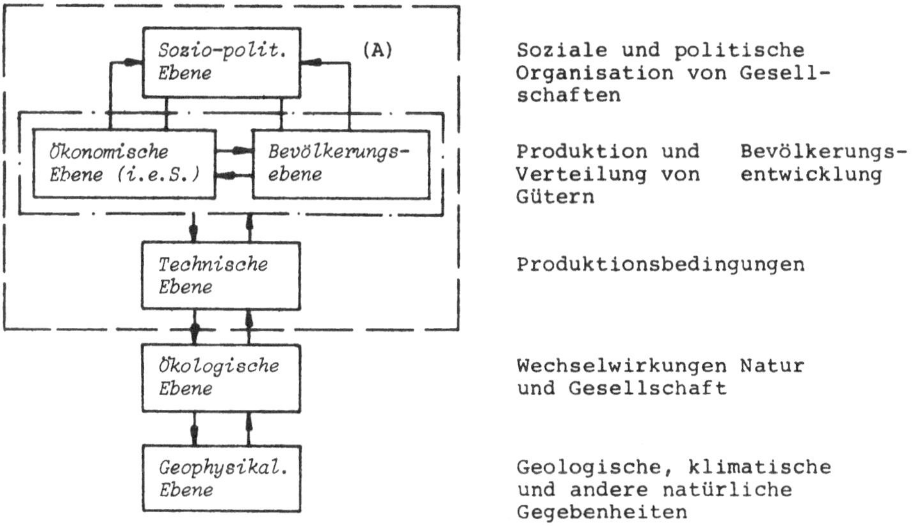

Abb. 2.5 Die Wechselwirkungen von sozio-politischen, ökonomischen und natürlichen Ebenen als hierarchisches System

---

31) Vgl. z.B. J.P.van Gigch,"Applied General Systems Theory", New York, 1974, Chapter 2.

In der Betrachtung volkswirtschaftlicher Vorgänge ergibt sich die vorherrschende neoklassische Ökonomie als eine spezielle isolierte, d.h. völlig entkoppelte Ebene in einem komplexen System, das sich etwa wie in Abb. 2.5 skizzieren läßt.

Die Ökonomie hat das untersuchte System eng eingegrenzt. Die weitesten Ansätze schlossen die politische Ebene bis hin zur technischen Ebene ein, wie es der Kasten '(A)' beschreibt.[32)] Die Allgemeine Gleichgewichtstheorie rückt diese Ebenen in die Systemumgebung als Rahmenbedingungen und kommt damit auf ein engeres System der 'Ökonomie im engeren Sinne'. Daß ein derart enggefaßtes System nicht besonders gut geeignet für Realitätserklärungen ist in einer hochindustrialisierten Gesellschaft mit mannigfaltigen Rück- und Wechselwirkungen aus anderen Ebenen, erscheint plausibel. Ein weiter gefaßtes System der 'Ökonomie' läßt sich dadurch realisieren, daß die verschiedenen Ebenen über und unter dem 'ökonomischen System im engeren Sinn' analysiert und ihr Zusammenwirken in 'Normal- und Krisensituationen' dargestellt werden. Zeigen sich dabei recht schwache Kopplungen in 'Normalsituationen' zwischen bestimmten Ebenen, so können unter dem Vorbehalt 'ceteris paribus' diese Ebenen hilfsweise als voneinander isoliert betrachtet werden. Bei zunehmender Komplexität erhöhen sich die Interdependenzen auch zwischen den einzelnen Ebenen, so daß eine isolierte Betrachtung einer Ebene für viele Fragestellungen nicht mehr adäquat ist.

Die Konzentration von Untersuchungen auf eine bestimmte Ebene erhöht die Gefahr, zu Schlußfolgerungen zu gelangen, die insbesondere in der längerfristigen Entwicklung durch Einflüsse aus den anderen Ebenen umgestoßen werden. Daß auch ein hochentwickeltes systemares Konzept wie der Marxismus davon nicht unberührt bleibt,verdeutlicht das folgende Beispiel.[33)] Durch die Konzentration auf ein System etwa wie (A) ist die klassische marxistische Auffassung entstanden, daß der Kapitalismus die Entwicklung der Produktivkräfte bis zu einer Situation des Überflusses vorantreiben könnte."Bis vor einigen Jahren

32) Vgl. z.B. J.Robinson,J.Eatwell,"Einführung in die Volkswirtschaftslehre", München, 1974: 'Die Wechselwirkung zwischen menschlichen und technologischen Beziehungen ist der Gegenstand der ökonomischen Analyse'. Ebda. S.93.

33) Das wissenschaftliche System 'Marxismus' setzt die Grenzen zur 'Systemumgebung recht weit.

wurde von den meisten Marxisten traditionsgemäß angenommen, die Entwicklung der Produktivkräfte sei an sich etwas Positives. Sie waren überzeugt, daß der Kapitalismus in seiner Entwicklung eine materielle Grundlage hervorbringen würde, ... , auf welcher der Sozialismus aufgebaut werden könnte."[34] Bei Einbeziehung der ökologischen Ebene z.B. wird diese Denkweise relativiert. Bei Zerstörung oder Beschädigung der natürlichen Lebensgrundlagen des Menschen ist eine lineare Fortschreibung von 'Fortschritt' eine Illusion.[35]

Da man ein integriertes Gesamtmodell mit allen Ebenen zumindest zur Zeit nicht verfügbar hat, bietet der hierarchische Systemansatz den Vorteil, in 'Modulbauweise' Teilsysteme (Ebenen oder mehrere Ebenen gekoppelt) zu entwickeln unter Ausnutzung des vorhandenen Sachverstands in den einzelnen wissenschaftlichen Disziplinen. Durch Kopplung dieser n modularen Einheiten erhält man eine große Anzahl von 'möglichen' Modellen. Ein Teil dieser Modelle scheidet nach Tests mit historischen Daten aus. Projizieren die verbleibenden Modelle bestimmte zukünftige Entwicklungen in sehr ähnlicher Weise, so hat man die Möglichkeit zur Zukunftsprognose. Da viele zukünftige Entwicklungen und auch eingreifende Maßnahmen auf der Basis der heutigen Informationen nur in sehr weiten Bandbreiten abschätzbar sind, zeigt sich die Zuverlässigkeit von Prognosen beim Durchspielen verschiedener Szenarien. Szenarien sind jedoch nicht nur zur Sensitivitätsanalyse von Prognosemodellen vonnöten, sondern liefern selbst eine Grundlage zur Abschätzung von 'guten' oder 'schlechten' bzw. unwirksamen Maßnahmen bzw. politischen Eingriffen.

2.2.3 Ein Wachstumsmodell als Mehrebenensystem

Das Weltsystem ist darzustellen als ein komplexes hierarchisches System, das durch folgende Strukturmerkmale charakterisiert ist:[36]

- Die Welt wird unterteilt in mehrere Regionen, die durch Handel, politische und militärische Abkommen u.ä. miteinander

34) A.Gorz,"Technische Intelligenz und kapitalistische Arbeitsteilung", in: R.Vahrenkamp (Hrsg.),"Technologie und Kapital", Frankfurt/M., 1973, S. 94 f.
35) Vgl. dazu H.M.Enzensberger, op.cit., S. 24 ff.
36) Vgl. dazu M.Mesarovic,E.Pestel,"Menschheit am Wendepunkt", Stuttgart, 1974, S. 38 ff und S. 45 ff, sowie M.Mesarovic,E.Pestel,"A Goal-Seeking and Regionalized Model for Analysis of Critical World Relationships - the Conceptual Foundation", Kybernetes, 1972, Vol. 1, S. 79.

verbunden sind. Zur gewählten Regionalisierung sei auf den Abschnitt 3.1 verwiesen.

- Jede Region wird in sechs Ebenen dargestellt, die ihrerseits in Untersysteme zerfallen.

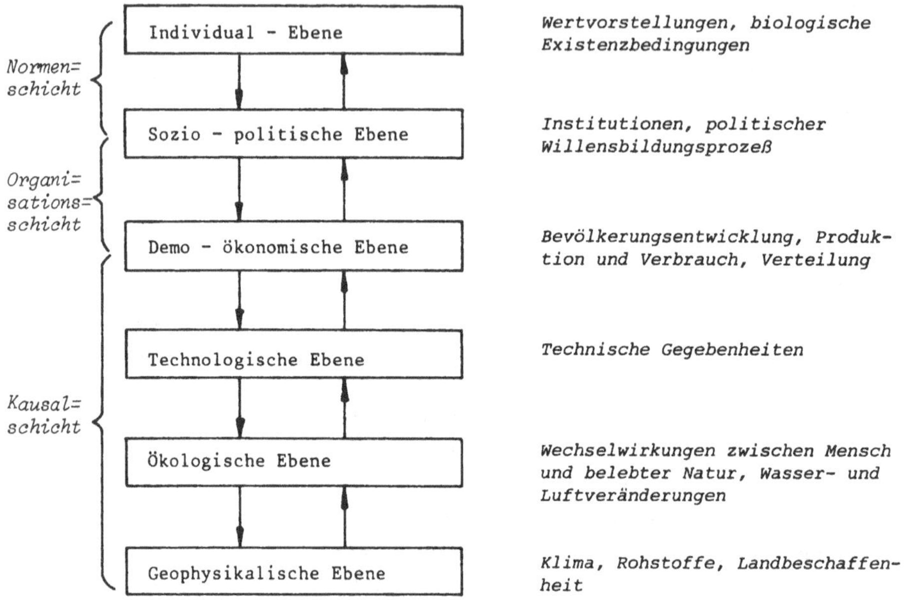

Abb. 2.6 Sechs Ebenen pro Region im MP-Weltsystem

Die Ebenen können in der ersten Phase der Modellbildung teilweise unabhängig voneinander entwickelt werden, so daß die 'access points' der jeweiligen Ebene in die Umgebung gehen. Bei Zusammensetzung zu einem aggregierten System werden die passenden 'access points' als Verbindungsein- und ausgänge verwendet.
Die Darstellung der einzelnen Ebenen auf dem Computer ist mit Ausnahme der beiden obersten Ebenen relativ unproblematisch.
Auf der geophysikalischen Ebene sind die natürlichen Prozesse angesiedelt, die sich in langen Zeiträumen von z.B. über 10^4 Jahren abspielen, sofern keine drastischen menschlichen Eingriffe stattfinden. Die ökologische Ebene stellt die Verbindungsebene zu den Einflüssen durch die Technik dar. Die zu-

gehörigen Prozesse laufen über Zeithorizonte von wenigen Jahren (z.B. Gewässerverschmutzung) bis zu Jahrtausenden (wie bei radioaktiven Abfällen).
Die technologische Ebene beschreibt die möglichen Umwandlungsprozesse, die der Mensch unter Verwendung der natürlichen Rohstoffe vornimmt, wobei fast immer Energie aufgewendet wird.[37)]
Die demo-ökonomische Ebene stellt die stattfindenden Produktions- und Verteilungsprozesse dar und führt 'Buch' über die Bevölkerungsentwicklung. Wechselwirkungen zwischen Bevölkerungswachstum und wirtschaftlicher Entwicklung sind hier darzustellen.
Die Abläufe auf der demo-ökonomischen Ebene werden stark beeinflußt durch die gesellschaftlichen Organisationsformen und die dahinter stehenden Machtstrukturen. Deren Repräsentation erfolgt auf der sozio-politischen Ebene.
Die Individual-Ebene liefert zum einen die biologischen Existenzbedingungen des einzelnen Menschen, zum anderen die Normen des individuellen Modellanwenders. Auf der Grundlage dieser Normen sowie unter Berücksichtigung der medizinischen und biologischen Mindeststandards sind alternative Strategien zur Beeinflussung der unteren Ebenen bewertbar. Durch die Rückkopplung in Form von Erfolgsmeldungen der unteren Ebenen ist eine Zielkorrektur genauso berücksichtigt wie eine Änderung der verfolgten Strategien.

Neben dem offensichtlichen heuristischen Wert dieses Mehrebenensystemansatzes bei der Problemerkennung und -formulierung sowie der Identifizierung der wichtigen Variablen erlaubt dieser Ansatz eine Integration verschiedener wissenschaftlicher Disziplinen bei der Modellimplementierung.
Besonders interessant und schwierig ist die Darstellung der Normen- und sozio-politischen Ebene. Um bei der Regionenzahl von zehn nicht wegen einer unübersehbaren Anzahl von möglichen Eingriffen das Modell unbrauchbar zu machen, ist die Darstellung von 'Normalreaktionen' und adaptivem Verhalten in der soziopolitischen Ebene notwendig.[38)] Nur dann können Anwender des

37) Vgl. B.Fritsch, op.cit., S. 92.
38) Vgl. H.Bossel,"Simulation des Normenstratums und des Normenwandels am Beispiel des Verhältnisses zwischen Entwicklungsland und Industrieland", Institut für Systemtechnik und Innovationsforschung, Karlsruhe, 1973.

Modells bei Simulationen die möglichen Strategien für ein bestimmtes Problem noch übersehen. Mit anderen Worten: Problemspezifisch werden auf dem Computer bestimmte Eingriffe und Reaktionen implementiert, wobei auch die Bewertungen dieser Eingriffe programmiert sind,[39] andere - nämlich genau die auf das spezifische Problem anzuwendende - Politiken bleiben unter Kontrolle des Modellbenutzers. Dieser verschafft sich im Dialog mit dem Computermodell sukzessive bessere Informationen über die Wirkungsweise von Maßnahmen und lernt, die Zukunftsentwicklung abzuschätzen.

Abb. 2.7 Interaktiver Dialog Mensch-Computer im Ablaufschema

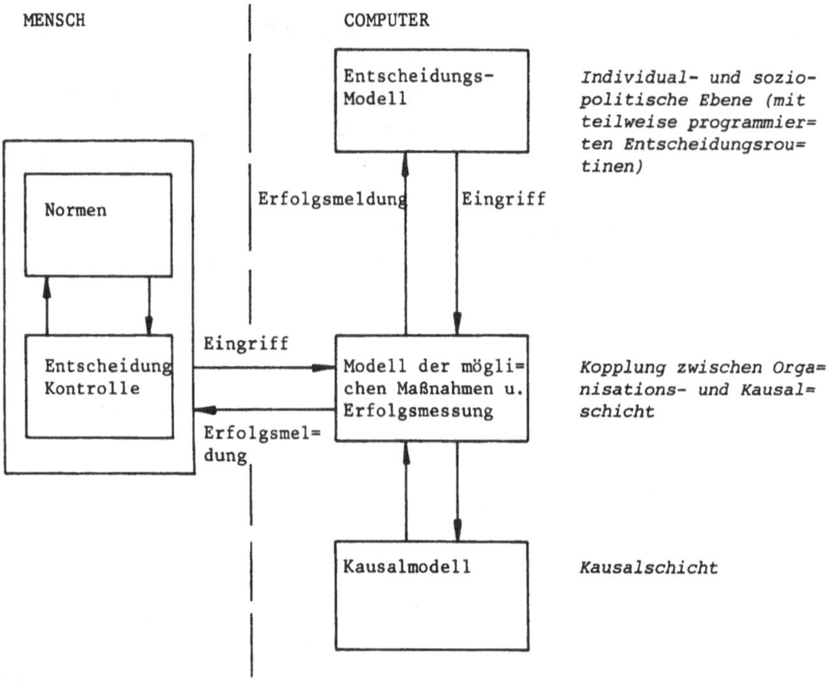

Das MP-Modell liefert also nicht eine einzelne Zukunftsprojektion, sondern erlaubt das Durchspielen von vielen Szenarios, die unterschiedliche Politiken und/oder technische Entwicklungen

39) Dies geschieht z.B. unter Verwendung eines allgemeinen heuristischen Satisfaktionsansatzes. Vgl. H.Bossel, "Simulation ...", op.cit.

darstellen. Gegen diese Vorgehensweise läßt sich einwenden, daß sie zu wenig präzise sei, zu sehr allgemein, weil zu viele mögliche Inputs berücksichtigt werden können.[40] Es gilt jedoch hierbei nicht die Breite der möglichen Inputs (=Szenarios) zu berücksichtigen, sondern die Varianz der Outputs (Systemverläufe). Konvergieren die Systemverläufe bei sehr breit abgesteckten Szenarios deutlich auf bestimmte 'Schläuche' von wahrscheinlichen Ergebnissen, so sind zumindest qualitative Aussagen möglich, wobei diese durch Angabe von wahrscheinlichen Unter- und Obergrenzen präzisierbar sind. Die Vorausschätzungen der Erdbevölkerung für das Jahr 2000 zeigen deutlich, daß sehr dramatische Veränderungen hinsichtlich der Geburten- und Sterberaten eine Bandbreite an Schätzungen zulassen, so daß Aussagen über eine voraussichtliche riesige Schere zwischen Nahrungsmittelbedarf und -produktion als seriös angesehen werden müssen. Konfrontiert man dann die 'günstigste' Erdbevölkerungszahl mit der Obergrenze der möglichen landwirtschaftlichen Produktion im Jahre 2000,[41] so erhält man ein 'optimistisches' Szenario, andernfalls erhält man eine 'pessimistische' Abschätzung.

Da im folgenden eine spezielle Ebene des MP-Modells isoliert untersucht werden soll, wird diese hier ein wenig feiner strukturiert dargestellt. Die ökonomische Ebene des MP-Modells kennt drei Unterebenen, nämlich die Mikro-, die Makro- und die Welthandelsebene:[42] Die Mikroebene untersucht die Entwicklung von Branchen bzw. Sektoren wie Landwirtschaft, Bergbau, Energieerzeugung, Industrie und Dienstleistungen für jede Region. Die Makroebene betrachtet Aggregate wie Bruttosozialprodukt und die Größen des Endverbrauchs. Als Satelliten dieser Makroebene lassen sich sogenannte Wachstumsmodelle, d.h. einfachste Modelle mit bezüglich der ökonomischen Ebene exogenen Wachstumsraten des Bruttosozialprodukts, ankoppeln.

Die Welthandelsebene verbindet die zehn Regionen des MP-Modells durch Exporte und Importe sowie Entwicklungshilfeleistungen.

---

40) Vgl. M.Mesarovic,E.Pestel,"Menschheit ...", op.cit., S. 40.

41) Dies setzt enorme gesellschaftliche Veränderungen insbesondere in der 'Vierten Welt' voraus, die schon heute als höchst unwahrscheinlich angesehen werden müssen.

42) Vgl. M.Mesarovic,E.Pestel,"Menschheit ...", op.cit., S. 49.

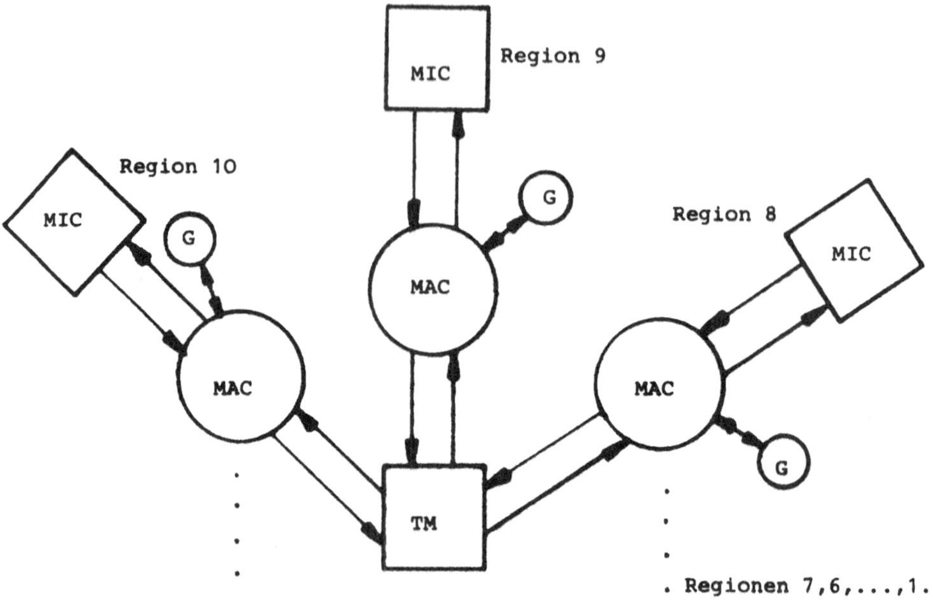

MIC : Mikroökonomisches Modell
MAC : Makroökonomisches Modell
G : Wachstumsmodell (*Growth model*)
TM : Welthandelsmodell (*Trade model*)

Abb. 2.8 Die ökonomische Subebene im MP-Modell

In den folgenden Kapiteln wird ein spezielles Modell für diese ökonomische Subebene entwickelt.

II. Die ökonomische Ebene

In den folgenden beiden Kapiteln soll ein spezielles ökonomisches Modell als Baustein der Kausal- und Organisationsebene des MP-Modells vorgestellt werden.
In Kapitel 3 wird das Modell sukzessive entwickelt mit den Komponenten Regionalisierung, Produktion und Nachfrage sowie interregionale Kopplung. Jede Komponente wird in zwei Schritten diskutiert: Als erstes wird ein 'ideales' Modellkonzept erörtert, das theoretischen Ansprüchen und den Fragestellungen des MP-Modells gerecht werden kann. Auf der Grundlage dieses Idealkonzepts läßt sich dann das im zweiten Schritt entwickelte tatsächliche Modell einordnen, seine Mängel und Unvollkommenheiten beurteilen. Insbesondere die mangelnde Datenverfügbarkeit setzt bei der Realisierung von wünschenswerten Konzepten doch recht enge Grenzen. Das im ersten Schritt diskutierte Konzept erlaubt einerseits die Abschätzung der Unvollkommenheiten des Modells, andererseits zeigt es, welche Daten vordringlich erhoben werden sollten.
Im Kapitel 4 werden zusammenfassend die Simulationsergebnisse unter verschiedenen Modellkonstellationen dargestellt. Auf die notwendigerweise vorhandenen Mängel des hier verwendeten Teilmodells, das seine volle Funktionsfähigkeit erst bei Integration in das gesamte MP-Modell zeigen kann, wird dabei besonders eingegangen. Dabei wird der Teilaspekt dieses Modells deutlich. Mit der Erstellung und Implementierung des ökonomischen Modells soll die Funktionsfähigkeit eines bestimmten Ansatzes zur Entwicklung regionalisierter gekoppelter Modelle gezeigt werden.
Die Prognosefähigkeit dieses einfachen Modellbausteins ist als sehr gering einzuschätzen. Erst nach dem Zusammenkoppeln aller Ebenen des MP-Modells zeigt sich die Fähigkeit des Gesamtmodells, über einfache Trendaussagen - isoliert für jede Variable - hinausgehende Aussagen zu machen. Entsprechend sollen die ermittelten Wachstumspfade der zehn Regionen nicht als eine Prognose für reale zu erwartende Verläufe angesehen werden, sondern eher als Extrapolationen zur Aufdeckung eventuell eingebauter immanenter Modelldynamiken, die nach Kenntnis der Vergangenheit und

der theoretischen Grundlagen als 'unrealistisch' anzusehen sind. Die Ursachen für solche 'unrealistischen' Verläufe können zum einen in Fehlspezifikationen von Modellstrukturen liegen - man denke z.B. an das Samuelson-Konjunkturmodell, das explosive Schwingungen erzeugen kann - oder auch in einer heutigen Fehleinschätzung von zu erwartenden plausiblen Verläufen. Diese Prognoseunsicherheit besteht jedoch prinzipiell. Um zu verhindern, daß das Modell Verläufe auf Grund immanenter Strukturfehler produziert, die in der Realität, die das Modell beschreiben soll, nicht zu erwarten sind, muß jeder Modellkonstrukteur das Modell auf seine immanente Dynamik hin untersuchen.

3. Struktur des ökonomischen Modells

3.1 Regionalisierung

"Das Neue am heutigen Globalismus ist seine Universalität, seine Intensität, seine Vollkommenheit und die Schnelligkeit seiner Ausbreitung. Er umfaßt heute sowohl technische als auch soziale Phänomene, er ist aufgebaut auf Kräften der Beschleunigung, der Durchdringung und der zunehmenden Komplexität; ..."[1]

Die Entwicklung der Erde ist auf bestimmten Gebieten allgemein und global: Umweltverschmutzung ist nicht länger ein rein lokales Problem, Ressourcenknappheit führt zu weltweiter Suche nach Bodenschätzen und deren Ausbeutung. Der Industrialisierungsprozeß hat in seiner Dynamik die Nationalstaatsgrenzen überschritten.

Die Verteilung der Vor- und Nachteile dieses Prozesses ist nicht nur innerhalb der nationalen Gesellschaften ungleich, sondern sogar in ihrer Ungleichheit im weltweiten Maßstab viel stärker ausgeprägt.

Eine Regionalisierung der Welt in einem Weltmodell hat vor allem folgende Punkte zu berücksichtigen:

- Die ökonomischen Entwicklungsniveaus sind regional sehr verschieden.
- Die Bedingungen zukünftiger Entwicklung differieren regional auf Grund unterschiedlicher Ausstattung mit Ressourcen.
- Die politischen und sozialen Strukturen sind regional derart verschieden, daß ein regionales Krisenmanagement auf unterschiedlichen Normen und auch auf verschiedenen Kontrollinstrumenten aufbauen muß.
- Die Machtverteilung auf der Erde ist nicht regional gleichmäßig, sondern doch sehr differenziert. Insbesondere ist die Fähigkeit der Regionen, Konflikte und Krisen zu ihren Gunsten zu entscheiden und Krisenauswirkungen auf andere abzuwälzen, regional sehr unterschiedlich.

Die feinste noch sinnvolle Regionalisierung bestünde in einer Aufgliederung der Welt in die einzelnen Nationalstaaten. Damit

1) B.Fritsch, op.cit., S. 12.

wäre dem einen Aspekt des wirtschaftliche und politischen Entscheidungsmechanismus, der aus dem Souveränitätsanspruch der selbständigen Staaten abgeleitet ist, Rechnung getragen. Ein derart regionalisiertes Modell wäre jedoch für die meisten Fragestellungen viel zu komplex, eine Nachbildung der wichtigsten nationalen ökonomischen und politischen Mechanismen scheiterte an fehlenden theoretischen Grundlagen über das regionale Zusammenwirken sowie vor allem auch an den fehlenden genauen Daten für die meisten Nationalstaaten.

Die Regionalisierung nach gröberen Kriterien als denen der nationalen Grenzen hat folgende Vorteile:

- Häufig sind mehrere Nationalstaaten in ihrer wirtschaftlichen Entwicklung sehr ähnlich. Bestimmte Veränderungen treffen sie gleichzeitig. Man denke z.B. an die ölexportierenden Staaten des Nahen Ostens und Nordafrikas oder an die Situation der westeuropäischen Industriestaaten. Faßt man diese ökonomisch ähnlichen Staaten unter dem Gesichtspunkt der ähnlichen ideologischen und politischen Ausrichtung jeweils zu Regionen zusammen, so ist damit den zu erwartenden ökonomischen Konsequenzen von Krisen einerseits und den ähnlichen politischen Bedingungen andererseits Rechnung getragen.
- Ein Modell mit einer Regionenzahl weit unter hundert ist eher überschaubar und leichter kontrollierbar für den Anwender.
- Bei einer großen Zahl von Regionen ist eher damit zu rechnen, daß die Daten so ungenau sind, daß die Gefahr des Rauschens, das die Modellabläufe überlagert, mit der Zahl der Regionen zunimmt.

Eine Regionalisierung, die mehrere Nationalstaaten zusammenfaßt, verliert natürlich die direkte Ablesbarkeit von Konsequenzen, die einen nationalen Anwender des Modells primär interessieren dürften. Dieser Nachteil wäre jedoch z.B. durch besondere Satellitenmodelle zu beheben.

Die gröbste Regionalisierung der Welt orientiert sich einerseits am ökonomischen Entwicklungsstand, andererseits am politisch-ideologischen Hintergrund der Gesellschaften:

- Westliche Industriestaaten,
- UdSSR und Osteuropa,
- China,VR Korea und VR Vietnam,
- Restliche Entwicklungsländer.

Auf Grund der sehr heterogenen Zusammensetzung der ersten und letzten Region, die innerregionale Konflikte erwarten läßt, empfiehlt sich eine Disaggregation dieser beiden Regionen. Die im MP-Modell vorgenommene Regionalisierung berücksichtigt die unterschiedliche Ausstattung der Regionen mit natürlichen Ressourcen und ihre kulturelle und politische Ähnlichkeit. Diese bedingt, daß die arabischen OPEC-Staaten aus der Region 'Restliche Entwicklungsländer' genommen werden, ebenso wie Lateinamerika, das im Vergleich mit Afrika oder Indien als teilweise anders entwickelt anzusehen ist. In den Handelsverbindungen, die nicht nur eine wirtschaftliche, sondern auch eine gewisse politische Ausrichtung beschreiben, besteht ein großer Unterschied z.B. zwischen Lateinamerika und Afrika:[2] Erstere Region ist stark auf die Verbindung mit Nordamerika ausgerichtet, letztere auf Westeuropa hin orientiert. Auf Grund solcher Überlegungen ist im MP-Modell die folgende Regionalisierung der Welt vorgenommen worden:

(1)	Nordamerika	: USA,Kanada
(2)	Westeuropa	: Skandinavien,EG-Staaten,Österreich,Schweiz, Jugoslawien,Griechenland,Türkei,Spanien, Portugal,Malta.
(3)	Japan	
(4)	Rest Developed	: Australien,Neu-Seeland,Israel,Süd-Afrika, Ozeanien.
(5)	UdSSR/Osteuropa	: exkl. Jugoslawien (in Region 2)
(6)	Lateinamerika	: Mittel- und Südamerika
(7)	Naher Osten	: Marokko,Algerien,Tunesien,Libyen,Ägypten, Naher Osten (ohne Israel; in Reg. 4),Iran.
(8)	Afrika	: Afrika ohne 'Nordafrika' (in Region 7) und ohne Südafrika (in Region 4).
(9)	Süd-Ost-Asien	: Süd-Ost-Asien ohne Iran (in Region 7), ohne die sozialistischen Staaten in Region 10.
(10)	China	: VR China,VR Korea,VR Vietnam.

2) Vgl. Anhang, Tabelle 2.97 und 2.99.

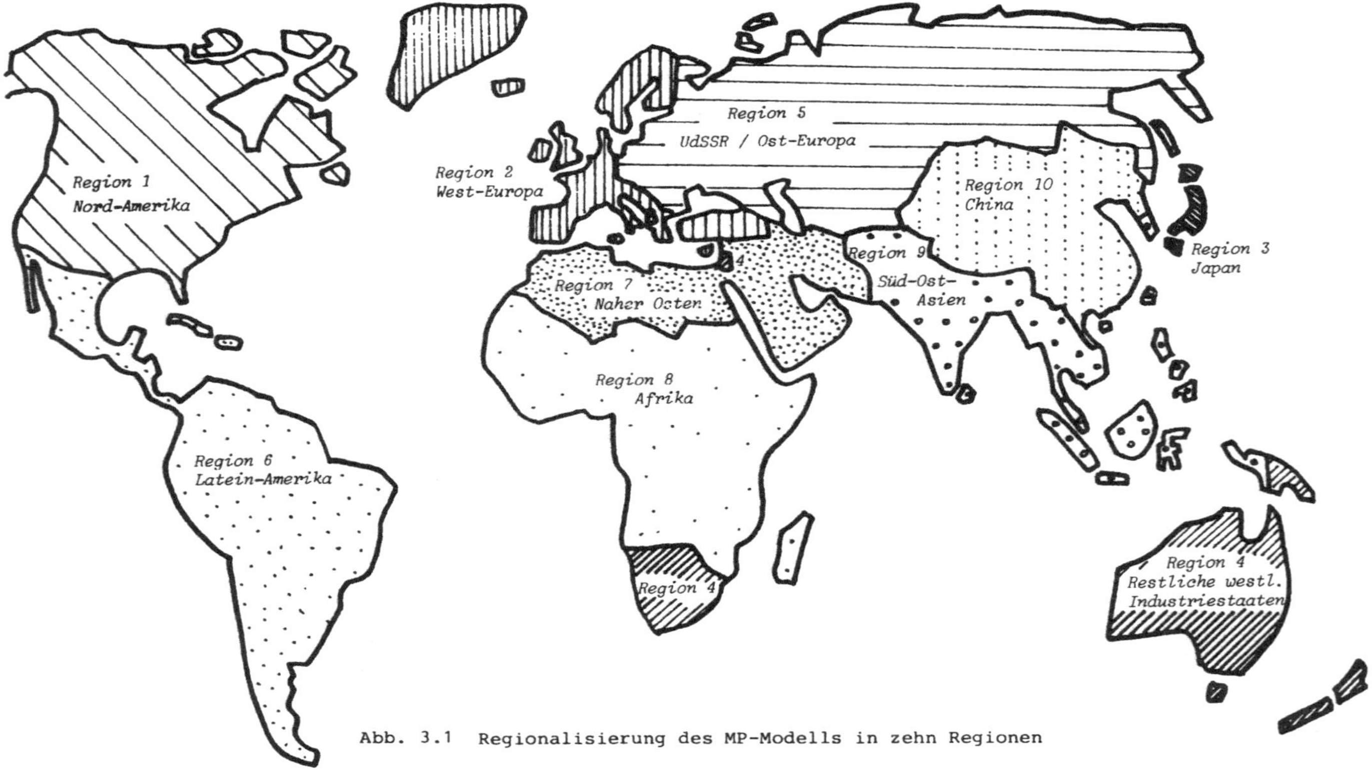

Abb. 3.1 Regionalisierung des MP-Modells in zehn Regionen

Nachteile dieser gewählten Regionalisierung liegen vorwiegend in folgenden Punkten:

- Die Regionen umfassen z.T. sehr viele Nationalstaaten mit sehr heterogenen Interessen und politischen Willensbildungsmechanismen. Zwischen diesen Nationalstaaten können Konflikte ausbrechen wie z.B. im Krieg zwischen Pakistan und Indien. Ein gemeinsames Handeln zur Vermeidung oder Bekämpfung von Krisensituationen, wie es im Modell unterstellt wird, ist also nicht immer zu erwarten. Selbst in Westeuropa verhindert der nationale Egoismus der EG-Staaten häufig gemeinsame Lösungen von Problemen.
- Die ökonomische 'Ähnlichkeit' ist nur eine Approximation an 'Gleichheit'. Innerhalb der Regionen gibt es reiche und arme Landstriche oder Staaten, sind die Bodenschätze nicht gleichmäßig verteilt etc.

Diese beiden Nachteile, die bei der Interpretation von Modellergebnissen ständig bedacht werden müssen, lassen sich jedoch bei keinem Regionalisierungsschema ganz vermeiden. Selbst innerhalb eines kleinen Staates wie der Bundesrepublik Deutschland gibt es enorme regionale Differenzierungen.

Die Vorteile der gewählten Regionalisierung, nämlich Überschaubarkeit und Kontrollierbarkeit von einander recht ähnlichen Regionen im Modell wiegen die oben genannten Nachteile m.E. auf.

3.2 Produktion und Verbrauch

Zentrales Problem jeder langfristigen ökonomischen Wachstumsuntersuchung ist die Entwicklung von Produktion einerseits und der Nachfrage nach Zwischen- und Endprodukten andererseits. Auf Grund der recht mangelhaften Datenbasis insbesondere für Länder der Dritten Welt wird das realisierte Modell erheblich von einem wünschenswerten Modell abweichen. In den folgenden Abschnitten wird die sektorale Aufgliederung im MP-Modell diskutiert, die hier allerdings nur zur Abschätzung bestimmter Veränderungen im Makrobereich dient. Anstelle einer komplexen Produktionsfunktion für die einzelnen Regionen wird wegen der Datenverfügbarkeit auf einen einfachen Indikator zurückgegriffen: den Kapitalkoeffizienten. Andere Indikatoren wie z.B. Arbeitsproduktivität können mangels ausreichender Datenverfügbarkeit nicht herangezogen werden. Anschließend an die Diskussion der sektoralen Aufgliederung wird in dem Abschnitt 3.2.2 die Schätzung der Kapitalstockzeitreihen beschrieben, die damit zu berechnenden regionalen Kapitalkoeffizienten werden in 3.2.3 beschrieben. Im abschließenden Abschnitt 3.2.4 wird die Bestimmung der Nachfragekomponenten in dem hier entwickelten Modell diskutiert.

3.2.1 Sektorale Aufgliederung

Ein 'gutes' Modell zur Untersuchung der langfristigen Wachstumsmöglichkeiten und -grenzen muß die strukturellen Veränderungen, die sich im Zuge des Wachstumsprozesses ergeben, berücksichtigen. Beschränkt man sich auf die eindimensionale Sozialproduktsbetrachtung, so können Veränderungen in den Makrogrößen, die durch Strukturwandel induziert wurden, nicht explizit erfaßt werden. Zunächst sollen im folgenden mögliche Differenzierungen nach Sektoren erörtert werden. Anschließend wird der Bereich der sektoralen Aufgliederung nur für eine bestimmte Fragestellung, nämlich der sektoralen Kapitalstockschätzungen für einige Regionen wieder aufgegriffen. Der Datenmangel erzwingt, daß Strukturveränderungen nur implizit in das Modell eingehen können.
Ein mögliches Schema zur Differenzierung nach Sektoren ist das traditionelle Dreierschema, das auch in den 'Grenzen des Wachstums' verwendet wurde. Die regionalen Volkwirtschaften werden

in die Sektoren Landwirtschaft und Bergbau, Industrie und Handwerk sowie Dienstleistungen eingeteilt. Jeder dieser Bereiche ist wiederum unterteilbar. Ähnlich wie im Abschnitt 'Regionalisierung' bei der Diskussion der 'optimalen' Anzahl der Regionen gilt auch hier, daß eine zu feine Systemstruktur die Gefahr mit sich bringt, die Identifizierung der Struktur zu erschweren. In der praktischen Anwendung ist damit zu rechnen, daß das 'Rauschen' in den Daten mit feinerer sektoraler Differenzierung zunimmt.
Für die im MP-Modell zu untersuchenden Fragestellungen ist eine Aufgliederung in m Sektoren, wobei m zwischen 3 und 10 liegt, als sinnvoll anzusehen. Bei spezielleren Fragestellungen empfiehlt sich eher die Bildung von Satellitenmodellen. Ist m=1, so hat man ein nicht sektoral differenzierendes Makromodell. Die folgenden Erörterungen einer wünschenswerten Systemstruktur des Modells lassen sich ohne weiteres auf diesen Spezialfall übertragen.
Die potentielle Wertschöpfung eines Sektors j wird bestimmt durch die dem Sektor zur Verfügung stehenden Arbeitseinsatzmengen A mit unterschiedlichen Qualifikationsprofilen Q, dem sektoralen Kapitalstock K, bestehend aus Anlagen unterschiedlichen Alters und entsprechend unterschiedlichen inkorporierten Technologiestufen, den verfügbaren natürlichen Ressourcen B und den Zulieferungen anderer Sektoren.[3] Vorausgesetzt, man hätte die benötigten Daten für jede Region, so wäre eine Produktionsfunktion Y = f (A(Q), K(Vintage), B, Zulieferungen) zu schätzen.
Abgesehen von den zum größten Teil sehr erheblichen Problemen, die die Datenbeschaffung für viele Regionen des Modells bereiten würde, gibt es bei dem Ansatz dieser Produktionsfunktionen sowohl methodologische als auch statistische Schwierigkeiten.

An anderer Stelle[4] ist inzwischen vielfach darauf hingewiesen worden, daß das neoklassiche System einen Freiheitsgrad hat (z.B. die Einkommensverteilung zwischen Lohn- und Kapitaleinkommen), wodurch das Konzept des Kapitalstocks nicht mehr

---

3) Zulieferungen anderer Sektoren können als limitierender Faktor wirken.
4) Vgl. z.B. J.Robinson,"Capital Theory up to Date", Canadian Journal of Economics, 1970 (3), wiederabgedruckt in: E.K.Hunt,J.G.Schwartz (Hrsg.), "A Critique of Economic Theory", Harmondsworth, 1972.

unabhängig von der Einkommensverteilung definiert werden kann, und es deshalb natürlich nicht zur Erklärung eben dieser Einkommensverteilung herangezogen werden kann.
In der statistischen Praxis der Schätzung von Produktionsfunktionen auf makroökonomischer Ebene hat man häufig als à priori-Information, die bei der Überwindung der Kollinearität der Faktoren Arbeit und Kapital helfen sollten, auf Einkommensverteilungsparameter, die als 'technische' Größen aus der Produktionsfunktion abgeleitet wurden, zurückgegriffen. Nach den obigen Ausführungen bedient man sich hier eines recht zweifelhaften Hilfsmittels. Auf eine andere Problematik im Zusammenhang mit der Schätzung von makroökonomischen Produktionsfunktionen hat Gahlen hingewiesen[5): Durch die Zurechnung des unerklärten Restes des Wachstums an eine abstrakte Größe 'technischer Fortschritt', die selbst nicht expliziert wird, immunisiert man die Produktionsfunktionen gegenüber einer empirischen Überprüfung.

Angesichts des eklatanten Mangels an gesicherten Daten über sektorale Beschäftigung, Arbeitszeiten und Qualifikation der Arbeitskräfte und der oben kurz skizzierten grundlegenden Einwände gegen die Verwendung neoklassischer Produktionsfunktionen wird dieser Ansatz im folgenden nicht weiter verfolgt.
Stattdessen wird auf einen einfacheren Indikator zurückgegriffen. Dieser Indikator enthält dann natürlich *implizit* alle Einflußgrößen, die als unabhängige Variablen in der obigen Produktionsfunktion auftreten. Insofern ist der folgende Ansatz einfacher und anspruchsloser hinsichtlich des Erklärungswertes.[6)] Als Indikator wird hier der Kapitalkoeffizient verwendet. Die potentielle Wertschöpfung eines Sektors bestimmt sich danach aus dem sektoralen Kapitalstock und dem sektoralen Kapitalkoeffizienten. Die sektoralen Kapitalstockschätzungen und die ermittelten Kapitalkoeffizienten werden in den folgenden Abschnitten erörtert.

Ein kompletter sektoral differenzierter Ansatz beschriebe die intersektorale Verflechtung durch Zulieferungen in Form einer Input-Output-Tabelle. Da im folgenden die sektorale Struktur

---

5) B.Gahlen,"Der Informationsgehalt der neoklassischen Wachstumstheorie für die Wirtschaftspolitik", Tübingen, 1972.
6) Die neoklassischen Produktionsfunktionen haben jedoch auch nur einen 'scheinbaren' Erklärungswert. Vgl. die obigen Ausführungen, bzw. z.B. B.Gahlen, op.cit.

nur für zwei bestimmte Problemstellungen in dieser Arbeit aufgegriffen wird, wird auf eine Diskussion der Theorie und empirischen Arbeiten auf dem Gebiet der Input-Output-Verflechtung verzichtet. Die sektorale Aufgliederung in dieser Arbeit erfüllt folgende zwei Funktionen:

- Durch die Ermittlung der Strukturverschiebungen im jeweiligen Beitrag der Sektoren zum Sozialprodukt sind Abschätzungen der zukünftigen Wachstumsbedingungen möglich. Liegt z.B. der Kapitalkoeffizient im Bereich der Industrie unter dem in der Landwirtschaft, was z.T. durch den höheren Gebäudeanteil am Kapitalstock in der Landwirtschaft erklärlich ist, so führt ein Wachstum mit abnehmendem Gewicht der Landwirtschaft ceteris paribus zu fallenden Kapitalkoeffizienten auf Makroebene.
- Durch die Schätzung sektoraler Kapitalstöcke mit sektorspezifischer Lebensdauer der Investitionsgüter ist ein globaler Kapitalstock als Summe der sektoralen Kapitalstöcke errechenbar. Ergibt eine zweite Schätzung auf der Grundlage aggregierter makroökonomischer Daten mit einer globalen Lebensdauer L einen ähnlichen Kapitalstock, so läßt sich L als Grundlage für makroökonomische Berechnungen verwenden. Mit anderen Worten: Aus der Summe der sektoralen Kapitalstöcke erhält man einen aggregierten Kapitalstock K_o. Variiert man die 'makroökonomische' Lebensdauer L über einen plausiblen Bereich und erhält für ein L' einen Kapitalstock K', der K_o gut approximiert, so läßt sich L' als 'makroökonomische Lebensdauer' von Investitionsgütern ansehen.

Die neun Sektoren des MP-Modells sind:

(1)	Landwirtschaft	: Land- u. Forstwirtschaft,Jagd,Fischerei.
(2)	Bergbau	: Bergbau ohne Energiebergbau (Kohle,Gas, Öl,Ölschiefer,Teersände u.ä.)
(3)	Energie/Wasser	: Energiebergbau,Energieerzeugung u. -aufbereitung, Wasser und Abwässer.
(4)	Nahrungsmittelind.	: Nahrungsmittel-,Getränke-,Tabakindustrie.
(5)	verarbeit. Industrie	: übrige verarbeitende Industrie.
(6)	Bauindustrie	: Bauindustrie
(7)	Dienstleistung I	: Transport,Lager,Kommunikation,Staatliche Dienstl.,Gesundheit und Ausbildung, Gaststätten und Hotels.

(8) Dienstleistung II : Banken,Versicherungen,Immobilien.
(9) Dienstleistung III : Wohnungsvermietung und -eigennutzung.

In Satellitenmodellen werden im MP-Modell Aggregationen vorgenommen etwa durch Zusammenfassung der Sektoren (2) und (3), der Sektoren (4),(5) und (6) sowie von (7),(8) und (9), so daß ein Vier-Sektoren-Ansatz verwendet wird, der für bestimmte Fragestellungen hinreichend fein ist.

Die sektorale Einteilung stimmt etwa mit der in den UN-Statistiken zugrundegelegten Einteilung überein.[7)] Das erlaubt eine konsistente Datenerstellung über die benötigten makroökonomischen Größen.

Mangels besserer verfügbarer Daten werden die UN-Daten aus den volkswirtschaftlichen Gesamtrechnungen der UN-Mitgliedsländer übernommen. Neben den regionalen Besonderheiten der Datenbasis, auf die im Anhang bei der jeweiligen Beschreibung eingegangen wird, sind als allgemeine Problematik der Daten festzuhalten:

- Die Daten der volkswirtschaftlichen Gesamtrechnung aus der Dritten Welt haben nur sehr begrenzten Aussagewert für Aussagen über 'Lebensstandard' o.ä.. Einerseits sind die der UN mitgeteilten Zahlen aus politischen oder institutionellen Gründen nicht immer sehr zuverlässig, andererseits werden gerade in Entwicklungsländern große Teile der Produktion statistisch nur unvollständig erfaßt, wo natural getauscht wird.
- Die Daten aus den sozialistischen Ländern sind wegen der unterschiedlichen Gesamtrechnungssysteme nicht mit denen der übrigen Staaten, insbesondere nicht mit denen der OECD-Staaten vergleichbar.
- In Größen wie Bruttosozialprodukt oder Volkseinkommen sind auch Aufwendungen für Umweltschutz oder 'Abschreibungen' in einem weiteren Sinn enthalten, die eher volkswirtschaftliche Kosten und Belastungen darstellen. Aus Konvention wird z.B. die Produktion von 'Anti-bads' als Güterproduktion ausgewiesen, was natürlich bei wohlfahrtstheoretischen Betrachtungen, die sich an Kennziffern wie BSP per capita orientieren wollen, zu beachten ist.[8)]

---

7) Vgl. z.B. Yearbook of National Account Statistics 1971, New York, 1973.
8) Vgl. z.B. L.Hübl,W.Meyer,W.Ströbele,"Grundkurs in Volkswirtschaftslehre", Berlin, 1973, S. 82 f. oder H.-W.Holub,"Zur Kritik des Bruttosozialprodukts als Wohlstandsindikator", WIST, 1974 (2).

3.2.2 Kapitalstockschätzungen

Unter dem Begriff 'Kapital' werden in der Nationalökonomie häufig sehr verschiedene Dinge subsumiert. Einmal kann darunter der zur Investition bestimmte Geldbetrag verstanden werden (Geldkapital), zum anderen die Summe der noch Leistungen abgebenden investierten Güter (Sachkapital), und schließlich taucht der Begriff Kapital im Zusammenhang mit kumulierten Aufwendungen zur Verbesserung des Produktionsfaktors Arbeit auf ('immaterielles Kapital','human capital').[9] Sachkapital wird unterteilt in die Komponenten Anlagen und Vorräte, wobei Anlagen aus Gebäuden und Ausrüstungen bestehen.

"Das produzierte Anlagevermögen - zur Vereinfachung wird im folgenden nur vom Anlagevermögen gesprochen - wird in der vorliegenden Berechnung ebenso abgegrenzt und nach Güterarten gegliedert wie die Anlageinvestition in den Volkswirtschaftlichen Gesamtrechnungen. Es umfaßt damit alle dauerhaften reproduzierbaren Produktionsmittel mit Ausnahme dauerhafter militärischer Güter und dauerhafter Güter der privaten Haushalte. Wohngebäude zählen auch dann zum Anlagevermögen, wenn sie sich im Eigentum von privaten Haushalten befinden. Als dauerhaft gelten diejenigen Produktionsmittel, deren Nutzungsdauer mehr als ein Jahr beträgt."[10]

Die Ermittlung des Anlagevermögens wirft zwei wichtige Fragen auf:

- Wie bewertet man die Anlagen? Man kann z.B. zu Wiederbeschaffungs-, zu Anschaffungs- und zu konstanten Marktpreisen bewerten. Da letztlich der Kapitalstock geronnene Arbeit darstellt, ist auch eine Bewertung in gewichteten Arbeitsstunden denkbar etc.
- Werden die Anlagen für ihre gesamte technische Nutzungsdauer mit ihrem Neuwert ausgewiesen (Bruttokonzept) oder abzüglich der kumulierten Abschreibungen (Nettokonzept) ?[11]

---

9) Vgl. E.Helmstädter,"Der Kapitalkoeffizient. Eine kapitaltheoretische Untersuchung", Stuttgart, 1969.

10)H.Lützel,"Das reproduzierbare Anlagevermögen in Preisen von 1962", Wirtschaft und Statistik, 1971 (10), S. 593.

11)Da die Abschreibungen von der zugrundeliegenden Überlebensfunktion abhängen, läßt sich das Nettokonzept als Spezialfall des Bruttokonzepts bei Ermittlung des Kapitalstocks nach der 'Perpetual-inventory-method' interpretieren. Vgl. dazu die Überlebensfunktion (3) in den folgenden Ausführungen.

Das Nettokonzept und die jeweilige Bewertung zu Anschaffungs- bzw. zu Wiederbeschaffungspreisen dienen vorwiegend zur Vermögensrechnung und zur konsistenten Bilanzierung bei Zusammenfassung mit anderen Forderungen und Verbindlichkeiten.
Bewertet man die Anlagen in konstanten Preisen und rechnet alle diejenigen Anlagen als zum Bestand gehörend, die ihre technische Nutzungsdauer noch nicht überschritten haben, so läßt sich ein solcher Anlagenbestand als Mengenindex für die Gesamtheit der noch produktiv verwendbaren Gebäude, Maschinen und Werkzeuge interpretieren. Daß hierbei große Probleme, insbesondere bei Verwendung von Preisindices über längere Zeiträume hinweg, auftreten, ist offensichtlich.
Unter Kapitalstock soll im folgenden das Bruttoanlagevermögen in konstanten Preisen verstanden werden. Es gibt verschiedene Möglichkeiten, den Kapitalstock zu schätzen.[12)] Von den in Frage kommenden Verfahren ist die sogenannte 'perpetual-inventory-method' besonders für ein langfristiges Projektionsmodell geeignet. Bei dieser Methode ist die Verknüpfung von Strom- und Bestandsgrößen offensichtlich. Der Kapitalstock ist eine Bestandsgröße, die sich aus den kumulierten Zuflüssen der Vergangenheit zusammensetzt. Änderungen in diesem Bestand K entstehen durch Zuflüsse, d.h. Bruttoinvestitionen I, andererseits durch Abflüsse in Form von Abschreibungen D:

$$\dot{K}(t) = I_{netto}(t) = I(t) - D(t)$$

$$K(t) = \int_{-\infty}^{t} (I-D)(u)\, du$$

Die Anwendung dieser Methode setzt zwei Dinge voraus:

- Man benötigt eine Vorstellung über die Aufenthaltsdauer eines Investitionsgutes im Bestand. Dazu muß die Gestalt der sogenannten Überlebensfunktion und die durchschnittliche und maximale technische Nutzungsdauer eines Investitionsgutes bekannt sein.
- Man benötigt lange Zeitreihen über die getätigten Bruttoinvestitionen.

---

12) Vgl. z.B. die Fußnote bei E.Helmstädter,"Der Kapitalkoeffizient. Eine kapitaltheoretische ...", op.cit., S. 29.

Die bisher in der Literatur verwendeten Typen von Überlebensfunktionen sind:[13)]

(1) Rechtecksfunktionen: Ein im Zeitpunkt t=0 installiertes Investitionsgut I_0 scheidet nach genau LM=LD Jahren aus. Gemäß dieser 'One-hoss-shay'-Annahme stimmen die maximale und die durchschnittliche Lebensdauer (LM bzw. LD) überein. Diese Überlebensfunktion ist offensichtlich höchst wirklichkeitsfremd, insbesondere bei Anwendung auf makroökonomischer Ebene, wo Investitonen aus sehr heterogenen Gütern, wie Gebäuden und Maschinen bestehen.

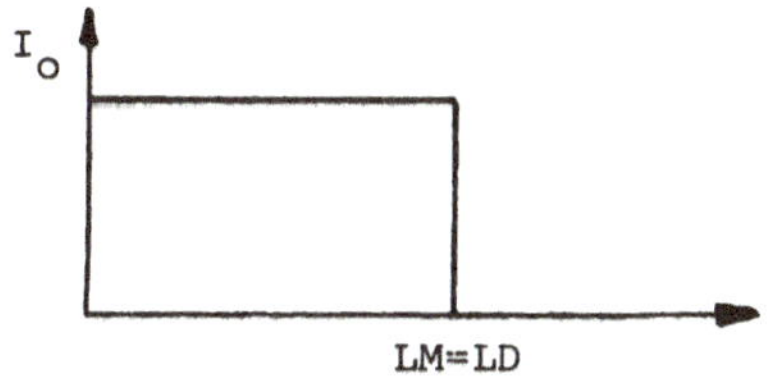

$$K_{t+1} = K_t + I_t - I_{t-LD}$$

(2) Exponentielles Ausscheiden: Das Investitionsgut I_0 besteht aus einem Mix heterogener Güter mit unterschiedlicher Lebensdauer. Während für einen Teil dieser Güter der Absterbeprozeß schon direkt nach der Installierung beginnt, (entweder in t=0 oder in t=1)[14)], sind andere Güter sehr langlebig. Der Intensitätsparameter dieses Absterbeprozesses ist der Kehrwert der durchschnittlichen Lebensdauer LD. Die maximale Lebensdauer des langlebigsten Gutes ist ∞.

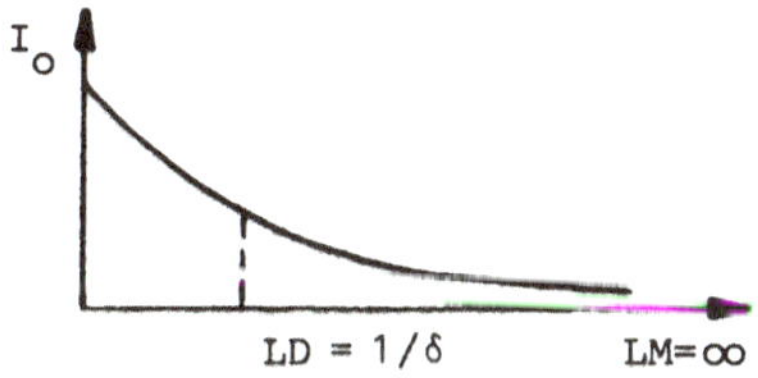

$$K_{t+1} = K_t \cdot (1-\delta) + I_t$$

(3) Lineare Abschreibung: Eine in t=0 installierte Anlage scheidet über LM Jahre verteilt sukzessive aus mit 1/LM Anteil pro Periode. Die durchschnittliche Lebensdauer beträgt

---

13) Vgl. z.B. W.Kirner,"Zeitreihen für das Anlagevermögen der Wirtschaftsbereiche in der BRD", DIW-Beiträge zur Strukturforschung, Heft 5, 1968 oder auch H.Lützel, op.cit., S. 595.

14) Gemäß der hier verwendeten Konvention beginnt der Absterbeprozeß frühestens in der Periode t=1.

LD = LM/2. Eine solche Überlebensfunktion impliziert, daß das Investitionsgut aus einer Menge heterogener Güter mit gleichmäßig verteilten endlichen Überlebenszeiten besteht.

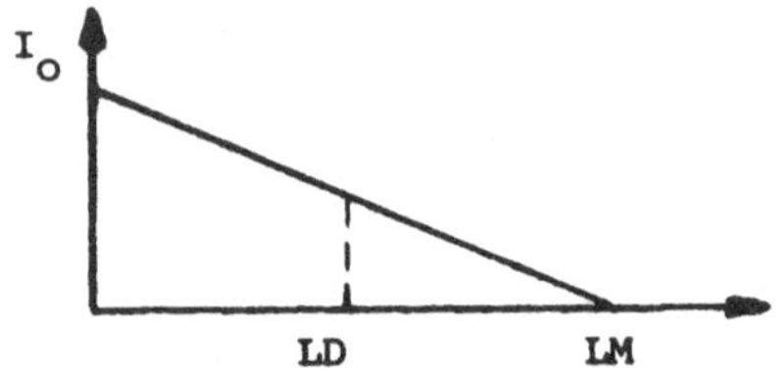

$$K_{t+1} = K_t + I_t - \frac{1}{LM} \sum_{t-LM}^{t-1} I_j$$

(4) Quasi-logistische Überlebensfunktionen: Ein in t=O installiertes Investitionsgut I_o besteht aus einem Mix von Gütern, die eine längere Zeit hindurch fast alle in Nutzung bleiben; dann stirbt ein Teil sehr schnell aus. Der verbleibende Rest ist aus sehr langlebigen Gütern zusammengesetzt.[15]

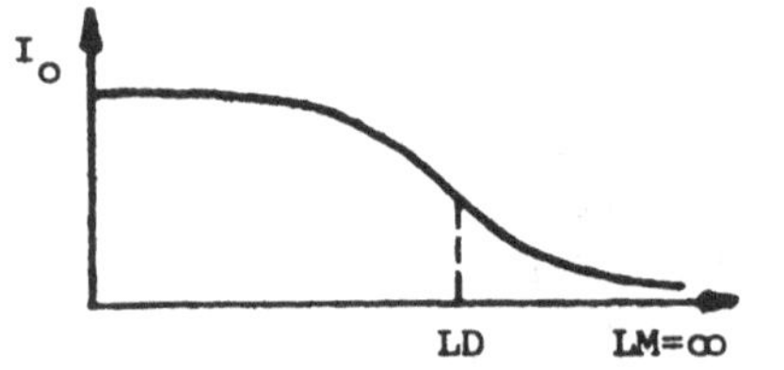

Die Formel für K hängt von der speziellen Funktion ab.

(5) Approximation an quasi-logistische Überlebensfunktionen: Ein im Zeitpunkt t=O installiertes Investitionsgut besteht aus einem Mix verschiedener Güter, die alle mindestens LD/2 Perioden vollständig nutzbar sind. Danach scheidet sukzessive in jeder Periode ein bestimmter Teil (1/LD) aus, bis nach insgesamt 3·LD/2 Perioden das Investitionsgut vollständig aus dem Kapitalstock ausgeschieden ist.

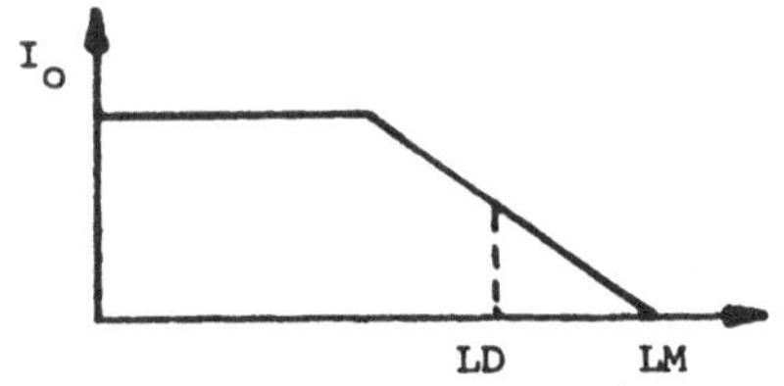

$$K_{t+1} = K_t + I_t - \frac{1}{LD} \sum_{t-3\cdot LD/2}^{t-LD/2} I_j$$

Auf der Basis der Überlebensfunktion (5), die die theoretische Plausibilität der Funktion (4) bewahrt, rechnerisch jedoch ein-

15) Dieser Typ Überlebensfunktion wird vom DIW und Statist.Bundesamt verwendet.

facher ist, werden alle Kapitalstockschätzungen in dieser Arbeit vorgenommen. Zum Vergleich wurden auch Schätzungen nach der Überlebensfunktion (2) berechnet. Die Unterschiede waren nur gering. Bei langfristigen Untersuchungen kommt der Formel (5) jedoch der Vorzug zu, den tatsächlichen Altersaufbau des Kapitalstocks besser zu berücksichtigen. Ein 'junger' Kapitalstock, aus gerade installierten Anlagen bestehend, wird für die nachfolgenden Perioden als größeres Potential anzusehen sein, als ein Kapitalstock, der aus alten Anlagen besteht, die in den folgenden Perioden bald verschrottet werden müssen. Diese Unterscheidung leistet Formel (2) nicht.

Die durchschnittliche Lebensdauer von Investitionsgütern kann sinnvoll nur auf mikroökonomischer Ebene geschätzt werden, z.B. getrennt nach Branchen und Anlageart (Maschinen,Gebäude,Tiefbauten).[16] Obwohl die durchschnittliche tatsächliche Lebensdauer auf Grund ökonomischer Faktoren von der technisch bestimmten Lebensdauer abweichen kann, wird hier angenommen, daß die technische Lebensdauer jeweils realisiert wird; dies vor allem deshalb, weil die ökonomischen Einflußfaktoren auf die Lebensdauer in dem hier verwendeten Modell nicht verfügbar sind. Daneben gibt es Gründe, die sowohl für steigende als auch fallende technische Lebensdauer der Investitionsgüter sprechen, wie z.B. Qualitätsänderungen oder Strukturwandel. So wird z.B. ein angenommener steigender Anteil des Lkw-Verkehrs am gesamten Transportgewerbe zu einer sinkenden durchschnittlichen technischen Lebensdauer führen, weil Lkws schneller verschleißen als z.B. Eisenbahnwaggons. Um die Konsequenzen unterschiedlicher technischer Lebensdauer für die Kapitalstockschätzungen zu erfassen, wurden hierzu Empfindlichkeitsrechnungen durchgeführt mit veränderter Nutzungsdauer. Da die Kapitalstockschätzungen hierauf recht stabil reagierten, wird in dieser Arbeit eine gleichbleibende technische durchschnittliche Nutzungsdauer unterstellt, die allerdings sektoral sehr unterschiedlich ist.

Um eine Schätzung für die 'makroökonomische' Nutzungsdauer der Anlageinvestitionen zu erhalten, werden zunächst für die Regio-

16) Vgl. W.Kirner, op.cit., S. 55 f. und S. 96 f. sowie H.Lützel, op.cit., S. 595 und S. 600.

nen (1) - (4) sektorale Kapitalstockschätzungen vorgenommen.[17] Das Aggregat dieser sektorale Kapitalstöcke ergibt den gesamten makroökonomischen Kapitalstock. Bei der sektoralen Schätzung werden nach Sektoren verschiedene durchschnittliche Nutzungszeiten zugrundegelegt.
Unter alternativen Hypothesen über eine 'fiktive' makroökonomische Nutzungsdauer $L_1, L_2, \dots$ werden Vergleichszeitreihen für den gesamten Kapitalstock berechnet. Die beste Übereinstimmung mit den aggregierten Kapitalstöcken ergeben sich für eine makroökonomische Lebensdauer von 34 Jahren in den Regionen (2) - (4) und von 40 Jahren für die Region (1).

Daten über Bruttoinvestitionen sind auf makroökonomischer Ebene für alle zehn Regionen verfügbar für die Jahre 1950 - 1970. Nach sektoraler Struktur aufgegliederte Investitionsdaten sind in annehmbarer Zuverlässigkeit nur für die Regionen (1) - (4) erhältlich. Um einen Startwert für die Kapitalstockschätzung 1950 zu bekommen und um die Abschreibungen aus den 'absterbenden' Investitionsgütern zu berechnen, benötigt man jedoch Zeitreihen für die Bruttoinvestitionen in konstanten Preisen von 1950 bis zurück zum Jahre 1900. Solche Zeitreihen sind nicht erhältlich und könnten höchstens unter Auswertung von Daten vor 1945 und entsprechender Umrechnung in konstante 1963-US-$ grob geschätzt werden. Die dabei auftretenden Probleme, die auf unterschiedliche Systeme der volkswirtschaftlichen Gesamtrechnung, auf Preisindexumstellung, Umrechnung in US-$ etc. zurückzuführen sind, lassen das im folgende gewählte Verfahren zur Abschätzung der Bruttoinvestitionen vor 1950 als zumindest gangbar erscheinen. Auf der Grundlage der Bruttoinvestitionen von 1950-1970 in konstanten 1963-US-$ wird eine rückwärtige Trendextrapolation vorgenommen und die so geschätzten Werte für die Zeit vor 1950 als Approximation an die tatsächlichen Bruttoinvestitionen verwendet.
Obwohl dieses Verfahren sehr ungenau sein kann, ist zu bedenken, daß bei einer Zugrundelegung einer Überlebensfunktion vom Typ (5) und einer durchschnittlichen Lebensdauer von z.B. 30 Jahren

17) Nur für die Regionen (1) - (4) sind die Bruttoinvestitionen nach Sektoren aufgegliedert erhältlich. Vgl. Anhang, Tab. 3.1 - 3.25.

die Bruttoinvestition vor 1935 mit schnell abnehmenden Gewichten in die Formel zur Berechnung des Kapitalstocks K_{1950} eingeht:

$$K_{1950} = \sum_{1905}^{1949} I_j \cdot g_j \text{ mit}$$

$$g_j = \begin{cases} 1 & j=1935,\ldots,1949 \\ \frac{j-1905}{30} & j=1905,\ldots,1934 \end{cases}$$

So ist bei einer jährlichen Wachstumsrate der Bruttoinvestitionen von 4,65 % (Verdopplungszeit = 15 Jahre) und einer Bruttoinvestition von 100 Einheiten im Jahre 1950 die Investition im Jahre 1935 nur noch 50 Einheiten. Dieses Jahr und die folgenden gehen bei einer Lebensdauer von 30 Jahren mit dem Gewicht 1 in die Kapitalstockformel ein, die Jahre davor haben geringere Bruttoinvestitionen (im Jahre 1920 z.B. nur rund 25 Einheiten), die zudem mit rasch abnehmenden Gewichten in die Formel eingehen, so daß der Fehler aus der weiten Rückwärtsextrapolation nicht sehr stark ins Gewicht fällt. Weiterhin gilt folgende Überlegung: Selbst wenn der Kapitalstock K_{1950} schlecht geschätzt ist, so kommt auf Grund der Überlebensfunktion den Kapitalstockschätzungen der nachfolgenden Jahre, die aus echten Investitionsdaten berechnet werden, immer größere Verläßlichkeit zu. So stammen von dem Kapitalstock K_{1960} - bei einer Wachstumsrate der Investitionen von 5 % p.a. - bereits mehr als 50 % der Anlagen aus den Investitionen der zehn Jahre 1950 - 1959.
Diese Überlegungen lassen die Verwendung des gewählten Verfahrens zur Ermittlung des Kapitalstocks K_{1950} und der Zeitreihe für die Bruttoinvestitionen vor 1950, die für die Ermittlung der Abschreibungen benötigt werden, als gerechtfertigt erscheinen.

3.2.3 Kapitalkoeffizienten

Gegenstand dieses Abschnitts ist die Erörterung der Theorie und der empirischen Ermittlung des Kapitalkoeffizienten in den zehn Regionen.[18)]

Der durchschnittliche Kapitalkoeffizient ist definiert als der Quotient $q = K/Y$ mit der Dimension 'Zeiteinheiten'. Die Bewertung von K und Y sollte in konstanten Preisen erfolgen, um einen technisch begründeten Parameter q zu erhalten. Die Schätzung der regionalen Zeitreihen der Kapitalstockentwicklung ist oben in 3.2.2 beschrieben. A priori steht nicht fest, was als Produktion Y anzusehen ist. Als Mengenindex für die Produktion ist in jedem der folgenden Fälle Y in konstanten Preisen zu bewerten. Bei der Untersuchung von sektoral differenzierten Kapitalkoeffizienten bieten sich als mögliche Ansätze für Y an:

- Die sektorale Wertschöpfung inklusive bzw. exklusive der Abschreibungen, d.h. die Brutto- bzw. die Nettowertschöpfung.
- Die sektoralen Produktionswerte, d.h. grob gesprochen, die sektoralen Umsätze und Lagerveränderungen inklusive bzw. exklusive der Abschreibungen.
- Wertschöpfung bzw. Produktionswerte können alternativ zu Marktpreisen oder zu Faktorkosten bewertet werden.

Damit ergibt sich das folgende Tableau für mögliche (sinnvolle) Interpretationen von Y:

	Bruttokonzept	Nettokonzept
Produktionswerte bewertet zu Marktpreisen (inkl. Vorleist.)	Bruttoproduktionswert	Nettoproduktionswert
Wertschöpfung bewertet zu Marktpreisen	Brutto-WS_M	Netto-WS_M
Wertschöpfung bewertet zu Faktorkosten	Brutto-WS_F	Netto-WS_F

Die Verwendung des Produktionswertes als Maßstab für die sektorale Produktion basiert auf der Überlegung, daß Kapital nicht allein als unmittelbarer Produktionsfaktor zur Wertschöpfung

18) Vgl. für den ganzen Abschnitt 3.2.3: E.Helmstädter,"Der Kapitalkoeffizient. Eine kapitaltheoretische ...", op.cit., und W.G.Hoffmann,F.Grumbach,H.Hesse,"Das Wachstum der deutschen Wirtschaft seit der Mitte des 19. Jahrhunderts", Berlin,Heidelberg,New York, 1965, insbes. S. 43 ff.

beiträgt, sondern auch in Form von Lagerhallen und Tansportfahrzeugen zur Verarbeitung von Vorleistungen anderer Unternehmen benötigt wird. Der Produktionswert des Sektors i ist unter diesen Aspekten eine sinnvolle Bezugsgröße Y_i zur Ermittlung von q_i.
Die Motivation für die Verwendung der Nettowertschöpfung (bewertet zu Faktorkosten) als Produktion Y_i ist in der Betrachtung des Kapitalstocks als Produktionsfaktor, der auch einen Teil des Produkts als Entgelt beansprucht, begründet.
Eine primär ökologisch orientierte Untersuchung baut besser auf dem Konzept der Bruttowertschöpfung auf: Auch Maschinen und Gebäude, die lediglich abgenutzte Anlagen ersetzen sollen, benötigen zu ihrer Herstellung Rohstoffe und Energie und verursachen eventuell Umweltbelastungen. Ob die Bewertung dabei in konstanten Marktpreisen oder zu konstanten Faktorkosten erfolgt, ist letztlich für die absolute Höhe des Kapitalkoeffizienten maßgebend, ändert jedoch nichts an der relativen Entwicklung von q.[19] Einen sehr wichtigen Nachteil bei z.B. der Verwendung des Produktionswertes als Maßstab für die sektorale Produktion wird im Wertschöpfungskonzept vermieden: Der globale Kapitalkoeffizient q läßt sich nur im letzteren Falle leicht aus den sektoralen Kapitalkoeffizienten q_i aggregieren:

$$q = \frac{K}{SP} = \frac{\Sigma K_i}{SP} = \Sigma \frac{WS_i}{SP} \cdot \frac{K_i}{WS_i} = \Sigma a_i \cdot q_i .$$

Dabei ist : SP = Brutto- oder Nettosozialprodukt

a_i = Anteil der sektoralen Wertschöpfung (WS_i) am gesamten Sozialprodukt (SP): $a_i = WS_i/SP$.

q_i = Kapitalkoeffizient im Sektor i bei Verwendung der sektoralen Wertschöpfung (WS_i) als Maßstab für die Produktion, bezogen auf K_i.

Bei diesem Ansatz ist der globale Kapitalkoeffizient ein gewichtetes Mittel aus den sektoralen Kapitalkoeffizienten, wobei sich die Gewichte aus den sektoralen Beiträgen zum gesamten Sozialprodukt ergeben. Damit ist bereits ein möglicher Faktor für Veränderungen des globalen Kapitalkoeffizienten aufgezeigt, worauf im folgenden noch einmal eingegangen wird.

19) Sofern der Preisindex Änderungen der indirekten Steuern und der Subventionen korrekt wiedergibt.

In der ökonomischen Literatur wird häufig darauf verwiesen, daß der für ungleichgewichtiges Wachstum und Entwicklungspolitik interessantere Koeffizient nicht der durchschnittliche Kapitalkoeffizient $q = K/Y$ ist, sondern eher der marginale Kapitalkoeffizient $q' = \Delta K/\Delta Y$.[20] Diese beiden Kapitalkoeffizienten stimmen lediglich bei Vorliegen von 'steady-state'-Wachstum überein. Die Höherbewertung des marginalen Kapitalkoeffizienten ist unter theoretischen und wirtschaftspolitischen Gesichtspunkten berechtigt, verbindet er doch Zuwächse im Kapitalstock und im Sozialprodukt, d.h. er eröffnet direkte Anwendungsmöglichkeiten in Wirtschaftsplanung und -politik. Insbesondere Anhänger von verstärkter zentraler Planung stützen sich u.a. auf die wichtige Funktion des marginalen Kapitalkoeffizienten bei der Festlegung der 'optimalen' Investitionspolitiken. Diese wichtige Position des marginalen Kapitalkoeffizienten in der Wirtschaftspolitik wäre besonders interessant, wenn dieser Koeffizient als etwa konstant oder einem festen Trend folgend berechnet werden könnte.
Bei der empirischen Ermittlung von q' schlagen jedoch konjunkturelle Schwankungen derart durch, daß sogar negative Werte in Rezessionsphasen erreicht werden.[21] Diese starken Schwankungen lassen sich aus den Multiplikatorwirkungen von schwankenden Investitionen auf das Sozialprodukt erklären. Es gilt:[22]

$q' = q \cdot \frac{w_K}{w_Y}$, wobei q , relaiv stabil, sich in wenigen Jahren nur relativ langsam verändert (z.B. $q_t = q_o + a \cdot t$). Bei einer Nettoinvestitionsquote, die ständig positiv ist und zu einer relativ stabilen Wachstumsrate des Kapitalstock führt im Verhältnis zur Wachstumsrate des Sozialprodukts w_Y, die z.B. auf Grund der Multiplikatorwirkungen von schwankenden Investitionen zwischen -0,05 und +0,10 schwankt, ist ein stärkeres Schwanken von q' zu erwarten. Damit wird jedoch die Schätzung von konjunkturbereinigten Zeitreihen für den marginalen Kapitalkoeffizienten derart

20) Vgl. z.B. R.Blum,"Der Kapitalkoeffizient als Instrument der empirischen Wirtschaftsforschung", in: W.G.Hoffmann (Hrsg.),"Untersuchungen zum Wachstum der deutschen Wirtschaft", Tübingen, 1971; E.Helmstädter,"Der Kapitalkoeffizient als Schlüsselgröße der Wachstumstheorie", in: B.Gahlen, A.E.Ott, (Hrsg.), op.cit.; E.Dürr,"Wachstumspolitisch relevante Ergebnisse der Wachstumstheorie", in: H.K.Schneider (Hrsg.),"Beiträge zur Wachstumspolitik", Berlin, 1970, insbesondere S. 6 ff.

21) Vgl. z.B. E.Helmstädter,"Die Wachstumsfaktoren im Lichte der Wachstumstheorie", Wirtschaftsdienst, 1969 (49), S. 686 oder eigene Berechnungen, Anh. Tab. 1.25.

22) $q' = \frac{\Delta K}{\Delta Y} = \frac{\Delta K \cdot Y \cdot K}{\Delta Y \cdot K \cdot Y} = \frac{w_K}{w_Y} \cdot q$

schwierig, daß die praktische Verwendung von q' an der fehlenden Berechenbarkeit von stabilen q'-Werten scheitert.

Im folgenden sollen die Bestimmungsgründe für die Höhe und die zeitliche Entwicklung des durchschnittlichen globalen Kapitalkoeffizienten diskutiert werden. Diese Gründe lassen sich unter den folgenden drei Gesichtspunkten ordnen: technische, verhaltensmäßige und politisch-institutionelle Faktoren.[23] Die einzelnen Einflußfaktoren können selten isoliert wirken, sondern hängen untereinander zusammen. Die folgende Diskussion von Bestimmungsfaktoren für Höhe und Entwicklung von Kapitalkoeffizienten beabsichtigt keine scharfe Trennung zwischen den Faktoren, sondern will jeweils das Wirken der Einzelfaktoren isoliert diskutieren, um die Gesamtheit der denkbaren Einflüsse darzustellen.

Zuerst seien die technischen Faktoren genannt:

Auf der Basis einer neoklassischen Produktionsfunktion $X = N_t \cdot f(A,K)$, wobei f linear-homogen in A und K ist, ergibt sich für $q = K / X$: $q = \frac{1}{N_t} \cdot g(A/K)$, wobei $g'(K/A) > 0$ ist. Damit ist der Kapitalkoeffizient eine Funktion des technischen Fortschritts N_t und der Kapitalintensität der Arbeit. Ohne technischen Fortschritt könnte eine steigende Produktion pro Arbeitsstunde nur durch verstärkten Kapitaleinsatz pro Arbeitsplatz erreicht werden, wobei sich die ertragsgesetzlichen Wirkungen aus abnehmenden Grenzerträgen in einem Ansteigen des Kapitalkoeffizienten niederschlagen. Diese ertragsgesetzlichen Wirkungen können durch technischen Fortschritt entweder teilweise, vollständig oder sogar überkompensiert werden. Wird durch den technischen Fortschritt genau die ertragsgesetzliche Wirkung von verstärktem Kapitaleinsatz pro Arbeitsstunde kompensiert, so daß Produkt und Kapitalstock mit der gleichen Rate wachsen, so spricht man von Harrod-neutralem Fortschritt.[24] Die neoklassische Wachstumstheorie hat den von Harrod und Domar ursprünglich konstant vorgegebenen Kapitalkoeffizienten zugunsten

23) Vgl. F.Redl,"Versuch einer ökonomischen Theorie des Kapitalkoeffizienten und seiner Veränderung", Jahrbuch für Nationalökonomie u.Statistik, 176, 1964, S. 428 ff.

24) Vgl. z.B. R.Blum,"Der Kapitalkoeffizient ...", op.cit., S. 65 f.

eines variablen Koeffizienten aufgegeben. Die Konstanz von q ergibt sich nur noch als Spezialfall.[25)]

Die sogenannte Schwellentheorie von Bičanič ist ein dynamisch orientierter Erklärungsansatz für die Entwicklung von q. Im Wachstumsprozeß kommt eine Volkswirtschaft zu Beginn bei niedrigem Pro-Kopf-Einkommen mit sehr einfachen und wenigen Kapitalgütern aus: einfache Werkzeuge, Transportmittel und Gebäude - der Kapitalkoeffizient ist niedrig. Bei sich beschleunigendem Wachstum werden zunehmend Infrastrukturinvestitionen in Bereichen wie Verkehrsverbindungen, Nachrichtenwesen, Gesundheits- und Bildungswesen notwendig, die nicht unmittelbar zu erhöhter Produktion führen: q steigt rasch an. Wenn diese Infrastrukturverbesserungen durchgeführt sind, machen sich deren positive Effekte in den folgenden Wachstumsphasen in Gestalt überproportionaler Steigerung der Produktion - verglichen mit dem Kapitalstockswachstum - bemerkbar: q sinkt.[26)]

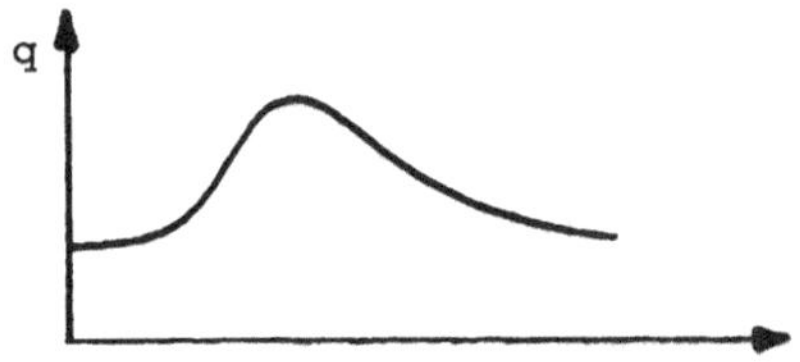

Da die Bedingungen für das Auftreten von 'Schwellen' im Wachstumsprozeß, welche erhöhte Infrastrukturaufwendungen erfordern, nicht hinreichend operational präzisiert sind, ist die Schwellentheorie des Kapitalkoeffizienten als eine qualitativ formulierte interessante Hypothese zu interpretieren.
Eine der Schwellentheorie logisch ähnliche Theorie erhält man bei der Berücksichtigung von Zeitverzögerungen zwischen Investition und Produktion (Lags und Delays). Diese Zeitverzögerungen verursachen insbesondere in Branchen wie z.B. Bergbau oder Energieerzeugung stark schwankende Kapitalkoeffizienten. Vor erfolgreicher Aufnahme der Produktion können jahrelange kapitalintensive Vorarbeiten für Exploration oder Großanlagenbau liegen: q

25) Vgl. z.B. F.H.Hahn,R.C.O.Matthews, op.cit.
26) R.Bičanič,"The Threshold of Economic Growth", Kyklos, XV (1), 1962, S. 7 ff.

steigt. Nach Beginn der Förderung auf vollem Niveau der Kapazität sinkt q wieder ab. Ein einigermaßen geglättetes q wäre lediglich zu erwarten, wenn der Prozeß von Neuerschließung von Bodenschätzen oder der Großanlagenbau kontinuierlich und gleichmäßig erfolgreich verliefe. Beispiele wie Atomreaktoren oder Nordseeölsuche zeigen jedoch eher eine ungleichmäßige Entwicklung an. Die Kapitalkoeffizienten für Bergbau oder Energieerzeugung schwanken entsprechend.[27)]

Die sogenannten 'Strukturalisten' erklären Höhe und Veränderung des globalen Kapitalkoeffizienten aus branchenmäßigen Strukturwandlungen,[28)] wobei branchenspezifische Technologien oder Technologiespielräume [29)] unterschiedlich hohe Kapitalkoeffizienten bedingen. Nachfrageänderungen verschieben die Anteile der Branchen am gesamten Sozialprodukt. Durch die sich verändernden Gewichte der Branchen wird der globale Kapitalkoeffizient beeinflußt. Das folgende Beispiel, das durchaus realitätsnahe Zahlen verwendet, verdeutlicht die möglichen Ausmaße:

Beispiel 3.1: Der Anteil des Primärsektors (Landwirtschaft,Bergbau) mit einem Kapitalkoeffizienten von $q_1=3$ sinke von 50 % in der Periode t auf 30 % in der Periode t+x. Die Wohnungswirtschaft mit einem Kapitalkoeffizienten $q_2=10$ behalte ihren Anteil von 5 % am Sozialprodukt. Die übrigen Wirtschaftsbereiche haben einen Kapitalkoeffizienten von $q_3=1$. Es gilt:

$$q_t = 0{,}5\cdot 3 + 0{,}45\cdot 1 + 0{,}05\cdot 10 = 2{,}45$$

$$q_{t+x} = 0{,}3\cdot 3 + 0{,}65\cdot 1 + 0{,}05\cdot 10 = 2{,}05$$

Ceteris paribus fällt der Kapitalkoeffizient auf Grund der Strukturverschiebungen in x Perioden um rund 16 %. In der Region Osteuropa/UdSSR brauchte ein vergleichbarer Strukturwandel rund 10 - 12 Jahre; die Relevanz des 'strukturalistischen' Ansatzes wird deutlich.

Weitere Überlegungen und auch die empirischen Ergebnisse zeigen, daß auch die sektoralen Kapitalkoeffizienten in der Zeit nicht konstant bleiben, so daß die alleinige Erklärung von Veränderungen des Kapitalkoeffizienten aus Strukturverschiebungen letztlich scheitert.[30)]

---

27) Vgl. die sektoralen Kapitalkoeffizienten im Anhang, Tab. 3.20,3.21.
28) z.B. C.Clark,"The Conditions of Economic Progress", London, 1957.
29) F.Redl nennt das die branchenspezifische 'Grundrelation', vgl. F.Redl, op.cit., S. 432.
30) Vgl. die eigenen Berechnungen, Anhang, Tabelle 3.19 - 3.26.

Eine andere strukturelle Erklärung der Entwicklung des Kapitalkoeffizienten zielt auf den Anteil von Großunternehmen in einer Volkswirtschaft, die 'economies of scale' ausnutzen und damit eine andere 'Grundrelation' realisieren als Mittel- oder Kleinbetriebe. Wachsen mehr Unternehmen in diese Größenordnungen hinein, was entsprechend wachsende Märkte oder Konzentrationsprozesse voraussetzt, so ist ein Anwachsen von q dann zu erwarten, wenn die Kapitalintensivierung stärker wirkt als die Massenproduktionsvorteile et vice versa.
Als besonderer Fall einer technisch erklärbaren Veränderung des Kapitalkoeffizienten ist der 'Export' von hohen bzw. niedrigen Kapitalkoeffizienten anzusehen. Die Wirkungsweise sei an einem Beispiel verdeutlicht:

Beispiel 3.2: Eine Volkswirtschaft benötige Vorleistungen aus dem Primärsektor im Verhältnis 1:4 zur Wertschöpfung der übrigen Sektoren. Der Kapitalkoeffizient des Primärsektors betrage 5. Die übrigen Wirtschaftsbereiche haben einen Kapitalkoeffizienten von 2.
Bei Autarkie der Volkswirtschaft ergibt sich ein globaler Kapitalkoeffizient von $q=2,6$ ($= 0,2 \cdot 5 + 0,8 \cdot 2$). Kann die Volkswirtschaft 50 % ihrer Vorleistungen im Primärsektor importieren, so ergibt sich ein Kapitalkoeffizient von $q=2,33$ ($= 0,11 \cdot 5 + 0,89 \cdot 2$). Wie man leicht ausrechnet, gilt generell: $q = (1-u)/(5-u) \cdot 5 + 8/(5-u)$, wobei u der Importanteil der Produkte des Primärsektors ist. Im Extremfall $u=1$ gilt $q=2,0$. Diese hypothetische Volkswirtschaft hätte einen Teil des hohen Kapitalkoeffizienten im Primärsektor 'exportiert' dadurch, daß sie die Vorleistungen des Primärsektors teilweise importiert.

Insbesondere bei Ländern mit hoher außenwirtschaftlicher Verflechtung ist der Aspekt des Exports von bestimmten Kapitalkoeffizienten zu beachten.
Die Verhaltensweisen von Unternehmen, d.h. insbesondere deren Aufgeschlossenheit für technischen Fortschritt, Risikobereitschaft sowie ihre Anpassungsfähigkeit an veränderte Absatz- und Bezugsbedingungen werden von Redl [31)] als Einflußfaktoren für die Entwicklung des Kapitalkoeffizienten genannt. Diese an das Schumpetersche Modell einer dynamischen Wirtschaft angelehnte

31) Vgl. F.Redl, op.cit., S. 435 ff.

Argumentation basiert etwa auf folgendem: Durch technologische Veränderungen besteht die Möglichkeit, einen anderen Kapitalkoeffizienten durchzusetzen (Invention). Der Prozeß der Realisierung dieser technischen Neuerungen (Innovation) hängt von den Zielsetzungen und Verhaltensweisen der Unternehmen ab. Unter politisch-institutionellen Faktoren sollen hier drei Argumente gebracht werden:

Durch Besonderheiten im Steuersystem können Anreize zum Ansteigen des Kapitalkoeffizienten durch Kapitalverschwendung führen. Analog bewirken gezielte Subventionen oder eine Politik des billigen Geldes durch die Zentralbank einen tendenziell überhöhten Kapitalkoeffizienten.[32)]

Der Anteil der staatlichen Infrastrukturmaßnahmen an den gesamten Investitionen beeinflußt den Wert von q. Da der Gebäudeanteil hier überdurchschnittlich hoch ist, ist ceteris paribus q mit höherem Staatsanteil höher.

Wie aus der tautologischen Umformung $\frac{K}{Y} = \frac{P}{Y} : \frac{P}{K}$ (P=Profiteinkommen) hervorgeht, läßt sich der Kapitalkoeffizient als Quotient von Profitquote und Profitrate ausdrücken. Unterstellt man, daß die Arbeitnehmer einer Volkswirtschaft versuchen, ihren Anteil am Volkseinkommen mindestens zu halten, was unter anderem von der Stärke ihrer Gewerkschaften abhängt, so gilt als Ziel: $\frac{L}{Y} = 1 - \frac{P}{Y} \geq$ konstant![33)] Bei einem technisch begründeten Anstieg des Kapitalkoeffizienten[34)] und der Zielsetzung der Unternehmen, eine Mindestprofitrate zu erzielen, entstehen zwangsläufig Verteilungskämpfe. Je nach Stärke- und Machtkonstellationen werden die Unternehmen auf Expansion verzichten ('Investitionsstreik'), so daß die Durchsetzung von technisch begründeten höheren Kapitalkoeffizienten im Verteilungskonflikt zumindest abgeschwächt werden kann.

Nach dem bisher dargestellten Spektrum von miteinander korrespondierenden Einflußfaktoren ist deutlich geworden:

---

32) Vgl. E.Dürr, op.cit., S. 11 ff.

33) Zur Vereinfachung seien Abschreibungen und staatliche Aktivitäten ignoriert, so daß das 'Adding-up-Theorem' gilt.

34) In marxistischer Terminologie: Die 'organische Zusammensetzung' des Kapitals steigt; daraus folgt ein tendenzielles Sinken der Profitrate, wenn nicht erhöhte Rationalisierung und Steigerung des Arbeitstempos als Gegenkraft wirkt.

- Die Annahme eines konstanten Kapitalkoeffizienten läßt sich höchstens als ein unwahrscheinlicher Spezialfall einordnen.
- Auf lange Sicht kann der Kapitalkoeffizient sowohl steigen als auch fallen. Aussagen darüber müssen die regionalen Besonderheiten der Volkswirtschaften und die voraussichtlichen Strukturveränderungen berücksichtigen.

Die empirische Ermittlung der Kapitalkoeffizienten[35)], auf die im folgenden detaillierter eingegangen wird, zeigt das folgende Bild für die Jahre 1950 -1970:
Langfristig relativ konstante Kapitalkoeffizienten haben die Regionen Nordamerika, Lateinamerika, Restliche westliche Industriestaaten und die Region China.
Steigende Kapitalkoeffizienten weisen die übrigen Regionen der Dritten und Vierten Welt sowie Japan, UdSSR/Osteuropa und Westeuropa aus.

Für die Regionen Nordamerika, Westeuropa, Japan und Restliche westliche Industriestaaten sind alle Daten soweit erhältlich, daß sektorale Kapitalstockschätzungen vorgenommen werden können. Daraus und mit Zugrundelegung der sektoralen Bruttowertschöpfung als sektorale 'Produktion' sind sektorale Kapitalkoeffizienten berechenbar. Da für die Regionen 5 - 10 keine Daten in hinreichender Zuverlässigkeit über die sektorale Investitionsstruktur verfügbar sind, können im folgenden nur die Regionen 1 - 4 berücksichtigt werden. Als branchenspezifische Kapitalgüterlebensdauer werden angenommen:[36)]

Sektor 1	Landwirtschaft	30 Jahre	durchschnittliche Lebensdauer.
Sektor 2	Bergbau	25 Jahre	
Sektor 3	Energie	25 Jahre	
Sektor 4	Nahrungsmittelind.	30 Jahre	
Sektor 5	sonstige Ind.	30 Jahre	
Sektor 6	Bauindustrie	12 Jahre	
Sekt.7/8	Dienstleistungen	30 Jahre	
Sektor 9	Wohnungen	80 Jahre: Regionen 2,4 60 Jahre: Regionen 1,3.	

Die Ermittlung der sektoralen Kapitalkoeffizienten erfolgt nach

35) Vgl. Anhang, Tabelle 1.23 und 3.17, sowie 3.19 - 3.26.
36) Vgl. z.B. W.Kirner,"Zeitreihen für das Anlagevermögen der Wirtschaftsbereiche in der Bundesrepublik Deutschland",DIW-Beiträge zur Strukturforschung, Heft 5/ 1968, Berlin, S. 96 f. oder H.Hesse,"Strukturwandlungen im Welthandel 1950 - 1960/61", Tübingen, 1967, S. 65 ff. und die dort angegebenen Quellenhinweise.

dem in 3.2.2 beschriebenen Verfahren. Die verfügbaren Daten decken i.d.R. die Jahre 1950 - 1970 ab und sind in konstanten 1963-US-$ ausgedrückt:

- die gesamten Bruttoanlageinvestitionen sowie deren sektorale Struktur für die oben genannten acht Sektoren,
- die sektoralen Wertschöpfungen.

Der Trend der sektoralen Bruttoinvestitionen wird rückwärts vor die Jahre 1950,1949,1948,... verlängert. Auf der Grundlage der Überlebensfunktion (5)[37] und der oben angegebenen durchschnittlichen sektoral differenzierten Lebensdauer der Kapitalgüter errechnet sich der sektorale Kapitalstock K^i_{1950} für den Sektor i. Die nachfolgenden Jahre verändern den Kapitalstock K^i um die Bruttoinvestition im Sektor i abzüglich der Abschreibungen gemäß der Überlebensfunktion (5). Setzt man den Kapitalstock in Relation zur sektoralen Wertschöpfung, so erhält man die sektoralen Kapitalkoeffizienten.[38]

Region / Jahr	1	2	3	4	A	B
1950	4,80	1,20	0,72	3,63	4,2	-
1955	4,87	1,41	0,78	3,76	3,9	2,7
1960	5,33	1,72	1,40	3,97	4,0	-
1965	5,19	2,17	1,73	4,02	5,1	-
1970	5,24	2,57	2,32	3,78	5,2	-

Tabelle 3.1 : Kapitalkoeffizienten im Sektor 1 (Land- und Forstwirtschaft,Fischerei)

Die Spalten A[39] und B[40] geben die entsprechenden Kapitalkoeffizienten für die Bundesrepublik Deutschland aus anderen Quellen an. Wegen unterschiedlicher Berechnungsmethoden sind die Zahlen nicht direkt vergleichbar; doch sind sie für Plausibilitätsprüfungen der Zahlen in den Spalten 1 - 4 interessant. Die Landwirtschaft in Nordamerika, Australien/Neu-Seeland arbeitet mit relativ grossem Kapitaleinsatz; ähnliches läßt sich für die Bundesrepublik

37) Vgl. Abschnitt 3.2.2, S. 52 ff. in dieser Arbeit.
38) Die vollständigen Zeitreihen enthält Anhang, Tabellen 3.19 - 3.26.
39) H.Lützel, op.cit., Tabelle 6, S. 604.
40) F.Redl, op.cit., S. 447.

Deutschland aus der Spalte A ablesen. Die Koeffizienten für Japan und für das gesamte Westeuropa (Regionen 3 und 2) liegen deutlich niedriger. Das generelle Ansteigen der Koeffizienten - besonders ausgeprägt in Regionen mit anfangs relativ niedrigen Kapitalkoeffizienten - läßt sich hauptsächlich durch die zunehmende Mechanisierung der Landwirtschaft und die technisch immer aufwendigerer Fischfangmethoden erklären, die durch starke Arbeitskräfteeinsparungen begleitet ist. Im Vergleich zur Industrie liegen die Koeffizienten sehr hoch,[41] was z.T. aus dem unterschiedlichen Anteil der Bauten am gesamten Kapitalstock erklärt werden kann. Höherer Anteil an Gebäuden bedeutet ceteris paribus einen höheren Kapitalkoeffizienten, was aus der längeren Lebensdauer der Bauten folgt. In der Bundesrepublik Deutschland lag der Anteil der Bauten am landwirtschaftlichen Kapitalstock bei über 50 %, in der deutschen Industrie betrug der Bautenanteil am Kapitalstock im Durchschnitt der Jahre 1950 - 1970 weniger als 40 %.[42]

Region / Jahr	1	2	3	4
1950	3,24	9,29	9,89	3,12
1955	2,40	6,70	9,43	3,31
1960	2,45	6,80	7,77	3,22
1965	2,51	7,52	7,58	3,20
1970	2,86	6,39	5,62	3,27

Tabelle 3.2 : Kapitalkoeffizienten im Sektor 2 (Bergbau, ohne Kohle,Öl,Gas,...)

Die unterschiedliche Höhe und Entwicklung der Kapitalkoeffizienten im Bergbau (ohne Energierohstoffe) lassen sich größtenteils aus der unterschiedlichen Situation der Bergbauförderung in den vier Regionen erklären. Der Kapitalkoeffizient im Bergbau ist zum einen davon abhängig, welchen Wert eine Tonne geförderter Masse darstellt, zum anderen von den geophysikalischen Bedingungen des Bergbaus.

41) Vgl. Tabelle 3.4 und 3.5
42) Vgl. H.Lützel, op.cit., Tabelle 2 und 3, S. 601.

Der Wert der geförderten Tonne Materials hängt ab von der Art des geförderten Materials und von der Konzentration bzw. dem Reinheitsgrad des Materials. Fördert ein Land A z.B. ausschließlich Gold und Diamanten mit einer Konzentration von 10 % der geförderten Masse und ein anderes Land B fördert Eisenerz mit einem Reinheitsgrad von 9 %, so liegt der Kapitalkoeffizient des Bergbaus im Land A deutlich unter dem des Landes B. Je höher der Anteil 'wertvoller' Materialien wie Buntmetalle oder Diamanten an der Gesamtförderung des Bergbaus, desto niedriger ist ceteris paribus der Kapitalkoeffizient. Je höher der Reinheitsgrad des geförderten Materials, desto niedriger ist c.p. der Kapitalkoeffizient. In der Förderung von z.B. Gold oder Kupfer haben die Regionen 1 und 4 einen relativ größeren Anteil an der Weltförderung als Westeuropa oder Japan. Westeuropa dominiert z.B. in der Salzförderung.
Die geophysikalischen Bedingungen des Bergbaus und dabei vor allem die Zugängigkeit der Erzlager beeinflussen den notwendigen Kapitalaufwand zur Förderung.
Der hohe Kapitalkoeffizient für Westeuropa im Jahre 1950 läßt sich vermutlich aus nachkriegsbedingten Leerkapazitäten erklären. Japan legte seit 1950 verstärkt Zechen still, d.h. es exportierte seinen hohen Kapitalkoeffizienten im Bergbau durch verstärkten Rohstoffimport.

Region / Jahr	1	2	3	4	A
1950	7,94	4,64	5,30	9,03	-
1955	6,65	4,93	6,28	8,96	8,4
1960	6,62	5,15	6,60	8,44	-
1965	5,95	5,71	6,34	7,29	-
1970	5,55	6,33	6,42	7,37	-

Tabelle 3.3 : Kapitalkoeffizienten im Sektor 3 (Energie, Wasser)

Die Spalte A zeigt einen Vergleichskoeffizienten für die Bundesrepublik Deutschland.[43] Die zunehmende Mechanisierung des Kohlebergbaus dürfte das Ansteigen des westeuropäischen Koeffizienten

43) Vgl. F.Redl, op.cit., S. 447.

erklären. In den Regionen 1 und 4 ist der sehr kapitalintensive Tagebau oder Tiefststollenbau dominierend in der Kohleförderung, was sich auf das Niveau des Kapitalkoeffizienten auswirkt. Für die zeitliche Entwicklung der Koeffizienten gilt das oben Gesagte hinsichtlich der 'indivisibilities'.[44]

Region / Jahr	1	2	3	4
1950	2,00	1,67	0,99	1,92
1955	1,82	1,82	1,39	2,03
1960	1,95	1,85	1,24	2,13
1965	1,99	1,83	1,52	2,13
1970	2,01	1,87	1,68	2,44

Tabelle 3.4 : Kapitalkoeffizienten im Sektor 4 (Nahrungsmittelind.)

Die Koeffizienten in der Nahrungsmittelindustrie sind in Nordamerika (rund 2,0) und Westeuropa (rund 1,9) und in der Region 4 (rund 2,0 bis 1963, dann leicht ansteigend) fast konstant. Japans Koeffizient steigt deutlich an, ein Zeichen für das Aufholen des ursprünglichen Rückstandes an Mechanisierung und Automatisierung. Alle regionalen Kapitalkoeffizienten des sekundären Sektors (hier: Sektoren 4 - 6) liegen deutlich unter denen des Primärsektors (hier: Sektoren 1 - 3). Die Koeffizienten der Nahrungsmittelindustrie sind in Höhe und zeitlicher Veränderung den Koeffizienten der übrigen Industrie sehr ähnlich.

Region / Jahr	1	2	3	4	A	B
1950	2,07	1,90	0,79	1,68	2,3	-
1955	1,94	1,83	1,26	1,86	1,7	1,2
1960	2,19	1,88	1,10	1,89	1,7	-
1965	1,86	2,00	1,77	1,99	1,9	-
1970	2,08	2,06	1,67	2,16	2,0	-

Tabelle 3.5 : Kapitalkoeffizienten im Sektor 5 (übrige Industrie)

In den Spalten A[45] und B[46] sind die Kapitalkoeffizienten für die Bundesrepublik Deutschland für die gesamte gewerbliche Wirt-

44) Vgl. Abschnitt 3.2.3, S. 62 f. in dieser Arbeit.
45) H.Lützel, op.cit., Tabelle 6, S. 604.
46) F.Redl, op.cit., S. 447.

schaft aus anderen Quellen angegeben. Die direkte Vergleichbarkeit ist wegen anderer Sektorenabgrenzung und wegen der unterschiedlichen Berechnungsmethoden nicht gegeben. Während die Koeffizienten für die Regionen 1,2 und 4 fast konstant bei rund 2,0 liegen, beginnt der Kapitalkoeffizient Japans auf einem sehr niedrigen Niveau, um innerhalb von 20 Jahren auf das Doppelte anzusteigen. Falls sich dieser Trend fortsetzt, ist ein Ansteigen auf das Niveau der übrigen drei Regionen bis etwa in den Jahren 1975-1980 zuerwarten. Der Anstieg des japanischen Kapitalkoeffizienten ist angesichts des forcierten Wachstums der Industrie in den Jahren seit 1950 erklärbar mit ertragsgesetzlichen Wirkungen.

Region Jahr	1	2	3	4
1950	0,47	0,40	0,11	0,22
1955	0,42	0,43	0,20	0,29
1960	0,49	0,52	0,32	0,38
1965	0,50	0,60	0,56	0,41
1970	0,66	0,71	0,61	0,50

Tabelle 3.6 : Kapitalkoeffizienten im Sektor 6 (Bauindustrie)

Die im Vergleich zur übrigen Industrie niedrigen Kapitalkoeffizienten in der Bauindustrie erklären sich zum einen aus dem hohen Anteil von Fahrzeugen, Kränen, Baggern etc. mit kurzer technischer Lebensdauer, sowie einem unterdurchschnittlichen Anteil von Bauten am Kapitalstock, zum anderen aus dem relativ geringen Grad an möglicher Mechanisierung oder Automatisierung der Produktion. Erst mit der Einführung von Fertigbautechniken

Region Jahr	1	2	3	4
1950	1,61	1,25	1,01	2,00
1955	1,71	1,49	1,54	2,28
1960	1,90	1,83	1,89	2,61
1965	1,91	2,20	2,18	2,79
1970	2,03	2,62	2,54	2,92

Tabelle 3.7 : Kapitalkoeffizienten im Sektor 8 (Dienstleistungen)

und halbautomatischen Tiefbaumaschinen wird eine Kapitalintensivierung der Arbeit erreicht, was ein Ansteigen der Koeffizienten erwarten läßt.

Der Sektor Dienstleistungen umfaßt so heterogene Bereiche wie Transport und Verkehr, staatliche Dienstleistungen, Gesundheitsversorgung, Banken und Versicherungen, Handel u.a. Während im privaten Transportgewerbe der Kapitalkoeffizient wegen des hohen Anteils von Fahrzeugen unter dem Sektordurchschnitt liegen dürfte, ist für den Bereich der staatlichen Dienstleistungen ein überdurchschnittlich hoher Kapitalkoeffizient zu erwarten. Im staatlichen Bereich ist der Anteil der Bauten am gesamten Kapitalstock sehr hoch.[47] Dazu kommt die Problematik der Bewertung des staatlichen Dienstleistungen, die zu Faktorkosten ohne einen Gewinnzuschlag ausgewiesen werden und damit tendenziell unterschätzt werden. Veränderungen der Kapitalkoeffizienten sind auf Grund der sehr heterogenen Zusammensetzung des Sektors 7 nur schwer erklärbar.

Region Jahr	1	2	3	4
1950	35,0	17,0	3,5	20,8
1955	31,7	18,8	5,4	21,6
1960	28,7	18,8	6,3	20,7
1965	24,4	20,3	7,2	17,7
1970	22,4	23,1	9,0	16,3

Tabelle 3.8 : Kapitalkoeffizienten im Sektor 8 (Wohnungen)

Einflußgrößen auf die Höhe des Kapitalkoeffizienten im Bereich der Nutzung von Wohnungen sind

- das Verhältnis von Ein-,Zwei und Mehrfamilienhäusern als Anteil am gesamten Wohnungsbestand. Je größer der Anteil freistehender Einfamilienhäuser, desto größer ist ceteris paribus der Kapitalkoeffizient.
- die Wohnungsstandards hinsichtlich Qualität der Ausstattung und hinsichtlich der Bauweise. Höherer Anteil von z.B. einfachen Holzhäusern senkt den Kapitalkoeffizienten.

47) In der Bundesrepublik Deutschland liegt 1971 das Verhältnis der Bauten zum gesamten staatlichen Kapitalstock über 90 % (inkl. Tiefbauten), bzw. über 80 % (exkl. Tiefbauten). Vgl. dazu H.Lützel, op.cit., S. 608.

Aus den genannten Faktoren, die regional unterschiedlich wirken, dürften sich die unterschiedlichen Kapitalkoeffizienten erklären lassen. Die japanischen Werte können durch die mangelhafte Schätzung der Wertschöpfung dieses Sektors eine Verzerrung erfahren haben.[48)]

Wie aus den oben genannten Zeitreihen für die sektoralen Kapitalstöcke und Kapitalkoeffizienten ersichtlich ist, kann eine Erklärung der globalen Kapitalkoeffizienten aus veränderten Gewichten der Sektoren nicht befriedigen, da die sektoralen Koeffizienten selbst z.T. sehr stark zeitvariabel sind. Dennoch können die sektoralen Koeffizienten als wichtige Grundlage zur Abschätzung zukünftiger Entwicklungen des globalen Kapitalkoeffizienten herangezogen werden.
Daneben wird in dieser Arbeit die Zeitreihe der aggregierten sektoralen Kapitalstöcke gebraucht, um eine fiktive makroökonomische Lebensdauer der Kapitalgüter zu ermitteln.[49)] Unter Verwendung dieser makroökonomischen Lebensdauer und der Überlebensfunktion (5) läßt sich ein makroökonomischer Kapitalstock berechnen. Falls die makroökonomische Lebensdauer gut geschätzt ist, liegt diese Zeitreihe nahe bei der, die sich aus den sektoral aggregierten Kapitalstöcken ergibt. Die Tabelle 3.9 gibt die makroökonomischen Kapitalstockwerte für alle zehn Regionen wieder sowie als Vergleich die Summe der jeweiligen sektoralen Kapitalstöcke für die Regionen 1 - 4. Die entsprechenden Kapitalkoeffizienten enthält die Tabelle 3.10.

---

48) Vgl. Anhang 5.3.1 'Region 3'.
49) Vgl. Abschnitt 3.2.2, S. 56 dieser Arbeit.

Region / Jahr	1	2	3	4	5	6	7	8	9	10
1950	*1559,3* 1597,6	*494,0* 497,7	*25,6* 28,4	*62,6* 66,9	*170,9*	*102,9*	*15,9*	*17,3*	*68,6*	*137,7*
1955	*1847,7* 1869,9	*689,0* 690,4	*56,3* 52,4	*83,5* 86,6	*252,9*	*134,6*	*23,9*	*23,7*	*93,1*	*171,2*
1960	*2183,9* 2186,0	*975,7* 974,0	*91,5* 92,2	*109,0* 110,9	*409,0*	*174,7*	*34,6*	*33,1*	*133,4*	*222,7*
1965	*2548,4* 2525,3	*1393,8* 1387,8	*186,5* 185,2	*142,9* 143,5	*647,8*	*227,8*	*51,1*	*45,5*	*183,8*	*272,0*
1970	*3047,1* 2990,9	*1937,6* 1925,2	*361,2* 356,8	*191,0* 190,0	*941,6*	*298,5*	*77,1*	*62,4*	*251,2*	*343,9*

Tabelle 3.9 : Kapitalstockschätzungen in konstanten 1963-US $. (*Kursivschrift:* Kapitalstock mit makroökonomischer Überlebensfunktion; darunter: sektoral aggregiert)

Region / Jahr	1	2	3	4	5	6	7	8	9	10
1950	*3,88* 3,98	*2,09* 2,11	*1,06* 1,18	*2,94* 3,14	*1,65*	*2,45*	*1,52*	*1,32*	*1,33*	*3,78*
1955	*3,67* 3,71	*2,28* 2,29	*1,54* 1,60	*3,24* 3,36	*1,54*	*2,45*	*1,55*	*1,45*	*1,48*	*3,10*
1960	*3,89* 3,90	*2,56* 2,56	*1,84* 1,85	*3,43* 3,49	*1,65*	*2,49*	*1,65*	*1,62*	*1,73*	*3,29*
1965	*3,57* 3,54	*2,87* 2,86	*2,30* 2,28	*3,45* 3,47	*1,95*	*2,48*	*1,68*	*1,88*	*1,98*	*3,50*
1970	*3,62* 3,56	*3,19* 3,16	*2,52* 2,49	*3,53* 3,51	*1,99*	*2,47*	*1,79*	*2,05*	*2,08*	*3,79*

Tabelle 3.10: Kapitalkoeffizienten (*Kursivschrift:* aus makroökonomischem Kapitalstock berechnet, darunter: aus sektoral aggregiertem Kapitalstock berechnet).

Quellen zu beiden Tabellen: Anhang, Tab. 3.17, 3.18 und 1.19-1.23; eigene Berechnungen.

3.2.4 Nachfrage

Auf Grund der oben entwickelten Ansätze ist es möglich, für jede Region und für jedes Jahr von 1950 - 1970 aus der Kenntnis des Kapitalkoeffizienten und des Kapitalstocks die potentielle Produktion in dem betreffenden Jahr abzuschätzen. Eine nennenswerte Überschreiten dieser Obergrenze ist nicht möglich. Für die Regionen 1 - 4 ließe sich sogar die sektorale Struktur der Produktion aus den sektoralen Kapitalkoeffizienten explizit ermitteln. Ob die potentielle Produktion tatsächlich realisiert wird, hängt wesentlich von der Nachfrage ab, der sich die Produzenten der Region gegenübersehen.

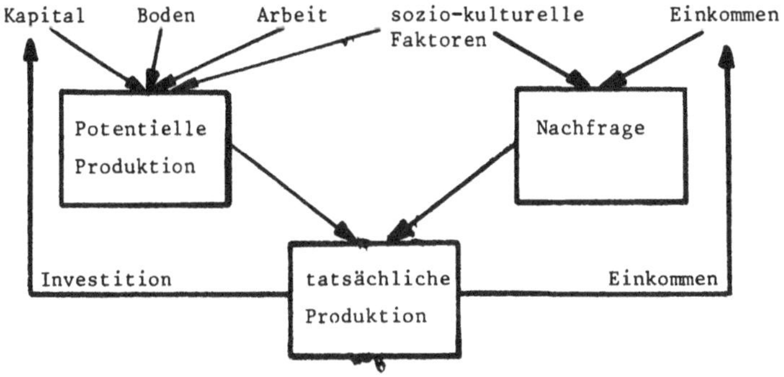

Abbildung 3.1 : Potentielle Produktion und Nachfrage bestimmen die tatsächliche Produktion

Zunächst soll anhand eines sektoral differenzierten Ansatzes erörtert werden, wie eine ideale Modellstruktur konzipiert sein müßte. Die mangelnde Datenverfügbarkeit erzwingt jedoch eine einfachere Struktur, die dann vorgestellt wird.

Die Nachfrage, der sich ein Sektor i gegenübersieht, setzt sich aus drei Komponenten zusammen: aus der Nachfrage anderer Sektoren nach Zulieferungen aus dem Sektor i, aus der Binnenendnachfrage und der Nachfrage aus dem Ausland.[50)]
Die Nachfrage nach intersektoralen Zulieferungen läßt sich durch eine Input-Output-Tabelle beschreiben, die die technischen Abhängigkeiten der Sektoren untereinander erfaßt. Die bisher in der Welt erstellten Input-Output-Tabellen sind nicht so zahl-

50) Die Eigennachfrage nach Lageränderungen wird wegen ihrer marginalen Bedeutung für langfristige Betrachtungen ignoriert.

reich und regelmäßig aufgestellt worden[51], daß eine Berücksichtigung der zeitlichen Veränderungen der I-O-Matrizen für alle zehn Regionen möglich wäre.[52] Die verfügbaren I-O-Matrizen über mehrere Jahre hinweg zeigen z.B. für die USA eine relative Stbilität der sogenannten 'vertikalen Koeffizienten', die auch als 'technische Koeffizienten' bezeichnet werden. Mangels besserer Datenbasis hinsichtlich der I-O-Matrizen wäre also unter dem Aspekt der intersektoralen Verflechtung die Verwendung einer einzigen Input-Output-Tabelle vertretbar. Dabei ist natürlich zu berücksichtigen, daß die USA in den Jahren seit 1947[53] zwar einen erheblichen Strukturwandel erlebt haben, dieser jedoch gemessen am Strukturwandel in der Dritten und Vierten Welt relativ schwach war. Die Aussage der relativen zeitlichen Stabilität der vertikalen Koeffizienten dürfte für Regionen wie Japan oder Entwicklungsländer mit raschem Strukturwandel fraglich sein.

Die US-Matrizen für 1947, 1958 und 1963 zeigen bemerkenswerte Strukturverschiebungen im Bereich der Endnachfrage an, insbesondere im staatlichen und privaten Konsum, so daß die Problematik eines sektoral differenzierten Ansatzes weniger in der intersektoralen Verflechtung, sondern eher in der veränderlichen Endnachfrage liegt.

Da zuviele Daten, die für die Erstellung eines sektoral disaggregierten Modells nur in unzureichender Genauigkeit verfügbar sind, wird im folgenden ein reines Makromodell ohne sektorale Aspekte entwickelt. Damit sind die intersektoralen Verflechtungen eliminiert, und die Nachfrage, die auf die Region j gerichtet ist, setzt sich zusammen aus der Konsumnachfrage C, den Staatsausgaben G, der Bruttoinvestition I und dem Saldo der Auslandsnachfrage X-M. Letzterer Saldo ergibt sich daraus, daß die Region j bestimmte Außenhandelsbeziehungen mit anderen Regionen k,l,m,... hat.

Auf Grund der geringen Zahl der Modellvariablen - es fehlen z.B. Steuerbelastung, Gewinne, Preisvariable u.a. - müssen die Nachfragekomponenten aus sehr einfachen ökonometrischen Gleichungen

51) Vgl. z.B. "Methodolgie der Gemeinschaften der Input-Output-Tabellen 1965", Sonderreihe 1-1970, Statistisches Amt der Europäischen Gemeinschaften, 1970, S. 10 f.

52) Das MP-Team verfügt für jede Region über mindestens eine I-O-Tabelle mit jeweils mindestens vier Sektoren.

53) Die erste Nachkriegstabelle für die USA liegt für 1947 vor.

abgeleitet werden. Für C,G und M werden Gleichungen vom Typ $V = a + b \cdot Y$ aufgestellt. Die Parameter werden auf der Grundlage der Zeitreihen 1950 - 1970 nach der Methode der kleinsten Quadrate geschätzt. Die Bruttoinvestition wird als Politikparameter behandelt.[54] Die Exportnachfrage, der sich eine Region j gegenübersieht, ergibt sich aus der Summe der Importnachfrage der übrigen Regionen, die auf die Region j gerichtet ist. Das Exportangebot der Region j wird aus den Zeitreihen in der Form $X = a + b \cdot Y$ geschätzt. Zur besonderen Behandlung der interregionalen Export- und Importströme und deren Begründung sei auf den Abschnitt 3.3 verwiesen.

Die Gleichungen $C = a + b \cdot Y$ und $G = a + b \cdot Y$ sind in der ökonometrischen Literatur vielfach diskutiert.[55] Für ökonometrische Untersuchungen mit primär kurzfristigen Fragestellungen ist die Verwendung des Bruttosozialprodukts als Kenngröße für die Einkommensvariable Y nicht zu empfehlen. Stattdessen wird das Volkseinkommen oder das verfügbare Einkommen der privaten Haushalte, bzw. die Steuereinnahmen verwendet. Für eine langfristige Untersuchung ist eine solche Unterschiedung nur bedingt sinnvoll, erfordert sie doch eine Vorausschau auf das Steuersystem, die Einkommensverteilung und andere wichtige Größen, die den privaten Konsum bzw. die Staatsausgaben beeinflussen. Um diese Abschätzung vornehmen zu können, müßte das Modell um eine Vielzahl von Modellvariablen erweitert werden. Der Gewinn an theoretischer Rechtfertigung wäre mit einem enormen Datenbeschaffungsaufwand und einer stark erhöhten Komplexität des Gesamtmodells verbunden gewesen.[56]

Stattdessen werden im Modell langfristige Ober- und Untergrenzen für die Konsumquote und die Staatsausgabenquote bezogen auf das 'Gross Regional Product'[57] als Szenariovariable berücksichtigt, womit dem Anspruchsverhalten des Staates und der Konsumenten auf eine bestimmte Quote Rechnung getragen werden kann.

---

54) Eine gleichzeitige Schätzung von C,G,X,M und I aus Gleichungen des Typs $V = a+b \cdot Y$ ist nicht möglich, da wegen der Identität $Y = C+G+I+X-M$ dieses System einen Freiheitsgrad verliert. Da I hier als Politikparameter behandelt wird, ist ein Ausgleichsmechanismus notwendig, der im folgenden beschrieben werden soll.

55) Vgl. z.B. M.K.Evans,"Macroeconomic Activity", New York, 1969.

56) Manche Daten wären dazu nicht einmal erhältlich für 1950 - 1970.

57) 'Gross Regional Product' (GRP) steht als Synonym für die Summe der Bruttoinlandsprodukte der jeweiligen Staaten einer Region in konstanten 1963 $. Zwischen 'Inlands-' und 'Sozialprodukt' wird hier nicht unterschieden: 1. Die Unterschiede sind zu gering und 2. Bei regionaler Aggregation sind die grenzüberschreitenden Faktorzahlungen nicht mehr zu trennen.

3.3 Kopplung der Regionalmodelle durch interregionalen Handel

3.3.1 Einleitung

Ein regionalisiertes Weltmodell besteht nicht allein aus einer Ansammlung von Modellen regionaler Wirtschaftsgebiete, sondern hat einen Kopplungsmechanismus aufzuweisen, der die einzelnen Regionen miteinander verbindet und der die Wechselwirkungen, die aus Handel, Kapitalverkehr etc. resultieren, zu erfassen versucht.
In der Realität sind die Regionen auf sehr komplexe Weise miteinander verbunden, z.B. im politischen, militärischen und ökonomischen Bereich. Die modellmäßige Beschreibung, d.h. die Nachbildung dieser mannigfaltigen Kopplungen ist selbst auf Teilgebieten sehr schwierig. Allein die Ebene der ökonomischen Verflechtungen, d.h. die regionale Kopplung durch Handels- und Serviceströme und Kapitalverkehr ist bei einer Regionenzahl von mehr als drei derart komplex, daß eine Analyse, die die wichtigsten realen Mechanismen korrekt erfassen will, im Augenblick nicht zu leisten ist.[58)]
Eine solche Analyse hätte die regionalen Interdependenzen auf der Ebene der Güterströme und deren Preisentwicklung, Kapitalverkehr und Währungsprobleme, Entwicklungshilfe sowie die Zusammenhänge auf der politischen und militärischen Ebene aufzuzeigen. Da diese Interdependenzen entscheidend mit der jeweiligen regionalen Entwicklung zusammenhängen, liefe eine solche Analyse auf ein umfassendes Modell der globalen Produktion, Verteilung und Verwendung hinaus.
Von einem derart umfassenden Modell ist die Volkswirtschaftslehre auf vielen wichtigen Teilgebieten noch weit entfernt. Der Anspruch eines Kopplungsmodells hat also bescheidener zu sein. In Abhängigkeit von der untersuchten Fragestellung kann der Grad der Komplexität reduziert werden, wenn eine grobe Erfassung der Interdependenzen ausreicht. Ein Modell, das mit empirischem Fleisch und Blut ausgefüllt sein soll, hat sich außerdem an den verfügbaren Daten zu orientieren, woraus sich eine weitere Restriktion ergibt.

---

58) Die Probleme der Gruppe "LINK", die an einer Kopplung verschiedener nationaler ökonometrischer Modelle arbeitet, zeigen diesen augenblicklichen wissenschaftlichen Stand deutlich.
Vgl. verschiedene Aufsätze in R.J. Ball,(ed.), "The International Linkage of National Economic Models", London/New York,1973

Das im folgenden dargestellte Kopplungsmodell beschränkt die regionalen Verbindungen auf zwei wichtige ökonomische Ebenen: interregionaler Handel und Realeinkommenstransfers zwischen den Regionen. Letztere können interpretiert werden als Entwicklungshilfeleistungen oder auch als veränderte Terms-of-Trade im interregionalen Handel.[59)]

3.3.2 Grundstrukturen von Kopplungsmodellen

Bevor ein konkretes Modell diskutiert wird, soll in diesem Abschnitt ein 'ideales' Modell der interregionalen Handelskopplung erörtert werden, um Maßstäbe für die Beurteilung von Kopplungsmodellen zu erhalten.[60)]

a) Aufgliederung in Gütergruppen

Der Handel zwischen den n Regionen findet in m Gütergruppen statt. Die Einteilung der Gütergruppen kann dabei niemals fein genug sein, um die Güter einer Gruppe als homogen anzusehen. Selbst wenn die Gütergruppe j lediglich 'Whisky' enthielte, so wäre doch Whisky aus Schottland verschieden von deutschem und sei es allein wegen der subjektiven Einschätzung durch die Nachfrager.

Damit stellt sich das theoretisch und praktisch bedeutsame Problem der Behandlung der Gütergruppen. Je nach Lösungsweg erhält man völlig verschiedene Grundstrukturen für das Handelskopplungsmodell. Die Frage ist: Behandelt man Güter einer Gütergruppe als homogen oder als Mix unterschiedlicher Güte?

Betrachtet man die Güter innerhalb einer Gütergruppe j als homogen, so stellt sich bei Abwesenheit von Handelshemmnissen, Transportkosten und Preisdifferenzierung ein einziger Weltmarktpreis für jedes Gut j ein. Für eine bestimmte Region k wäre der Weltmarktpreis niedriger als der ihrer regionalen Produktionsmöglichkeiten entsprechende Preis; somit würde sie dieses Gut importieren. Exporte des Gutes j durch die Region k wären ausgeschlossen.

---

59) Da das ganze ökonomische Weltmodell mit realen Größen arbeitet, ist eine implizite Berücksichtigung von z.B. Rohstoffpreisänderungen mit entsprechenden Realeinkommenstransfers im interregionalen Handel notwendig.

60) Für diesen Abschnitt vgl. R.R. Rhomberg, "Towards a General Trade Model", in: R.J. Ball, op.cit., S. 10 ff.

Umgekehrt würde eine Region 1 das Gut j auf Grund von komparativen Kostenvorteilen, die zu entsprechenden Preisvorteilen führen, exportieren aber nicht selbst importieren. Mit anderen Worten: Unter Nichtberücksichtigung von Handelshemmnissen, Transportkosten etc. ist jede Region entweder nur Exporteur oder nur Importeur eines Gutes j. Selbst bei Berücksichtigung von Zöllen und Transportkosten bleibt dieses Ergebnis tendenziell gültig. Es könnte höchstens unter sehr extremen Bedingungen im Zollsystem und Preisdifferenzierung ungültig sein. Wie viele Beispiele aus den internationalen Handelsgeschehen zeigen, ist jedoch ein Land häufig für viele Gütergruppen sowohl Exporteur als auch Importeur. Die Bundesrepublik Deutschland hat z.B. mit Frankreich einen regen Austauschhandel in der Gütergruppe 'Automobile'. Damit wird deutlich, daß eine Betrachtung der Gütergruppen als Menge homogener Güter zu theoretischen und praktischen Schwierigkeiten führt. Eine Abänderung der Argumentation auf Salden hilft nicht weiter, da dann die absolute Höhe der Welthandelsströme nicht bestimmbar ist.
Betrachtet man die Güter innerhalb einer Gütergruppe als inhomogen, so besteht die Möglichkeit, daß ein Land Güter dieser Gruppe sowohl exportiert als auch importiert, ohne daß man mit obigen preistheoretischen Überlegungen in Konflikt gerät. Andererseits entfällt bei diesem Ansatz die recht bequeme Möglichkeit, die Handelsströme aus Preisentwicklungen zu 'erklären'.[61)]
Den folgenden Ausführungen liegt die Betrachtung einer Gütergruppe als Aggregat heterogener Güter zugrunde. Vorläufig sei die Zahl der Gütergruppen als eins angesetzt, d.h. es werden die globalen Export- und Importzahlen betrachtet. Dadurch wird die Schreibweise der folgenden Formeln vereinfacht; die Übertragung auf mehrere Gütergruppen ist naheliegend.

---

61) Sofern die Preisentwicklung als exogen vorgegeben betrachtet wird, hat eine solche 'Erklärung' der Handelsströme das Problem nur verlagert. Dann stellt sich doch sofort die Frage nach den Bestimmungsfaktoren der Preisentwicklung.

b) Welthandelsmatrizen

Als wichtigstes Mittel zur Beschreibung, Analyse und modellhaften Nachbildung der interregionalen Handelsbeziehungen dienen sogenannte Welthandelsmatrizen, die ähnlich den Daten der volkswirtschaftlichen Gesamtrechnung regelmäßig für bestimmte Perioden aufgestellt werden können. Eine solche Matrix X^t enthält als Elemente x_{ij}^t die Exporte der Region i an die Region j in der Periode t. Bei der Aufstellung einer solchen Matrix sollten alle Handelsströme einheitlich auf fob- oder cif-Basis berechnet werden, so daß die Ermittlung der Exporte x_{ij} aus der Sicht der Region i dasselbe liefert wie die Ermittlung der Importe x_{ij} aus der Sicht der Region j. Wünscht man die Möglichkeit einer Umrechnung von fob-Werten in cif-Werte, so ist eine besondere Matrix, die die Fracht- und Versicherungsleistungen der Regionen untereinander erfaßt, zu erstellen.

Je nach Fragestellung können die Matrixelemente x_{ij} der Welthandelsmatrix X in konstanten oder in laufenden Preisen bewertet werden. In dem hier zu entwickelnden Modell, das an Mengenindices interessiert ist, sind alle Handelsströme jährlich in konstanten 1963-US-$ fob bewertet.

Es gelten die folgenden Beziehungen:[62)]

(3.1) $\sum_j x_{ij} = E_i$ Exporte der Region i

(3.2) $\sum_i x_{ij} = M_j$ Importe der Region j

(3.3) $x_{ij} \geqslant 0$, mit $x_{ii} \neq 0$, wenn die Region i aus mehreren Ländern besteht, die miteinander Handel treiben. Es empfiehlt sich nicht, als Konvention die Diagonalelemente auf Null zu setzen, da dann der Welthandel $X_{..} = \sum_{ij} x_{ij}$ mit dem Grad der Regionalisierung schwankt.

Aus der Welthandelsmatrix X können zwei weitere Matrizen A,B abgeleitet werden, die für die im Modell verwendete Kopplung der

62) Vgl. G.B. Taplin, "Models of World Trade", IMF Staff Papers, Vol. XIV, No. 3, Nov. 1967. Dort ist auch angegeben, welche Personen/Institutionen bisher Welthandelsmatrizen erstellt haben.
Vgl. R.R. Rhomberg, "Possible Approaches to a Model of World Trade and Payments", IMF Staff Papers, Vol. XVII, No.1, März 1970

Regionen große Bedeutung haben:[63)]

Die sogenannte Importstrukturmatrix $A = (\alpha_{ij})$, im folgenden auch als Importmatrix abgekürzt, beschreibt die prozentuale Aufschlüsselung der Importe der Region j nach Lieferländern i, (i,j = 1,...,n):

$$(3.4) \qquad A = (\alpha_{ij}) = \left(\frac{x_{ij}}{M_j}\right) \quad \text{mit} \quad \sum_i \alpha_{ij} = 1 \quad (j=1,\ldots,n)$$

Die Spalte j der Importstrukturmatrix A gibt also die Importstruktur der Region j an.

Die sogenannte Exportstrukturmatrix $B = (\beta_{ij})$, im folgenden auch als Exportmatrix abgekürzt, beschreibt die prozentuale Aufschlüsselung der Exporte der Region i nach Empfängerregionen j (i,j = 1,...,n):

$$(3.5) \qquad B = (\beta_{ij}) = \left(\frac{x_{ij}}{E_i}\right) \quad \text{mit} \quad \sum_j \beta_{ij} = 1 \quad (i=1,\ldots,n)$$

Die Zeile i der Exportmatrix gibt also die Exportstruktur der Region i an.

Beispiel 3.3: Die Welt bestehe aus zwei Regionen, die miteinander Handel treiben. In der Periode t werde der Welthandel beschrieben durch die Welthandelsmatrix X_t:

$$X_t = \begin{pmatrix} 50 & 100 \\ 150 & 150 \end{pmatrix}$$

Der Austauschhandel innerhalb der Region I beträgt 50 Einheiten, die Exporte der Region I an die Region II betragen 100 Einheiten etc.

$$B = \begin{pmatrix} 0{,}33 & 0{,}67 \\ 0{,}50 & 0{,}50 \end{pmatrix}$$

$$A = \begin{pmatrix} 0{,}25 & 0{,}40 \\ 0{,}75 & 0{,}60 \end{pmatrix}$$

Die Region I exportiert 67 % ihrer Exporte an die Region II; letztere bezieht 40 % ihrer Importe von der Region I.

63) Vgl. z.B. G.B.Taplin, op.cit. oder auch B.Hickman,"A General Linear Model of World Trade", in: R.J.Ball (Hrsg.), op.cit., S. 21 ff.

c) Prognosen mit Hilfe von Welthandelsmatrizen

Mit der Aufstellung dieser formalen Beziehungen und ihrer empirischen Auffüllung mit Zeitreihen vergangener Perioden wäre dann schon etwas gewonnen, wenn die Matrizen A und B im Zeitablauf einigermaßen konstant blieben. Das hieße, der Welthandel entwickelte sich mit einer recht starren Struktur, ähnlich wie ein Bild auf einem Luftballon, der aufgeblasen wird. Die Erfahrung zeigt jedoch, daß sehr tiefgreifende Verschiebungen der Export- und Importstrukturen in den Jahren 1953 bis 1970 auftraten.[64)] So stieg z.B. der Anteil der japanischen Lieferungen an den gesamten nordamerikanischen Importen in den elf Jahren von 1960 bis 1970 durchschnittlich um 8,9% jährlich; der Anteil der Exporte des Nahen Ostens an Japan an den gesamten Nahostexporten stieg im gleichen Zeitraum um rund 9,5% jährlich. In beiden Fällen verdoppelte sich der jeweilige Anteil innerhalb von sieben bis acht Jahren.[65)]
Eine Verwendung von Export- bzw. Importmatrizen setzt also eine zumindest teilweise modellendogene Nachbildung der Welthandelsstrukturverschiebungen voraus.[66)]
Als einfachste, theoretisch jedoch unbefriedigende Möglichkeit bietet sich an, die Matrizen A^t und B^t ($t = 1953, \ldots , 1970$) als Grundlage für eine Trendschätzung zu nehmen und diesen Trend fortzuschreiben. Mögliche Inkonsistenzen bei diesem Verfahren[67)] müßten in einem gesonderten Verfahren beseitigt werden. Ein solches Vorgehen wäre sinnvoll bei kurzfristigen Prognosen, wo von relativer Konstanz der wichtigsten Einflußfaktoren auf den Welt-Handel ausgegangen werden kann. Für langfristige Prognosen ist ein ein solches Verfahren

i) nicht befriedigend, da der Trend nicht begründet wird,
ii) in der Gefahr, schnell unbrauchbar zu werden. Bedenkt man das oben genannte Beispiel im Handel zwischen Japan und Nordamerika mit Verdoppelungszeiten des japanischen Import-

64) Vgl. die eigenen Berechnungen von Welthandelsmatrizen im Anhang, Tabelle 2.1 - 2.16.
65) eigene Berechnungen, vgl. Anhang. Tab. 2.1 - 2.16. Strukturmatrizen.
66) Über mögliche Ansätze, die bisher hauptsächlich mit Preisvariablen arbeiten, vgl. B. Hickman, op.cit., S. 26ff
67) z.B. muß gewährleistet sein, daß die Randbedingungen der Formeln (3.4) und (3.5) erfüllt sind; außerdem müssen die aus den Importmatrizen errechneten Handelsströme mit den aus den Exportmatrizen ermittelten übereinstimmen.

Importanteils von acht Jahren, so führt das rasche Wachsen bestimmter Handelsbeziehungen und das Schrumpfen bzw. langsamere Wachsen anderer bei Trendextrapolation zu schneller Konzentration des Welthandels auf wenige Regionen. Die Erfahrung lehrt jedoch, daß solchen Strukturverschiebungen Grenzen gesetzt sind.

Die für eine langfristige Projektion wichtige Aufgabe ist also, Erklärungen der Welthandelsstrukturverschiebungen aus endogenen Modellvariablen zu geben.

Um die Reichweite und Begrenztheit des in dieser Arbeit entwickelten Verfahrens deutlich zu machen, sowie um das Verfahren zu begründen, soll zunächst eine kurze Diskussion der wichtigsten Bestimmungsgründe des Welthandels folgen.

3.3.3 Bestimmungsgründe des Welthandels

Die Bestimmungsgründe des Welthandels und seiner Veränderungen sollen in den folgenden Abschnitten unter drei großen Überschriften behandelt werden, nämlich Verfügbarkeit, Preise sowie politische und historische Faktoren.[68)]

a) Verfügbarkeit

Unter dem Faktor 'Verfügbarkeit' als Einflußgröße auf den Welt-Handel versteht man alle Gründe, die einheimische Wirtschaftssubjekte im Land i veranlassen, Güter im Land j (k,l,...) zu kaufen, weil diese nicht oder nicht in ausreichenden Mengen im Land i produziert werden können.

Dabei ist zunächst an Gütergruppen zu denken, die auf Grund der unterschiedlichen geologischen oder klimatischen Gegebenheiten im Land i überhaupt nicht oder nur in begrenzten Mengen herstellbar sind. Bestimmte landwirtschaftliche Rohstoffe wie Kaffee, Kakao, Erdnüsse etc. sind nur unter derart hohen Kosten in Gebieten wie Nordamerika oder Mitteleuropa herstellbar, daß man

68) Vgl. z.B. H. Hesse, "Strukturwandlungen im Welthandel 1950 - 60/61", Tübingen, 1967, insbesondere S. 95 ff.; oder Ch. Kindleberger, "Foreign Trade and the National Economy", 5. printing, New Haven/London, 1967

de facto von der Unfähigkeit dieser Regionen, solche Produkte herzustellen, ausgehen kann.
Ähnliches gilt für mineralische Rohstoffe wie Kupfer, Bauxit, Öl etc. Wenn bestimmte Mindestkonzentrationen unterschritten werden, ist die Förderung bzw. Gewinnung solcher Rohstoffe unrentabel. Auf Grund technischer und ökonomischer Faktoren werden diese Rohstoffe dann als nichtverfügbar angesehen.[69)]
Ein ähnliches Argument wird von Hesse hinsichtlich der Importe von bestimmten Industrieerzeugnissen durch Entwicklungsländer vorgebracht.[70)] Für bestimmte Maschinen oder Fahrzeuge verfügen die Entwicklungsländer noch nicht über das notwendige technische Know-how bzw. sie können die Produktionsfaktoren nicht beliebig aus dem Agrar- bzw. Bergbaubereich in den industiellen Sektor überführen. Dann sind diese Güter de facto nicht verfügbar.
Entwickelt sich die Binnennachfrage zumindest teilweise unabhängig vom einheimischen Angebot und können aus verschiedenen Gründen die einheimischen Unternehmen die geänderte Nachfrage kurz- oder mittelfristig nicht bedienen, entsteht ein weiterer Anstoß für internationalen Handel. Die Gründe für das Maß der Auswirkungen der Nachfrageänderung liegen in den Bereichen:

i) Entwicklung des Pro-Kopf-Einkommens in den am Welthandel beteiligten Ländern,

ii) unterschiedliche technische Entwicklung, Forschung und Wissenschaft

iii) Größe eines Staates und

iv) Preisentwicklung des betreffenden Gutes oder anderer Güter (mit einer von Null verschiedenen Kreuzpreiselastizität).[71)]

ad i) Ein wachsendes Einkommen führt zur Entfaltung von Nachfrage

---

69) Damit wird deutlich, daß sich 'Verfügbarkeit' nicht ausschließlich aus geologischen oder klimatischen Faktoren ableiten läßt. Technische Fortschritte in der Förder- oder Reinigungstechnik oder auch steigende Rohstoffpreise können einen nichtverfügbaren Rohstoff verfügbar werden lassen et vice versa.

70) Vgl. H.Hesse, op.cit., S. 98.

71) Unter die Überschrift 'Verfügbarkeit' gehört nur ein ganz spezieller Aspekt der Preisentwicklung.Die Punkte i) - iii) werden ähnlich wie bei H. Hesse, op.cit., S. 99 ff behandelt.

nach Gütern, die vor der Einkommenserhöhung außerhalb des Begehrkreises der Haushalte lagen. Diese neue Nachfrage kann eventuell kurzfristig durch das einheimische Angebot nicht befriedigt werden und führt daher zu Importen dieser Güter. Dieser Aspekt eines wachsenden Einkommens ist besonders relevant für Entwicklungsländer. Im Wachstumsprozeß entsteht neue Nachfrage nach neuartigen Konsum- und Investitionsgütern, die zumindest bis zum Aufbau einer eigenen Produktion durch Importe befriedigt wird.

Die absolute Höhe des Pro-Kopf-Einkommens beeinflußt das mögliche Spektrum nach nachgefragten Gütern. Je größer die Produktdifferenzierung auf der Nachfrageseite, desto geringer ist die Wahrscheinlichkeit, daß alle Produkte aus inländischer Produktion angeboten werden können.

Steigendes Pro-Kopf-Einkommen führt tendenziell zu wachsendem Austauschhandel zwischen den Industrieländern und zu höherer Importnachfrage durch die Entwicklungsländer, die sich vorwiegend an die Industrieländer richten dürfte.

ad ii) Durch unterschiedliche technische Entwicklung, deren weltweite Verbreitung durch Patentschutz, mangelndes technisches Grundwissen, politische Faktoren[72] u.a. beeinflußt wird, sind für einen Staat i Importe von solchen Gütern notwendig, die auf einer für ihn nicht erreichten Technologiestufe stehen. Langfristig können bei Imitation bzw. Übernahme der hochentwickelten Technik diese Handelsgründe wieder entfallen, es sei denn, die technisch am weitesten entwickelten Länder können ihren Vorsprung in Forschung und Wissenschaft halten oder sogar ausbauen, so daß eine ständige Ursache für Handel wegen technologisch bedingter Nichtverfügbarkeit bleibt. Je unterschiedlicher die technische Entwicklung regionalisiert ist, desto größer ist tendenziell der Handel.

Bringt die technische Entwicklung verbesserte Rohstoffgewinnung oder Substitutionsmöglichkeiten für Rohstoffe, die bisher importiert werden mußten, mit sich, bedeutet das in der Regel eine Tendenz zur Abnahme des Handels.

---

72) In den sechziger Jahren lieferten z.B. die amerikanischen Großcomputerhersteller aus Rücksicht auf politische und militärische Argumente nicht die neuesten Modelle an Ostblockstaaten.

ad iii) Je größer ein Staat, desto größer ist in der Regel der Markt für einheimische Produzenten, desto größer ist tendenziell die Produktdifferenzierung auf der Seite der Anbieter. Dies wirkt den unter i) genannten handelsfördernden Faktoren entgegen. Bei angenommener zufälliger Verteilung von Bodenschätzen über die Erde ist für ein großes Land die Chance größer, in seiner Rohstoffversorgung von Importen unabhängig zu sein, was wiederum handelshemmend wirkt.

In den Branchen, wo economies of scale vorliegen, kann die Größe eines Landes handelsfördernd sein, erlaubt doch der große Binnenmarkt eine Produktion in derart kostengünstigen Bereichen, daß diese Branchen leicht ausländische Märkte erobern können. Ein Beispiel dafür ist z.B. die amerikanische Flugzeugindustrie.

Die Größe eines Landes und sein Außenhandel müssen also nicht zwingend negativ miteinander korreliert sein. Die empirischen Fakten deuten jedoch darauf hin, daß der oben genannte handelsfördernde Einfluß zumindest bisher durch die erstgenannten handelshemmenden Faktoren überlagert wurde.[73)]

ad iv) Das Ansteigen des Preises für ein Gut x oder des Preises eines Komplementärgutes kann die Nachfrager veranlassen, auf ein Substitutionsgut y ausweichen zu wollen. Ist die einheimische Produktion nicht auf die Herstellung dieses Gutes y eingerichtet, so führt dies zumindest vorübergehend zu wachsenden Importen des Gutes y wegen Nichtverfügbarkeit im Inland. In der sogenannten Ölkrise 1973/74 ließen die stark erhöhten Benzinpreise in den USA die Nachfrage nach Kleinwagen ansteigen bei gleichzeitigem Rückgang der Nachfrage nach großen Autos. Die Umstellungsverzögerung in der US-Autoindustrie hatte einen Anstieg der Kleinwagenimporte zur Folge.[74)] Umgekehrt können steigende Rohstoffpreise ehemals nicht verfügbare Rohstoffe im Inland wieder verfügbar werden lassen, wenn nämlich die Ausbeutung eigener bisher nicht lohnender Rohstofflager lohnend wird.

---

73) Berücksichtigt man den hohen Anteil von europäischem Handel in der Aussenhandelsquote der BRD, so ist der Abstand zur US-Außenhandelsquote nur noch gering. Insofern wäre es sinnvoll, Außenhandelsquoten der EG als ganzes (bereinigt vom Binnenhandel) in Relation zur US-Außenhandelsquote zu betrachten.

74) Dieser Trend hielt auf Grund anderer Faktoren nicht lange an.

b) Preise

In der gängigen Außenhandelstheorie spielen die Güterpreise eine wichtige Rolle in der Bestimmung der Handelsströme. Preisunterschiede werden auf unterschiedliche relative Kostensituationen in den Ländern zurückgeführt. Letztere werden z.B. durch unterschiedliche relative Faktorausstattung,[75] mit unterschiedlicher Nachfragestruktur[76] oder mit unterschiedlicher technischer Entwicklung begründet. Der Verfasser ist der Meinung, daß die Bedeutung von relativen Kosten- und Preisunterschieden in der Aussenhandelstheorie überschätzt wird und daß andere Faktoren wie Qualitätskonkurrenz, Service, Lieferfristen, 'gute Handelsbeziehungen', Finanzierungsmöglichkeiten etc. genau so wichtig sind wie Preise. Natürlich können diese Faktoren durch entsprechende Preiskorrekturen auf entsprechende Preisunterschiede zurückgeführt werden. Analoges gilt für Zölle und Transportkosten. Die internationalen Statistiken geben jedoch keine Auskunft über die oben genannten Faktoren, sondern weisen reine Preisindices für Exporte bzw. Importe aus, ohne Korrekturen für Qualitätsunterschiede, Service etc. H. Hesse[77] weist darauf hin, daß der Welthandel nach 1950 stärker durch die staatliche Handelspolitik der am Welthandel beteiligten Länder beeinflußt wurde als durch 'rein ökonomisch' erklärbare Preisbewegungen. Deswegen und auf Grund der großen Datenprobleme, die bei der Erforschung von komparativen Kostenunterschieden auftreten, wird im hier entwickelten Gesamtmodell davon abgesehen, explizit einen Preismechanismus einzubauen. Der im Modell eingebaute Mechanismus, der Angebot und Nachfrage ausgleicht, ist natürlich auch als impliziter Preismechanismus interpretierbar.[78]

c) Politische und historische Faktoren

Für Richtung und absolute Höhe der Welthandelsströme wichtige Faktoren finden sich im politischen und historischen Bereich:

---

75) Heckscher-Ohlin-Theorem, vgl. z.B. K. Rose, "Theorie der Außenwirtschaft", 2. Aufl., Berlin/Frankfurt(M), 1966, S. 229 ff.

76) Bei identischen Transformationskurven in zwei Länder werden bei Autarkie bei unterschiedlicher Nachfragestruktur unterschiedliche Punkte, d.h. unterschiedliche relative Kosten realisiert.

77) H. Hesse, op.cit., S. 133 ff.

78) Vgl. Abschnitt 3.4

i) Mit ihrer Handelspolitik im weitesten Sinn beeinflussen die Staaten ihren Außenhandel.

ii) Durch gewachsene, historisch begründbare Verbindungen existieren sogenannte 'kanalisierte' Handelsbeziehungen.

ad i) Der Welthandel benötigt einen institutionellen Rahmen, Spielregeln für den Warenaustausch. Dieser Rahmen wird durch die am Welthandel beteiligten Staaten mit ihrer Außenhandelspolitik abgesteckt, sei es in Form von allgemeinen Spielregeln wie sie im GATT-Vertrag fixiert sind, sei es durch bilaterale Handelsabkommen oder durch Bildung von Integrationsräumen wie der EG oder EFTA in Westeuropa oder des COMECON im Ostblock. Weitere handelsbeeinflussende Faktoren ergeben sich aus binnenwirtschaftlich motivierten wirtschaftspolitischen Maßnahmen, die durch entsprechende außenwirtschaftliche Eingriffe flankiert werden müssen. Die Konsequenzen der Landwirtschaftspolitik der Industrieländer bzw. der Bemühungen der Entwicklungsländer um Erhöhung ihrer landwirtschaftlichen Eigenversorgung für den Welthandel werden an anderer Stelle detailliert dargestellt,[79] ebenso wie die Nachfrageänderungen nach Erzeugnissen des Bergbaus oder der Industrie im Zuge der Gründung von Montanunion, EWG etc. Diese sehr umfangreiche Diskussion soll hier nicht aufgegriffen werden, doch bleibt festzuhalten, daß der Einfluß von handelspolitischen Maßnahmen auf die Welthandelsstruktur als sehr bedeutend nachgewiesen ist.

ad ii) Ein Teil der Exporte von Entwicklungsländern an Industrieländer ist 'kanalisiert', d.h. beruht auf historisch entstandenen festgefügten Handelsbeziehungen. Anderen Entwicklungsländern, die gleiche oder ähnliche Produkte anbieten können, ist es sehr erschwert, in derartige Handelsbeziehungen als Konkurrenten einzutreten. Besonders ausgeprägt waren in der Vergangenheit die Handelsbeziehungen zwischen den Commonwealth-Staaten und Großbritannien oder zwischen Frankreich und seinen ehemaligen Kolonien kanalisiert. Auf Grund der in der Kolonialzeit gewachsenen Abhängigkeit, Ausrichtung der Exporte auf das Mutterland, Übernahme von Sprache, Wirtschaftsregeln, Maßen und Gewichten, In-

79) Vgl. H. Hesse, op.cit., S. 136 ff. und S. 180 ff.

dustrienormen, Anbahnung von Bankverbindungen ist ein Rahmen für Handelsbeziehungen gewachsen, der auch heute noch für viele Entwicklungsländer die Richtung des Handels beeinflußt.

d) Messung des Grades an Regionalisierung des Welthandels

Eine Aussage wie z.B. "11 % der japanischen Importe kommen aus Westeuropa"[80] enthält keine Information darüber, ob die Handelsbeziehungen zwischen Westeuropa und Japan überdurchschnittlich 'intensiv' sind oder nicht. Um eine solche Aussage machen zu können, sind die Exporte von Westeuropa an Japan in Relation zu anderen Größen zu sehen.[81]
Eine mögliche sinnvolle Vergleichsgröße erhält man auf der Basis folgender Überlegung: Beträgt der Anteil der gesamten japanischen Importe am Welthandel $a \cdot 100$ % und beträgt der Anteil der gesamten westeuropäischen Exporte am Welthandel $b \cdot 100$ %, so ergibt eine proportionale Aufteilung der Handelsströme gemäß diesen Gewichten einen hypothetischen Export von Westeuropa an Japan in Höhe von $a \cdot b \cdot$Welthandel. Mit anderen Worten: Es wird unterstellt, daß Japan seine Importe nach Lieferländern so struktuiert hat, daß die Importstruktur nach Lieferländern gleich ist der Welthandelsstruktur. Das heißt z.B., daß $b \cdot 100$ % der japanischen Importe aus Westeuropa stammen, wenn die so definierten hypothetischen Exporte und Importe ermittelt werden.Durch Quotientenbildung zwischen dem tatsächlichen und dem hypothetischen Wert der Exporte von Westeuropa an Japan erhält man ein Maß für die Regionalisierung des Welthandels.

Beispiel 3.4: Der gesamte Welthandel sei 200. Die Importe Japans betragen 5 % des Welthandels (10), die Exporte Westeuropas 45 % des Welthandels (90). Bezieht nun Japan 45 % seiner Importe in Höhe von 10 von Westeuropa, so wie es dem westeuropäischen Anteil am Welthandel entspricht, so ergäbe sich ein hypothetischer Export von Westeuropa an Japan in Höhe von $0,45 \cdot 10 = 4,5 = 0,05 \cdot 0,45 \cdot 200$.

---

80) Dies ist die Größenordnung des Jahres 1970. Vgl. Anhang, Tab. 2.15, Spalte 3.

81) Vgl. dazu und zum folgenden H. Sautter, "Tendencies of Regionalisation in World Trade between 1938 and 1970", in: H. Giersch, (Hrsg.),"The International Division of Labour, Problems and Perspectives", Tübingen, 1974, insbesondere S. 485 ff.

Stellt man die tatsächlichen Exporte Westeuropas an Japan, nämlich 11 % der japanischen Importe, (absolut 1,1 Einheiten), dem hypothetischen Export von 4,5 Einheiten gegenüber, so zeigt sich, daß die Handelsbeziehungen zwischen Westeuropa und Japan - gemessen am Export Europas nach Japan - um rund 75 % niedriger liegen, als nach der relativen Bedeutung der beiden Handelspartner auf dem Weltmarkt zu erwarten wäre.[82)]

Bezeichnet man mit x_{ij} die Exporte der Region i an die Region j, mit E_i die gesamten Exporte der Region i, mit M_j die gesamten Importe der Region j und mit X.. den gesamten Welthandel, so errechnet sich der hypothetische Export der Region i an die Region j als: $x_{ij}^{hyp} = E_i \cdot M_j \;/\; X..$

Setzt man den tatsächlichen Export und den hypothetischen Export ins Verhältnis zueinander, so erhält man eine Kennzahl k_{ij} für den Grad an Regionalisierung von Handelsbeziehungen zwischen den Regionen i und j:

$$k_{ij} = x_{ij} \;/\; x_{ij}^{hyp} = x_{ij} \cdot X.. \;/\; (E_i \cdot M_j).$$

Der Quotient k_{ij} wird als Regionalisierungskoeffizient bezeichnet. Dabei bezeichnet der Index i das Exportland bzw. die Exportregion, der Index j steht für die Importregion.

Liegt k_{ij} über Eins, so bestehen zwischen der Region i und der Region j intensivere Handelsbeziehungen, als sie nach dem jeweiligen Gewicht der Regionen auf dem Weltmarkt zu erwarten sind. Umgekehrt bedeutet ein k_{ij}, das kleiner ist als Eins, daß die Exporte der Region i an die Region j geringer sind, als es den jeweiligen relativen Gewichten der Regionen bezogen auf den Welthandel entspricht.
Für eine 10 x 10 - Welthandelsmatrix gibt es genau 100 Regionalisierungskoeffizienten (k_{ij}). Insbesondere brauchen die Koeffizienten k_{ij} und k_{ji} nicht zu übereinstimmen, messen sie doch die relative Bedeutung von zwei unterschiedlichen Handelsströmen.
Die Höhe eines bestimmten Regionalisierungskoeffizienten besagt natürlich nichts über die Ursachen der über- bzw. der unterproportionalen Handelsbeziehungen zwischen zwei Regionen, sie erlaubt jedoch eine unmittelbare Identifizierung von Regionen, die z.B. von Export- oder Importbeschränkungen relativ am stärksten

82) Das Verhältnis der tatsächlichen Exporte Westeuropas an Japan zu den hypothetischen von etwa 0,25 entspricht etwa den realen Gegebenheiten. Vgl. Anhang, Tabelle 2.18, Spalte 3.

betroffen sind. Ähnlich wie Import- bzw. Exportstrukturmatrizen verändern sich die Matrizen der Regionalisierungskoeffizienten in der Zeit, so daß ihre Verwendung für Prognosezwecke vor der gleichen Problematik steht wie die Prognose mit Hilfe von Import- bzw. Exportstrukturmatrizen.[83)]

Die Berechnung der Regionalisierungskoeffizienten ergibt das folgende Bild:

- Der intraregionale Handel, d.h. der Handel zwischen den Ländern einer Region ist für alle acht Regionen sehr intensiv.[84)] Die Diagonalelemente k_{ii} der Koeffizientenmatrizen $(k_{ij})_{i,j=1,\dots,n}$ sind für Japan und China gleich Null, für die übrigen Regionen deutlich größer als Eins. Dies deutet auf einen regen Austauschhandel innerhalb der Regionen des MP-Modells hin. Ausschlaggebend dafür dürften neben der räumlichen Nähe die Ähnlichkeiten der wirtschaftlichen Entwicklungsniveaus sein, die insbesondere in den Industriestaaten als Bestimmungsgrund für Austauschhandel wichtig sein dürften. Weiterhin stimmen die Regionen des MP-Modells häufig mit bestimmten Integrationsräumen wie EG oder COMECON beinahe überein.[85)]
- Der Handel zwischen den industrialisierten Regionen (1 - 5) ist stark regionalisiert: Nordamerika exportiert überproportional stark an Japan ($k_{13}=1,8$), die Exporte in die Region 4 (Restliche Industriestaaten) haben sich seit 1953 überproportional erhöht: $k_{14}^{1953} = 0,84$ und $k_{14}^{1970} = 1,24$. Die nordamerikanischen Exporte nach Westeuropa liegen deutlich mit rund 30 % unter den hypothetischen Exporten, ebenso wie die nach Osteuropa/UdSSR um rund 90 %. Während dieses Ergebnis für die Staatshandelsländer des Ostblocks nicht überraschend ist, liegt der Wert für k_{12}, der die relative Bedeutung der nordamerikanischen Exporte nach Wetseuropa mißt, mit rund 0,6 bis 0,7 sehr niedrig. Westeuropa exportiert überproportional - außer an sich selbst - nur an die Region 4, was angesichts der Assoziierung Israels an die EG und der historischen Beziehungen zwischen Großbritannien und Australien/Neu-Seeland zu erwarten ist. Die niedrigen

83) Vgl. Anhang, Tabelle 2.17 ff. Die eigenen Berechnungen von (k_{ij}) beziehen sich alle auf Exporte in konstanten 1963-US S fob.
84) Innerhalb der Regionen 'Japan' und 'China' wird kein Handel ausgewiesen.
85) COMECON entspricht fast genau Region 5 (Ausnahme: 'Kuba'), die EG stellt den wichtigsten Block innerhalb der Region 2.

Regionalisierungskoeffizienten der Exporte nach Nord Amerika (k_{21} = 0,6), nach Japan (k_{23} = 0,25) und nach Osteuropa (k_{25} = 0,45) entstehen wahrscheinlich allein auf Grund der enormen Bedeutung des westeuropäischen Handels für den gesamten Welthandel: Berücksichtigt man den hohen Grad an intraregionalem Handel in Westeuropa, so müssen die übrigen Regionen zwangsläufig nur unterproportional durch westeuropäische Exporte bedient werden.
Japans Exporte sind intensiv regionalisiert auf Nord Amerika und die Region 4, wobei vor allem der Handel mit Australien/Neu-Seeland zu Buche schlägt. Die Regionalisierungskoeffizienten für die Exporte nach Westeuropa und Osteuropa/UdSSR liegen zwischen 0,2 und 0,3.
Die Exporte der Region 4 (Australien/Neu-Seeland/Süd-Afrika und Israel) nach Nord Amerika und Westeuropa entsprechen etwa den hypothetischen Werten, wobei Nord Amerika ein tendenzielles Ansteigen, Westeuropa ein Abfallen der Regionalisierungskoeffizienten verzeichnet. Intensiver Handel besteht mit Japan, schwache Exportbeziehungen mit Osteuropa/UdSSR.
Osteuropa/UdSSR hat einen sehr intensiven intraregionalen Handel (k_{55} = 6). Der Handel mit den übrigen Industriestaaten ist schwach, wobei noch Westeuropa und Japan relativ die wichtigsten Abnehmerregionen für die Exporte der Region 5 sind.

- Der Handel der Entwicklungsländer untereinander ist nicht sehr intensiv. Mit Ausnahme einiger Koeffizienten für die VR China liegen die Regionalisierungskoeffizienten für den Handel unter den Entwicklungsländern unter Eins. Es besteht lediglich ein reger Austauschhandel innerhalb der jeweiligen Regionen.
- Die Handelsbeziehungen zwischen Industrie- und Entwicklungsregionen sind stark regionalisiert, wobei es keinen entscheidenden Einfluß hat, ob man die Exporte von Industrieregionen in Entwicklungsregionen betrachtet oder die Importe der Industrieregionen.

Die Regionen Latein Amerika und Süd-Ost-Asien haben einen sehr intensiven Handel mit Nord Amerika.
Westeuropas relativ wichtigste Handelspartner sind der Nahe Osten und Afrika, wobei die Exporte der letztgenannten Regionen auch relativ intensiv auf Japan gerichtet sind.
Japans Exporte in Entwicklungsregionen teilen sich etwa relativ

proportional auf in Exporte nach Latein Amerika, Naher Osten und Afrika (jeweils k = 1). Intensiver Handel, in beiden Richtungen, besteht mit Süd-Ost-Asien (k_{39} = 4, k_{93} = 3,3) und seit 1962 mit China mit Tendenz zu Handelsintensivierung.
Die Region 4 (Restliche Industriestaaten) hat ihre Exporte in Entwicklungsregionen vorrangig auf Afrika und China ausgerichtet. Die relative Bedeutung der Exporte nach Süd-Ost-Asien zeigt seit etwa 1964 eine stark steigende Tendenz mit einem k_{49} von 1,21 im Jahre 1970 gegenüber k_{49} = 0,80 im Jahre 1964. Relativ gering sind die Importe aus den Regionen Latein Amerika und China. Die übrigen Entwicklungsregionen exportieren etwa gemäß den hypothetischen Exporten, d.h. k = 1.
Die Handelsbeziehungen zwischen Osteuropa/UdSSR und den Entwicklungsregionen sind sehr schwach regionalisiert. Nur China ist ein relativ großer Importeur aus dieser Region, wobei die Tendenz deutlich abnehmend ist. Angesichts des hohen Grads an intraregionalem Handel in der Region Osteuropa/UdSSR ist dieses Ergebnis zu erwarten gewesen.

3.3.4 Bestimmungsgründe für Veränderungen der Import- und Exportmatrizen

In diesem Abschnitt soll eine Abschätzung der Einflüsse der oben genannten Faktoren auf die Welthandelsstruktur gegeben werden. Insbesondere sollen Ansatzmöglichkeiten zur endogenen Nachbildung von Strukturänderungen im Welthandel in einem ökonomischen Weltmodell angedeutet werden.

a) Einfluß von 'Verfügbarkeit', 'Preisen' und 'politischen und historischen Faktoren' auf Veränderungen in den Import- und Exportmatrizen

Aus den unter der Überschrift 'Verfügbarkeit' diskutierten Faktoren läßt sich bereits eine wesentliche Einflußgröße auf Veränderungen der Welthandelsstruktur erkennen. Diese Faktoren zeigten alle eine mehr oder weniger stabile positive Korrelation der Importe aus bestimmten Ländern/Regionen mit dem Sozialprodukt des

Importlandes an. Unterschiedliche Wachstumsraten der am Welthandel beteiligten Länder führen ceteris paribus zu Handelsstrukturverschiebungen. Das folgende Beispiel verdeutlicht der Grund:

Beispiel 3.5: Region 1 habe in der Periode t ein Bruttosozialprodukt (BSP) von 1000 und sei auf Rohstoffimporte in Höhe von 5 % des BSP aus dem Rohstoffgebiet Region 2 angewiesen. Mit Region 3 bestehe ein Austauschhandel in Industriegütern in Höhe von jeweils 2 % vom gemeinsamen BSP beider Regionen.
Region 2 bezieht ihre nicht verfügbaren Industrieprodukte zu gleichen Teilen à 5 % ihres BSP aus den Regionen 1 und 3 bei einem BSP von 500. Region 3 bezieht 3 % vom BSP als notwendige Rohstoffe aus Region 2 bei einem BSP von 2000. Dies ergibt die folgende Welthandelsmatrix:

$$X^t = \begin{pmatrix} 0 & 25 & 60 \\ 50 & 0 & 60 \\ 60 & 25 & 0 \end{pmatrix}$$

$$A^t = \begin{pmatrix} 0 & 0.5 & 0.5 \\ 0.45 & 0 & 0.5 \\ 0.55 & 0.5 & 0 \end{pmatrix} \quad B^t = \begin{pmatrix} 0 & 0.29 & 0.71 \\ 0.45 & 0 & 0.55 \\ 0.71 & 0.29 & 0 \end{pmatrix}$$

Bei unveränderten Anteilen des Handels an den jeweiligen Sozialprodukten sei für die Periode ein Sozialproduktswachstum von 20 % für Region 1, von 10 % für Region 2 und von 5 % für Region 3 angenommen. Dann ist
$BSP_1 = 1200$; $BSP_2 = 550$; $BSP_3 = 2100$ und es gilt:

$$X^{t+1} = \begin{pmatrix} 0 & 27.5 & 66 \\ 60 & 0 & 63 \\ 66 & 27.5 & 0 \end{pmatrix}$$

$$A^{t+1} = \begin{pmatrix} 0 & 0.5 & 0.51 \\ 0.48 & 0 & 0.49 \\ 0.52 & 0.5 & 0 \end{pmatrix} \quad B^{t+1} = \begin{pmatrix} 0 & 0.29 & 0.71 \\ 0.49 & 0 & 0.51 \\ 0.71 & 0.29 & 0 \end{pmatrix}$$

Durch das unterschiedlich schnelle Einkommenswachstum in den Regionen 1 und 3 hat sich z.B. die Importstruktur der Region 1 um rund drei Prozentpunkte

verschoben. Aus demselben Grund hat sich die Exportstruktur der Region 2 um vier Prozentpunkte verändert. Diese Veränderungen beruhen auf den angenommenen starren notwendigen Rohstoffimportquoten und dem starren Austauschhandel zwischen den 'Industrienationen' 1 und 3.
Möglicher technischer Fortschritt oder 'Recycling' würde bei gleichmäßiger Durchsetzung in allen Regionen die Starrheit der Kopplung lockern; geringere Strukturveränderungen wären zu vermuten.

Aus den unter 3.3.3 ii) genannten Gründen sollen Güterpreise als die Handelsstruktur beeinflussende Variablen nicht explizit berücksichtigt werden.[86] Die Handelsstruktur wird sich am stärksten ändern, wenn ein Land isoliert den Preis eines Exportgutes stark erhöht und andere Länder dieses oder ein ähnliches Gut dann zu relativ niedrigem Preis anbieten. Dies hätte eine Umstrukturierung des Welthandels zugunsten der billigeren Anbieter zur Folge. Genau diese Anbieterkonkurrenz läßt einen isolierten Preissprung in einem Land unwahrscheinlich werden.[87] Erhöht ein Land oder eine Region oder ein Anbieterkartell von Länder den Preis eines Exportgutes, für das es de facto kein Substitutionsgut gibt, so werden sich die Handelsstrukturen wenig ändern, wenn die bisherigen Abnehmer auf dieses Gut angewiesen sind. Durch den Faktor 'Preise' sind also eher langsame und stetige Strukturwandlungen statt abrupter Veränderungen zu erwarten.
Die Handelspolitik, insbesondere die Gründung von Freihandelszonen oder Wirtschaftsgemeinschaften, hat die Welthandelsstruktur der Nachkriegszeit nachhaltig beeinflußt.[88] Ein offenes Mensch-Computer-Modell tut also gut daran, entsprechende 'Access-Points' offenzuhalten. In einem regionalisierten Modell mit zehn Regionen bedeutet das die Möglichkeit, durch Setzen eines Schalters einen Teil der Handelsströme einer Region auf bestimmte andere Regionen vorrangig zu lenken, bzw. den intraregionalen Handel überproportional zu erhöhen.

---

86) Mit Hilfe von Preisänderungen erklären K. Johnson, L. R. Klein, "LINK Model Simulations of International Trade", Journal of Finance, Vol. XXIX, No. 2. May 1974, Welthandelsstrukturveränderungen.

87) In einem System fester Wechselkurse können durch Wechselkursänderungen abrupte Preissprünge ausgelöst werden. Bei 'Floaten' ist, auch durch Kurssicherungsgeschäfte, mit einer langsameren Preisänderung zu rechnen, so daß träge Reaktionen der Güterströme zu erwarten sind.

88) Vgl. z.B. R. Codoni, u.a., "World Trade Flows", Zürich, 1971.

Kanalisierte, d.h. festgefügte Handelsbeziehungen, führen ähnlich dem Handel wegen Nichtverfügbarkeit tendenziell zu stabilen Welthandelsstrukturen, sind also für Prognosezwecke recht angenehm.

b) Grundzüge eines 'idealen' Modells mit endogener Veränderung der Welthandelsstruktur

Die theoretisch am meisten befriedigenden Erklärungsansätze für Strukturveränderungen im Welthandel erhält man bei Untergliederung der Handelsströme in m Gütergruppen, d.h. man hat pro Jahr m Import- und Exportmatrizen zu betrachten. Eine sehr feine Gütereinteilung z.B. mit $m \gg 5$ hat den Vorteil, daß man Holz, Getreide, Kaffee, Kakao und Fisch etc. getrennt untersuchen kann, was bei einer sehr groben Gütereinteilung, die lediglich die Güterkategorie 'landwirtschaftliche unbearbeitete Erzeugnisse' ausweist, nicht möglich ist. Die feine Gütereinteilung läßt eher verstehen, warum z.B. landwirtschaftliche Überschußländer dennoch bestimmte landwirtschaftliche Produkte importieren: Holz und Fisch sind eben keine Substitute. Analoge Argumente gelten für mineralische Erze, Energierohstoffe und Industrieerzeugnisse. Eine einigermaßen feine Gütereinteilung führt zu mindestens 15 verschiedenen Güterkategorien. Bei zehn Regionen in einem Untersuchungszeitraum von 20 Jahren sind also 300 Welthandelsmatrizen mit insgesamt 20 x 15 x 10 x 10 = 30 000 Matrixelementen zu ermitteln. Jeder, der irgendwann mit internationalen Handelsstatistiken zu tun hatte, wird ein solches Unterfangen auf Grund mangelnder statistischer Basis für sinnlos erachten. Bedenkt man weiterhin, daß in den zehn Regionen die Angebots- und Nachfragesituation ebenso in 15 Gütergruppen zerlegt werden muß, daß eine 15 x 15 Input-Output-Matrix für jede Region erstellt werden muß etc., so wird schnell klar, daß die wünschenswerte feine Gütereinteilung beim gegenwärtigen Stand der Wirtschaftsstatistiken an den Datenproblemen scheitert.

Realistischer und von der verfügbaren Datenbasis her vielleicht vertretbarer erscheint eine Gütereinteilung in m Kategorien mit $m \in [3,5]$. Als gröbste Einteilung könnte für die Branchen des Warenhandels genommen werden: Landwirtschaft, Bergbau und Energie, Industrie. Eine feinere Unterteilung unterscheidet zwischen: Landwirtschaft, Mineralien und Erze, Energie und Energierohstoffe,

Nahrungsmittelindustrie, sonstige Industrie.[89]
Ein ökonomisches Weltmodell hätte dann die Angebotsmöglichkeiten in den m Sektoren in den n Regionen zu bestimmen, die sich aus dem sektoralen Kapitalstock, dem Arbeitseinsatz und dem sektoral differenziert wirkenden technischen Fortschritt bestimmen. Die Nachfrage nach den Erzeugnissen der Branchen unterteilt sich in die intermediäre Nachfrage, d.h. Nachfrage nach Vorprodukten sowie in Konsum, Staatsnachfrage, Investitionen, Exporte-Importe. Die Verfügbarkeit von bestimmten Vorprodukten wie z.B. Energie oder mineralische Rohstoffe reduziert die mögliche Produktion gegebenenfalls. Aus der sektoralen Verflechtung durch Zulieferungen ergibt sich eine bestimmte Importnachfrage, die sich hauptsächlich auf nicht verfügbare Rohstoffe richtet; dann ist ein Teil der Konsumnachfrage auf ausländische Güter gerichtet und eine weitere auf das Ausland gerichtete Nachfragekomponente resultiert aus mangelnder Fähigkeit des einheimischen Angebots, die Binnenachfrage zu befriedigen. Umgekehrt bieten die einheimischen Unternehmen nach Branchen differenziert von vornherein eine bestimmte Produktionsmenge dem Ausland an und zusätzlich in Abhängigkeit von der Binnenachfrage den Teil der Produktion, den sie im Inland nicht absetzen konnten und der nicht auf Lager genommen werden sollte.[90]
Das Modell der interregionalen Kopplung im engeren Sinn hat die verschiedenen Pläne in den n Regionen hinsichtlich beabsichtigter Exporte und Importe abzustimmen. Der dabei wirksame Mechanismus hat drei Erfordernissen zu genügen:

- Er soll theoretisch plausibel sein, d.h. er soll nicht gegen gesicherte theoretische Erkenntnisse verstoßen.
- Er muß einen konsistenten Ausgleich von Import- und Exportabsichten leisten, d.h. die Summe der Exporte muß mit der Summe der Importe übereinstimmen.
- Er soll die historische Entwicklung der Welthandelsströme möglichst 'gut' reproduzieren, wenn er auf ein beliebiges Jahr in der Vergangenheit als Startzeitpunkt gesetzt wird.[91]

---

89) Für diese Einteilung des Welthandels in fünf Gütergruppen sind von Mitgliedern des MP-Teams Welthandelsmatrizen für 1955 - 1970 erstellt worden.

90) z.B. landwirtschaftliche Rohstoffe der Entwicklungsländer oder geplante Exporte von Autos (VW) in den Industrieländern.

91) Ein 'Gütemaß' für die Approximation von Matrizen gibt es nicht.

Trotz der Reduzierung der Gütergruppen auf eine recht kleine Zahl zwischen drei und fünf wird das resultierende Gesamtmodell noch derart komplex, daß man für einfachere Fragestellungen mit einem noch einfacheren Modell arbeiten kann.
Im folgenden soll ein solches 'einfaches' Modell vorgestellt werden. Auch dieses Modell wird noch sehr komplex sein. Anhand der obigen Ausführungen werden die Mängel und Unvollkommenheiten des gewählten Ansatzes leicht sichtbar. Gleichzeitig zeigen sie die Richtung für verbesserte Ansätze. Die gewählte, sehr einfache Kopplungsstruktur zeigt derart gute Nachbildung der Welthandelsstrukturveränderungen, daß eine spätere Verfeinerung des Ansatzes lohnen erscheint. Das Modell ergibt sich aus folgenden grundlegenden Annahmen:

- Es findet *keine* Unterteilung des Welthandels nach Gütergruppen statt. Es werden die globalen Export- und Importzahlen betrachtet.
- Statt gemäß einer Produktionsfunktion mit den Inputs Arbeit, Boden und Kapital ergibt sich das Bruttosozialprodukt einer Region j als Quotient aus dem Kapitalstock und dem Kapitalkoeffizienten.

3.4 Das gekoppelte makroökonomische Weltmodell

Im folgenden sollen die einzelnen Systembestandteile und ihr Zusammenwirken im makroökonomischen Weltmodell anhand von Blockdiagrammen diskutiert werden. Ausgehend von dem sogenannten Grundmodell (Abbildung 3.1) werden Erweiterungen und Modifikationen eingeführt.

3.4.1 Das Grundmodell

In Abbildung 3.1 beschreibt die Komponente (1) die mögliche einheimische Produktion für jede Region j:

(3.6) $Y'_j = K_j / q_j$

Y' : potentielles Bruttosozialprodukt in konstanten 1963-US-$

K : Kapitalstock bewertet in konstanten 1963-US-S

q : Kapitalkoeffizient

Die tatsächlich realisierte Produktion Y_j ist einerseits abhängig vom potentiellen Sozialprodukt Y'_j, andererseits von den Nachfragebedingungen, denen sich die Region j gegenübersieht.

Die Nachfrage wird durch folgende ökonometrische Gleichungen in Abhängigkeit vom realisierten Y_j geschätzt.[92] In Abhängigkeit von den Angebots-Nachfragebeziehungen wird in den einzelnen Iterationsschritten von diesen Gleichungen abgewichen, so daß die Gleichungen eine erste geglättete Schätzung der tatsächlichen Nachfrage liefern:

(3.7) $C_j = a_{cj} + b_{cj} \cdot Y_j$ Konsumnachfrage

(3.8) $G_j = a_{gj} + b_{gj} \cdot Y_j$ Staatsverbrauch

(3.9) $M_j = a_{mj} + b_{mj} \cdot Y_j$ Importnachfrage

(3.10) $I_j = a_{ij} \cdot Y_j$ Bruttoinvestition

Das Exportangebot der Region j wird geschätzt aus:

(3.11) $X_j = a_{xj} + b_{xj} \cdot Y_j$ Exportangebot

Die Regressionskoeffizienten der Gleichungen (3.7) - (3.9) und (3.11) sind unter Verwendung der historischen Zeit-

92) (3.6) beschreibt zunächst nur das potentielle Inlandsprodukt. Es wird in dieser Arbeit zunächst nicht nach 'Inlands-' und 'Sozialprodukt' unterschieden. Die Abweichungen liegen i.d.R. innerhalb der Fehlermarge der Daten.

reihen für die Zeit 1950 - 1970 nach der Methode der kleinsten Quadrate geschätzt.[93] Die Bruttoinvestitionsquote a_{ij} wird als Policy-Parameter angesetzt. Um die historische Entwicklung der Investitionsquote im Modell korrekt wiederzugeben, sind die historischen Daten durch stückweise lineare Interpolation angenähert. Für die Zeit nach 1970 können unterschiedliche Szenarios sowie Eingriffe eines Krisenmanagements durch Manipulation der Investitionsquoten durchgespielt werden. Für die Nachfragekomponenten Privater Konsum und Staatsverbrauch werden Ober- und Untergrenzen in Form maximaler bzw. minimaler Konsumquoten und Staatsverbrauchsquoten eingeführt.

Während die Gleichungen für die private Konsumnachfrage, die Staatsausgaben und die Importnachfrage häufig in der ökonometrischen Literatur anzutreffen sind,[94] ist es unüblich, eine explizite Exportgleichung vom Typ (3.11) zu verwenden.[95] Die Importgleichung (3.9) wird in der Regel mit Argumenten aus dem Bereich 'Verfügbarkeit' motiviert. Mit analogen Argumenten läßt sich auch die Exportgleichung (3.11) begründen: Bestimmte Branchen sind zumindest mittelfristig auf den Export ausgerichtet, da die Binnennachfrage längst nicht die gesamte Produktion absorbieren kann. Dabei denke man an Branchen im Bereich der Urproduktion ebenso wie an geplanten Auslandsabsatz in industriellen Branchen. Entwicklungsländer exportieren landwirtschaftliche Rohstoffe, Erze und Öl, da ihr Binnenmarkt diese Produkte nicht alle abnehmen kann und sie Devisen benötigen. Industrieländer, wie z.B. Schweden, exportieren Eisenerz aus demselben Grund. Autoindustrie und Maschinenbau in der Bundesrepublik Deutschland planen von vorneherein einen bestimmten Absatz im Ausland ein. Wachsen diese exportorientierten Branchen etwa parallel zu den übrigen Wirtschaftsbereichen, so wird sich das Exportangebot gemäß der Gleichung (3.11) entwickeln. Ob dieses Exportangebot auch Abnehmer auf dem Weltmarkt findet, muß besonders untersucht werden. Bei der Schätzung der Gleichung (3.11) wurde unterstellt, daß die Exportentwicklung auf Grund von Nachfrageschwankungen u.ä. um das Exportangebot gemäß (3.11) schwankt.

---

93) Vgl. Anhang, Tab. 4.1 - 4.4.

94) Vgl. z.B. M.K. Evans, "Macroeconomic Activity", New York, 1969. Häufig werden statt des Bruttosozialprodukts Einkommensvariablen als erklärende Variablen verwendet.

95) Stattdessen werden Importsogmodelle oder Gleichungen des Typs X = f (Welthandel, Preise) verwendet. Ohne Verwendung von Preisen läßt sich mit diesen Modelltypen keine Veränderung der Welthandelsstruktur adäquat beschreiben. Zusätzlich tauchen Phänomene wie Selbstverstärker u.a. auf.

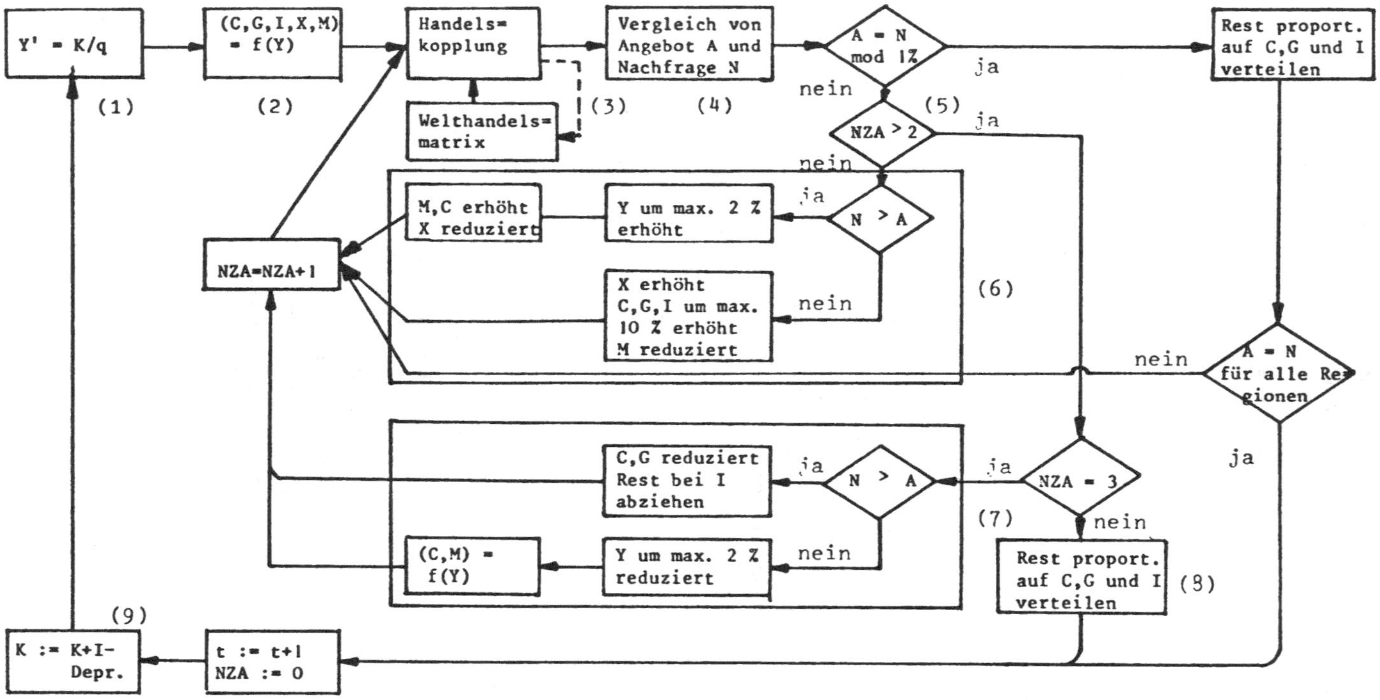

Abbildung 3.1: Blockdiagramm des Grundmodells

In der Periode t wird als erstes das potentielle Sozialprodukt Y'_j für jede Region berechnet. Dann werden gemäß (3.7)-(3.11) die Makrovariablen C,G,I,X,M in Abhängigkeit von Y' ermittlet.
Auf zwei Ebenen ist nun ein Gleichgewichtszustand herzustellen:

- Auf der Ebene des interregionalen Handels muß eine konsistente Abstimmung der Import- und Exportpläne erfolgen. Konsistent heißt dabei, daß die Summe der Exporte gleich der Summe der Importe sein muß.
- Auf der regionalen Ebene ist eine Übereinstimmung der gesamten per Saldo auf den Binnenmarkt gerichteten Nachfrage mit der realisierten Produktion herbeizuführen, d.h. die Gleichungen $Y = C + G + I + X - M$ müssen für jede Region gelten.

Die im Block (3) Abb. 3.1 eingebaute Handelskopplungsroutine beruht auf folgenden Überlegungen:

- Der Welthandel ändert seine Struktur hinsichtlich Empfänger- und Lieferbeziehungen nicht abrupt, sondern paßt sich in Abhängigkeit der in der Vergangenheit gewachsenen Strukturen sukzessive an veränderte Export- und Importentwicklungen an.
- Jede Region j ist zunächst bestrebt, ihre Importnachfrage M_j gemäß der Importstruktur des Vorjahres zu befriedigen. Jede Region i versucht, ihr Exportangebot X_i gemäß der Exportstruktur des Vorjahres abzusetzen.
- Daraus ergeben sich bestimmte Lieferwünsche der Exporteure der Region i an die Region j und umgekehrt bestimmte Bezugswünsche der Importeure der Region j an die Region i, welche nicht notwendigerweise miteinander übereinstimmen müssen. Eine eventuell vorhandene Diskrepanz zwischen den Plänen der Importeure und der Exporteure wird zu einer Umstrukturierung des Handels führen. Diese Umstrukturierung wird sich an den vergangenen Handelsstrukturen sowie an der jeweiligen binnenwirtschaftlichen Situation der Regionen orientieren.

Die Ermittlung einer neuen Welthandelsstruktur, die gleichzeitig eine konsistente Lösung des Welthandelsgleichgewichts mit sich bringt, geschieht in einer viermaligen Iteration, die in Abb. 3.1 in den Blöcken (3) bis (8) abläuft und durch den Zähler 'NZA' überwacht wird.

Auf der Grundlage der Welthandelsstrukturmatrix der Vorperiode wird der Welthandel aus der Sicht der Importeure und aus der Sicht der Exporteure berechnet:

(3.12) $ti_{kl} = \beta_{kl} \cdot M_l \qquad (k,l = 1,\ldots,n)$

(3.13) $te_{kl} = \alpha_{kl} \cdot X_k \qquad (k,l = 1,\ldots,n)$

Als Approximation an den tatsächlich stattfindenden Welthandel wird berechnet:[96)]

(3.14) $tr_{kl} = (ti_{kl} + te_{kl}) / 2$.

Daraus ergibt sich eine neue Importmatrix B und eine neue Exportmatrix A.

Als nächstes ist der binnenwirtschaftliche Ausgleich zu untersuchen. Rückwirkungen von binnenwirtschaftlichen Unglaichgewichten auf den Außenhandel sind dabei zu berücksichtigen.

Jede Region bietet zunächst an, was sie potenziell produzieren kann, nänlich Y'. Die im Zusammenhang mit der Produktion entstehende Binnennachfrage C+G+I sowie die Nettoauslandsnachfrage X-M müssen im Gleichgewicht mit der tatsächlichen Produktion übereinstimmen. Im Schritt (4) wird die Gesamtnachfrage mit der Produktion verglichen. Je nach Vorzeichen und Intensität der Abweichung von Angebot und Nachfrage werden unterschiedliche Ausgleichsmechanismen initiiert. Geringere als einprozentige Abweichungen[97)] liegen innerhalb der Fehlermarge der Daten und werden durch gewichtetes Verteilen auf die Nachfragekomponenten C,G und I ausgeglichen. Falls eine derart geringe Abweichung von Produktion und Nachfrage in allen Regionen besteht, bricht die Iteration ab, und die aktuellen Werte für die ökonomischen Größen gelten für die betrachtete Periode.

Im Falle einer mehr als einprozentigen Abweichung von Produktion und Nachfrage in mindestens einer Region wird zweimal eine Anpassungsroutine (6) durchlaufen:

Ist die Produktion zu gering, um die Nachfrage zu bedienen, wird sie um bis zu 2 % über die potentielle Ausbringung hinaus erhöht. Falls eine geringere als zweiprozentige Erhöhung der Produktion unter Berücksichtigung der Multiplikatorwirkungen zur Schließung der Güterlücke ausreicht, wird die Produktion um eben diesen

96) In den folgenden Schritten kann eine Änderung dieser Matrix (tr) auftreten. Aus ihr lassen sich bessere Import- und Exportmatrizen für die folgenden Iterationen gewinnen, die die Weltmarktverhältnisse besser widerspiegeln. Exporte und Importe ergeben sich nach beendeter Iteration als Zeilen- bzw. Spaltensummen von (tr).

97) bezogen auf die Produktion Y.

geringeren Prozentsatz gesteigert. Die gestiegene Produktion induziert eine erhöhte Konsum- und Importnachfrage gemäß (3.7) und (3.9). In dieser Situation wird für das Exportangebot angenommen, daß es zurückgeht, da sich die Unternehmen einer starken Nachfrage auf dem einheimischen Markt gegenübersehen. Der Rückgang des Exportangebots ist proportional zur Güterlücke mit der Exportquote als Proportionalitätskonstante.[98] Zusätzlich zur bereits durch die Produktionssteigerung gesteigerten Importnachfrage versucht die Region, die Güterlücke durch vermehrte Importe zu schließen. Die Importnachfrage steigt proportional zur Güterlücke.[99]

Im Falle einer zu großen Produktion, die durch die gesamte Binnennachfrage nicht absorbiert werden kann, erhöht sich die Nachfrage in der Routine (6). C,G und I steigen, das Exportangebot X steigt und die Importnachfrage M geht zurück. Diese Veränderungen geschehen gewichtet proportional zur Nachfragelücke.[100]

Die sich ergebenden neuen Export- und Importpläne müssen unter Anwendung der jeweils neuesten Import- und Exportmatrizen die Handelskopplungsroutine (3) durchlaufen, wo eine neue Welthandelsmatrix mit konsistenten Export- und Importwerten ermittelt wird.

Hat das zweimalige Iterieren in der oben beschriebenen Form keine mindestens 99 % ige Angleichung von Produktion und Nachfrage ergeben, wird der Ausgleichsmechanismus (7) angesteuert. Übersteigt die Nachfrage die Produktion, so wird die Binnennachfrage C,G und I gewichtet proportional zur Güterlücke reduziert. Sinkt die Nachfrage in diesem Schritt unter die Produktion, so wird I um die (kleine!) Differenz erhöht, so daß Nachfrage und Angebot genau übereinstimmen. Damit wird der Tatsache Rechnung getragen, daß in einer Boomsituation die Unternehmen versuchen, ihre Investitionspläne vorrangig durchzusetzen.

Ist die Nachfrage geringer als die Produktion, so wird die Produktion um bis zu 2 % gekürzt. Die Konsum- und die Importnachfra-

98) X/Y. Exportiert ein Land z.B. 20 % des Sozialprodukts, so wird eine Angebotslücke auf Grund der branchendifferenzierten Angebots- bzw. Nachfragesituation nicht vollständig durch verminderte Exporte ausgeglichen werden können.

99) mit der Proportionalitätskonstanten M/Y.

100) mit den Proportionalitätskonstanten C/Y, G/Y etc. Dieser Sachverhalt soll im folgenden mit "anteilig proportional" oder "gewichtet proportional" beschrieben werden.

ge reagieren mit einem den Gleichungen (3.7) und (3.9) entsprechenden Rückgang, während von der Wirtschaftspolitik angenommen wird, daß sie in einer solchen tendenziell rezessiven Situation die gesamten Staatsausgaben und die Bruttoinvestitionen auf der ursprünglichen Höhe halten kann.

Ein erneutes Durchlaufen der Welthandelskopplungsroutine (3) gleicht die geänderten Außenhandelspläne wieder aus. Im nächsten und letzten Schritt werden die so ermittelten Export- und Importwerte sowie die Welthandelsstruktur nicht mehr verändert. Die Matrizen A,B werden als Startwerte für die nächste Periode gespeichert, die realisierten Exporte und Importe sind die jeweiligen Zeilen- bzw. Spaltensummen der Welthandelsmatrix.

Liefert der erneute Vergleich von Produktion und Nachfrage immer noch eine von Null verschiedene Differenz, so wird diese Differenz anteilig proportional auf C,G und I aufgeteilt. Nach diesem Schritt (8) ist sowohl Gleichgewicht auf dem Binnenmarkt jeder Region als auch eine konsistente Welthandelskopplung erreicht.

Für die nächste Periode t+1 wird aus der in der Periode t vorgenommenen Bruttoinvestition in der Region j der neue Kapitalstock K^{t+1} ermittelt.

(3.15) $$K^{t+1} = K^{t} + I^{t} - Depr.^{t}$$

Die Abschreibungen Depr. werden aus den vergangenen Bruttoinvestitionen gemäß der Überlebensfunktion berechnet.[101)]

Mit dem neuen Kapitalstock und dem (zeitvariablen) Kapitalkoeffizienten beginnt der neue Lauf für die Periode t+1.

101) Vgl. die Ausführungen über die Kapitalstockschätzungen in Kapitel 3.2.2.

3.4.2 Modifikationen

Nach der obigen Beschreibung des Ausgleichsmechanismus läßt sich die Abbildung 3.1 vereinfachen zu folgendem groben Diagramm:

Abbildung 3.2: Vereinfachtes Blockdiagramm des Grundmodells

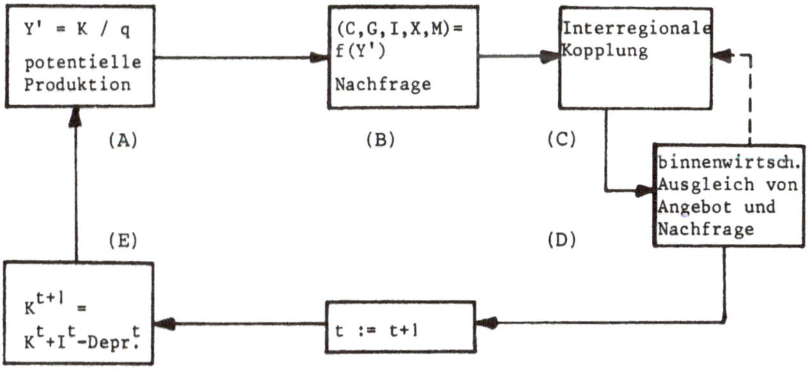

Die naheliegenden Ansatzpunkte für eine Modifizierung des Grundmodells liegen in den Blöcken (A) und (B). (A) könnte durch Einführung einer Produktionsfunktion mit mehreren expliziten Inputvariablen geändert werden. Daneben kann hier auch die Verbindung zur physikalisch-technischen Ebene im MP-Modell hergestellt werden in Form von Ressourcenbeschränkungen, Auswirkungen von Umweltverschmutzung o.ä. Da in dem hier vorgestellten rudimentären Modell, das lediglich makroökonomische Variablen enthält, keine expliziten physikalisch-technischen Größen auftreten, muß die Abschätzung von Einflüssen aus den anderen Ebenen im MP-Modell indirekt auf dem Umweg über makroökonomische Variablen vorgenommen werden.

In dem hier entwickelten Grundmodell sind zwei Ergänzungen vorgenommen worden, die im folgenden diskutiert werden sollen:

a) Realeinkommentransfers

Es wird fortan unterschieden zwischen dem in Inland produzierten Bruttoprodukt und dem im Inland zur Verteilung bzw. zum Endverbrauch kommenden Produkt. Eine solche Differenz schlägt sich entweder als Faktoreinkommenstransfer über die Regionen-

grenzen oder im Außenhandelssaldo X-M nieder.[102] Neben normalen Defiziten bzw. Überschüssen sind Leistungen der Entwicklungshilfe einerseits oder geänderte Terms-of-trade andererseits maßgeblich an der Entwicklung des Saldos X-M beteiligt. Da hier ein Modell, das in 'realen' Größen formuliert ist, vorliegt, führen entsprechende Einkommenstransfers zu Überschüssen oder Defiziten in der 'realen' Leistungsbilanz, wobei die nominale Leistungsbilanz durchaus ausgeglichen sein kann. Wenn geänderte Terms-of-trade, wie sie z.B. seit 1973 gegenüber den OPEC-Staaten auftraten, oder auch Entwicklungshilfe zu Realeinkommenstransfers und damit zu veränderten Wachstumsbedingungen führen, muß dies als ein wichtiger Faktor in einem regionalisierten Modell berücksichtigt werden. Angesichts der Forderung nach Entwicklungshilfe von einem Prozent des Bruttosozialprodukts der Industrieländer, wie sie in den letzten Jahren vorgebracht wurde, ist z.B. zu untersuchen, ob ein solcher Beitrag der Industriestaaten dem langfristigen Wachstum der Dritten Welt starke Impulse geben könnte. Hierzu müssen unterschiedliche Szenarios durchgespielt werden: Ein optimistisches Szenario könnte auf Grund entsprechender gesellschaftlicher Fortschritte in den Entwicklungsländern Produktivitätssteigerungen, d.h. sinkende Kapitalkoeffizienten unterstellen; ein pessimistisches Szenario nimmt an, daß keine gesellschaftlichen Umwälzungen stattfinden, daß die Einkommensverteilung stark schief bleibt, d.h. extrapoliert die historischen Kapitalkoeffizienten und läßt die Einkommensverteilungsparameter unverändert.
Um den Realeinkommenstransfer im Modell darstellen zu können, benötigt man einen Transfermechanismus:
Als Politik-Parameter wird eine sogenannte ToT-Matrix[103] eingeführt. Diese Matrix ist eine n x n - Matrix, in der die Spalte i die Informationen darüber enthält, welchen Regionen das Inlandsprodukt der Region i zur endgültigen Verwendung zugeführt wird. Die Spaltensummen sind jeweils Eins.

102) Für die Jahre 1950-1970 wird in dieser Arbeit zwischen 'Inlands-' und 'Sozialprodukt' nicht unterschieden - der Fehler bei Gleichsetzung liegt i.d.R. unter 1 - 2 %. In der im folgenden vorgestellten Behandlung der Realeinkommenstransfers sind alle Faktoren zusammengefaßt, so daß dann nach produziertem und im Inland verbleibenden Inlandsprodukt unterschieden wird.
103) Abkürzung für 'Terms-of-trade'.

Beispiel 3.6: Die Welt sei in drei Regionen eingeteilt. Region 1 leiste 1 % des BSP als Entwicklungshilfe, die ausschließlich an Region 2 fließen. Region 2 sei die 'Entwicklungsregion' und leiste selbst keine Entwicklungshilfe. Region 3 gibt 2 % ihres BSP an Region 2. Die Terms-of-trade haben sich gegenüber der Vorperiode nicht verändert. Die ToT-Matrix ist:

$$ToT = \begin{pmatrix} 0{,}99 & 0 & 0 \\ 0{,}01 & 1{,}00 & 0{,}02 \\ 0 & 0 & 0{,}98 \end{pmatrix}$$

Natürlich ist eine Interpretation derselben ToT-Matrix als Darstellung geänderter Terms-of-trade möglich: Region 2 hätte dann gegenüber dem Basisjahr die Austauschrelationen im internationalen Handel derart zu ihren Gunsten verbessert, daß sie ein bzw. zwei Prozent der Bruttosozialprodukte der übrigen Regionen zusätzlich beanspruchen kann. In einem Modell mit ausschließlich realen Größen ist eine Unterschiedung der Ursachen für Realeinkommenstransfers nicht immer eindeutig möglich.

Ausgehend vom potentiellen Bruttoinlandsprodukt wird zunächst unterstellt, dieses Produkt stünde auch den inländischen Wirtschaftssubjekten zur Verfügung. Entsprechend wird eine vorläufige Nachfrage ermittelt. In Abbildung 3.2 wird dann hinter den Block (B) ein Block (B') eingefügt: Tritt eine Region per Saldo Einkommen an andere Regionen ab, so werden die Komponenten der einheimischen Nachfrage C,G und I anteilig gekürzt, die Exporte entsprechend erhöht. Dies kann als Entwicklungshilfe, die aus Steuern aufgebracht wird, interpretiert werden oder auch als Realeinkommenstransfer, der durch geänderte Terms-of-trade erzwungen wird. Die entsprechenden Preiserhöhungen in der betroffenen Region führen zu einem anteilig proportionalen Nachfragerückgang[104].

Empfängt eine Region Nettozuflüsse an Realeinkommen, so werden die Importe erhöht. Diese gesteigerten Importmöglichkeiten könnten prinzipiell in erhöhten Konsum oder auch in erhöhte Investition gehen. In diesem Modell wird unterstellt, daß Realeinkommenszuflüsse ausschließlich investiv verwendet werden, d.h. die erhöhten Importe erhöhen im gleichen Maße die Investitionen der Region.

104) Damit wird implizit unterstellt, daß die gesellschaftliche und wirtschaftliche Macht von Staat, Unternehmen und privaten Haushalten (Arbeitnehmer) etwa derart ausbalanciert ist, daß keine Gruppe von Wirtschaftssubjekten die Lasten voll auf die anderen abwälzen kann.

Abbildung 3.3: Blockdiagramm des Grundmodells erweitert um Realeinkommenstransfers zwischen den Regionen

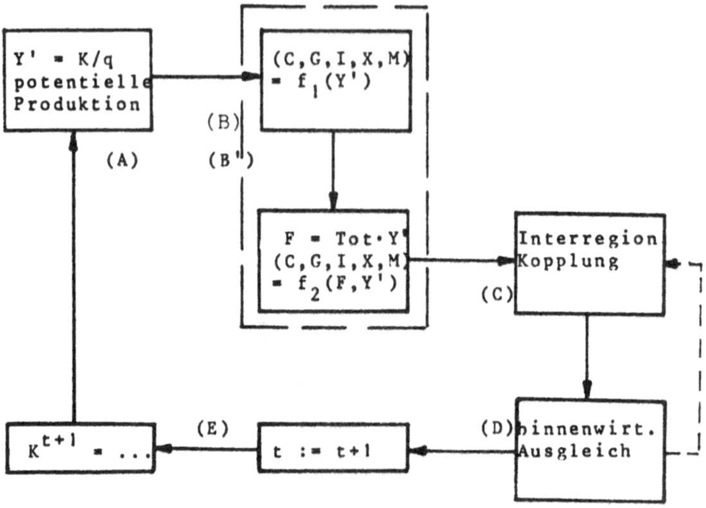

Beispiel 3.7: Im Beispiel 3.6 seien die Sozialprodukte in den Regionen wie folgt:
$Y_1 = 1000$; $Y_2 = 100$; $Y_3 = 800$.
Dann gilt für das in den Regionen zum Endverbrauch kommende Produkt:

$$F = \begin{pmatrix} 0{,}99 & 0 & 0 \\ 0{,}01 & 1 & 0{,}02 \\ 0 & 0 & 0{,}98 \end{pmatrix} \cdot \begin{pmatrix} 1000 \\ 100 \\ 800 \end{pmatrix} = \begin{pmatrix} 990 \\ 126 \\ 784 \end{pmatrix}$$

Region 1 verzichtet auf 1 % ihres Sozialprodukts, was intern durch Kürzung von C,G und I ermöglicht wird. Die Exporte der Region 1 steigen um zehn Einheiten.
Region 2 erhält insgesamt 26 Einheiten Realeinkommenszuflüsse, die annahmegemäß für invstive Zwecke genutzt werden; Importe und Investitionen erhöhen sich jeweils um 26 Einheiten.
Region 3 kürzt ihre Binnennachfrage um 2 % und erhöht ihre Exporte um 16 Einheiten.

Im Computermodell ist die ToT-Matrix zeitvariabel im voraus einzugeben oder durch interaktives Eingreifen im Modellablauf zu verändern. Ändert sich gegenüber der 'Normalsituation' 1970 nichts, so ist die ToT-Matrix als Einheitsmatrix anzusetzen. Mangels ausreichender Datenunterlagen über die Jahre 1950-1970 hinsichtlich der Entwicklungshilfeströme und der Entwicklung der Realeinkommenstransfers auf Grund geänderter Terms-of-trade unterbleibt ein wünschenswertes Berücksichtigen der historischen ToT-Matrizen.[105)]

b) Japanische Wachstumsbeschränkungen durch Begrenzung der Energieimporte Japans

Als Beispiel für die Auswirkungen von Ressourcenverknappungen dient Japan, das praktisch auf Ressourcenimporte angewiesen ist. Der Selbstversorgungsgrad mit Energierohstoffen liegt 1969 bei rund 50 % für Steinkohle und unter 1 % für Erdöl. Japan bezieht einen erheblichen Teil seiner Energierohstoffe aus dem Nahen Osten, Nordamerika und Australien.[106)] Japans Erdölimporte kamen 1955 zu 60 % aus dem Nahen Osten, 1969 bereits zu 79 %.[107)] Da Japan außer Erdöl und Erdölprodukten kaum nennenswerte Importe aus dem Nahen Osten hat, liegt es nahe, eine Korrelation zwischen der japanischen Bruttosozialproduktsentwicklung und den Importen aus dem Nahen Osten anzusetzen. Insbesondere ist damit die Elastizität des japanischen Sozialproduktswachstums bezüglich der Ölimporte abzuschätzen.

(3.16) $$Y_t = a \cdot EXMJ_t^{\,b} \qquad (t = 1955, \dots , 1970)$$

Y: Japans Bruttosozialprodukt in konstanten 1963-US-$
EXMJ: Importe Japans aus dem Nahen Osten in 1963-US-$

Durch Logarithmieren wird (3.16) in einen linearen Regressionsansatz überführt, der mit Hilfe der gewöhnlichen kleinsten Quadrate geschätzt wird: $\log Y = \log a + \log EXMJ \cdot b$. Man erhält: $a = 84{,}224;\ b = 0{,}4935;\ r^2 = 0{,}989$.

Da b kleiner ist als Eins, steigt das japanische Bruttosozialprodukt unterproportional zu den Importen aus dem Nahen Osten. Nimmt man an, daß Japan in den nächsten Jahrzehnten keine neuen bedeutenden Öllieferanten findet und die technische Entwicklung die Ölabhängigkeit nur teilweise abbauen kann, so ergeben sich aus der Gleichung (3.17) Wachstumsbegrenzungen[108)]:

(3.17) $$Y_t = (1+\rho)^t \cdot 84{,}224 \cdot EXMJ^{(0{,}4935+\eta)}$$

105) Eine empirische Ermittlung der ToT-Matrizen würde den Rahmen dieser Arbeit sprengen.

106) Vgl. W.Michalski u.a.,"Perspektiven der wirtschaftlichen Entwicklung in Japan", Stuttgart, 1972, Kapitel 4.3.1, S. 180 ff.

107) Ebenda, S. 187, Tabelle 25. Die abweichende Abgrenzung der Region 'Naher Osten' schlägt kaum durch, wie die vorletzte Zeile in Tabelle 25 zeigt.

108) ρ und η sind 'Szenarioparameter'.

Dabei wird ρ als exogene Rate des technischen Fortschritts, der die Ölabhängigkeit reduziert, angesetzt. η ist eine exogene Rate der effizienten Ölverwendung. Während also ρ die technischen Fortschritte in der Energieerzeugung ohne Verwendung von Öl anzeigt, ist die Wirksamkeit von η an die Verfügbarkeit von Öl gebunden.

Diese Szenariovariablen erlauben unterschiedliche Abschätzungen der Wachstumsbegrenzungen Japans.[109] Für Japan ergeben sich gegenüber dem obigen Basismodell folgende Änderungen:

$$(3.18) \quad Y' = \min \{ K/q \,;\, (1+\rho)^t \cdot 84{,}224 \cdot EXMJ^{(0{,}4935+\eta)} \}$$

Ist $Y' = K/q$, so hat Japan ausreichend Ölimporte erhalten und der Kapitalkoeffizient und der vorhandene Kapitalstock begrenzen die potentielle Produktion. Im anderen Falle ist es naheliegend, daß Japan versucht, seine Importe aus dem Nahen Osten zu steigern.[110] Liegt das durch den normalen Kapitalkoeffizienten begrenzte Bruttoinlandsprodukt um x % über dem durch (3.17) begrenzten Wert, so versucht Japan in der Regionalkopplungsschleife, seine Importe aus dem Nahen Osten um s·x % zu steigern. Die Zahl s ist eine positive Szenariovariable. Die Region Naher Osten bietet hingegen ohne Ansehen der jeweiligen Nachfragerregion ihre Exporte gemäß der aktuellen Welthandelsmatrix an. Die neue Handelsmatrix reagiert also nicht sofort proportional zur gestiegenen japanischen Importnachfrage, sondern berücksichtigt auch die Importwünsche der übrigen Abnehmer. Durch Einführung von Obergrenzen für die Anteile der Exporte des Nahen Ostens an Japan, einmal bezogen auf die gesamten Nahostexporte, zum anderen bezogen auf Japans Importe können realistische Szenarios erprobt werden.[111] Durch diese Änderungen der japanischen Produktionsfunktion und der japanischen Importnachfragefunktion ändert sich das Grundmodell nach folgendem Schema:

---

109) Japan wird z.B. den Anteil der Kernenergie an der gesamten Energieerzeugung auf maximal 25 % steigern können. Danach wird die Substitution von Öl durch Uran eventuell schwieriger, da auch bei Uran Japan auf Einfuhren angewiesen ist. Vgl. Hannoversche Allgemeine Zeitung, 27.8.1974.

110) In den Jahren 1955 - 1970 stieg der Anteil des Nahen Ostens an den gesamten japanischen Importen von rund 7 % auf 14 %.

111) Es wird also unterstellt, daß die Konkurrenz anderer Abnehmerregionen einer beliebigen Ausdehnung der japanischen Ölimporte entgegensteht.

Abbildung 3.4: Blockdiagramm des ökonomischen Weltmodells

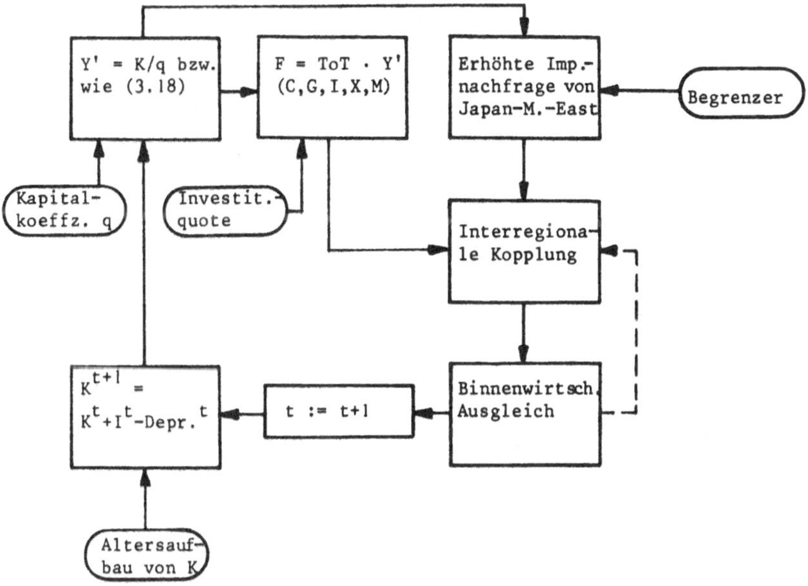

4. Modellergebnisse

4.1. 'Optimistische' und 'pessimistische' Szenarios

Im folgenden werden die Ergebnisse, die mit dem oben dargestellten ökonomischen Modell erzielt wurden, dargestellt. Dazu werden die Eingabegrößen in die verschiedenen Simulationsabläufe und deren Resultate diskutiert.

Das in Kapitel 3 dargestellte ökonomische Modell wurde im Jahre 1974 auf der Rechenanlage des Regionalen Rechenzentrums Niedersachsen in Hannover implememtiert und durch Szenarioanalysen getestet und durchgespielt.[1] Alle Modellabläufe erstreckten sich über die Zeit von 1955 bis 2025.[2]

a) Eingabedaten und Ausgabedaten

Die Eingabedaten für das Computerprogramm bestehen aus drei Gruppen:[3]

- Steuerungsparameter für das Programm wie z.B. Druckparameter, die Ausdruck bzw. Unterbindung von Ausdruck steuern, Eingabe von Anfangs- und Endjahr für die Simulation etc.
- Startwerte im engeren Sinne wie z.B. Zeitreihen über die Bruttoinvestitionen von 1900 - 1955 zur Ermittlung der Abschreibungen, Ober- und Untergrenzen für bestimmte Werte, Bevölkerungszahlen und -wachstumsraten, Einkommensverteilungsparameter, Welthandelsmatrix 1955, Kapitalstock 1955 und andere Startwerte.
- Szenariovariable wie z.B. Investitionsquoten, Kapitalkoeffizienten, ToT-Matrizen.

Durch Variation der Eingabedaten innerhalb bestimmter Bereiche läßt sich die Empfindlichkeit des Modells gegenüber verschiedenen Einflüssen abschätzen.

Die Ausgabedaten des Computerprogramms bestehen aus den folgenden drei Gruppen:[4]

- Wiedergabe der Eingabedaten zur Kontrolle und Registrierung des aktuellen Szenarios.

---

1) CD 7600/7300 mit Möglichkeit zur Dialogverarbeitung.
2) Für die Jahre 1950 - 1954 waren keine bzw. nur unvollständige Welthandelsmatrizen erstellbar.
3) Für die vollständige Beschreibung vgl. Anhang, Tabelle 5.1 - 5.3.
4) Für die vollständige Beschreibung vgl. Anhang, Tabelle 5.4 - 5.30.

- Für jede Region werden zwei Tabellen ausgedruckt:
  - Bruttoregionalprodukt,[5] Privater Konsum, Staatsausgaben, Nettoregionalprodukt und Bruttoprodukt pro Kopf (p.c.).
  - Exporte, Importe, Bruttoinvestition, Kapitalstock und Kapitalkoeffizient.

  Für den Zeitraum 1955 - 1970 werden jährlich die relativen Abweichungen der simulierten Werte von den echten Daten ausgewiesen.
- Mittlere Wachstumsraten der regionalen Bruttoinlandsprodukte über Perioden der Länge von jeweils 20, 30 und 60 Jahren gerechnet ab 1960. Es werden ausgewiesen die Wachstumsraten der regionalen Inlandsprodukte für die Jahre 1960-1980, 1980-2000, 2000-2020 und für 1960-1990, 1990-2020 sowie für den gesamten Zeitraum 1960-2020. Die jeweiligen Verdopplungszeiten werden zur Verdeutlichung mit ausgegeben.

b) Szenarioanalyse

Um die simulierten Szenarios einschätzen zu können, seien an dieser Stelle die entsprechenden Modellvariablen zusammengestellt:
Der Kapitalkoeffizient fängt auf: 1. Strukturwandlungen, insbesondere Veränderungen der sektoralen Beiträge zum Bruttoinlandsprodukt, 2. technologische Veränderungen, 3. Einflüsse durch bessere Qualifikation der Arbeitskräfte, 4. Kapitalintensivierung der Arbeit sowie nicht zuletzt 5. die gesellschaftlich-organisatorischen Bedingungen, die die Effektivität des Produktionsprozesses beeinflussen. Die Investitionsquote ist ein Politik-Parameter, der bei vorgegebener Entwicklung des Kapitalkoeffizienten die angestrebten Wachstumsziele erreichen helfen soll. Da Investitionen nicht unmittelbar Bedürfnisse befriedigen, wird angenommen, daß eine Region nur insoweit eine bestimmte Investitionsquote realisieren will, wie es zur Erreichung der Wachstumsziele erforderlich ist. Die Terms-of-trade-Matrix (ToT-Matrix) beschreibt die Realeinkommenstransfers von Regionen untereinander. Nach Voraussetzung werden diese in den Empfängerländern investiv verwendet.

Ein 'optimistisches' Szenario baut auf den folgenden Punkten auf:

5) Vgl. S. 106, Fußnote 102).

- Auf Grund technischen Fortschritts, Strukturwandels und gesellschaftlicher Bedingungen, die eine effiziente Produktion fördern, entwickelt sich der regionale Kapitalkoeffizient unterproportional gemessen an seinem Trend 1950 - 1970, d.h. er bleibt entweder konstant oder er wächst nur noch langsam. In Fällen wie Latein-Amerika und China ist sogar ein Fallen als optimistischste Möglichkeit eingeschlossen. Die entsprechenden ökonomischen und gesellschaftlichen Änderungen zur Realisierung solcher optimistischer Szenarios dürften insbesondere in den Ländern der Dritten Welt als sehr weitreichend einzustufen sein.
- Die Industriestaaten transferieren real mehr Entwicklungshilfe an die Dritte Welt oder dieser Transfer findet durch geänderte Terms-of-Trade statt, wie z.B. bei der Ölverteuerung ab 1973/74. Diese Realeinkommenstransfers werden ausschließlich investiv in den Empfängerländern verwendet.

Ein 'pessimistisches' Szenario ergibt sich als Gegenstück zu den obigen Punkten mit steigenden Kapitalkoeffizienten und geringer Tendenz zu Entwicklungshilfeerhöhungen.

Als generelle Ergebnisse, die auf dem Hintergrund der Daten 1950 bis 1970 zu sehen sind,[6] ergibt sich das folgende Bild:[7]

Falls Westeuropa keine aufgezwungenen Wachstumsbeschränkungen wie Rohstoffverknappung erfährt, liegen spätestens ab dem Jahre 2000 Nord-Amerika und Westeuropa im Bruttoregionalprodukt pro Kopf gleich auf.

Das japanische Wachstum flacht sich von über 11 % p.a. in der Periode 1960-1970 auf Raten von 6 - 7 % und nach 2000 auf 4 % jährlich ab.

Entwicklungshilfe von real einem Prozent des Bruttoregionalprodukts in den Industrieregionen an die Dritte Welt, die zudem voll investiv genutzt wird, zeigt ihre Wirkungen auf das Pro-Kopf-Sozialprodukt erst nach langer Verzögerungszeit, die zwischen 10 und 20 Jahren liegt.

Angesichts der sehr schiefen Einkommensverteilung, die ja mit der Machtverteilung korreliert ist, ist insbesondere für die ärmsten Einkommensgruppen in der Dritten Welt bei unveränder-

6) Die 'Ölkrise' 1973/74 und ihre Auswirkungen sind nicht berücksichtigt.
7) Vgl. Anhang, Tabellen 5.4 ff.

ten Verteilungsquoten eine wesentliche Besserung selbst bei hoher investiv genutzter Entwicklungshilfe nicht zu erwarten. Zur Untersuchung dieser Problematik ist ein gesondertes Submodell notwendig.
Unterstellt man einen steigenden Realeinkommenstransfer von den Industrieländern in den Nahen Osten auf Grund der gestiegenen Rohölpreise, so wird der Nahe Osten in den nächsten Jahrzehnten die höchsten Wachstumsraten aller Regionen erreichen.

Das Modell ist stabil in dem Sinn, daß es nach den Simulationsläufen zu urteilen, keinen eingebauten 'Selbstverstärker' hat, der es langfristig entweder auf Stagnation oder auf Explosion bringt. Die Szenarios erlauben noch keine sinnvolle Prognose, da die Verbindung zu den übrigen Ebenen des MP-Modells nicht hergestellt ist.

4.2 Kritische Würdigung

Die kritische Würdigung des vorgestellten Modells erfolgt auf drei Ebenen: modellimmanente Kritik des ökonomischen Submodells, Kritik des Ansatzes für das ökonomische Submodell und zuletzt Kritik des gesamten Ansatzes im MP-Modell.

a) Modellimmanente Kritik des ökonomischen Submodells

Die Modellstruktur des oben dargestellten ökonomischen Modells ist sehr grob. Dies ist vorwiegend auf mangelnde Datenverfügbarkeit in vielen Regionen zurückzuführen. Wünschenswerte Ansätze konnten deshalb nicht realisiert werden. Ein Vorbeigehen an den Datenproblemen hätte das Modell scheinbar besser strukturiert erscheinen lassen, doch hätte ein solches Vorgehen sehr spekulativen Charakter gehabt. Spezielle Fragestellungen für bestimmte Regionen, für die die erforderlichen Daten verfügbar sind, können in Satellitenmodellen behandelt werden, wobei das oben entwickelte Modell als dynamischer Rahmen der Weltwirtschaftsentwicklung dienen kann.[8)]
Durch die grobe Struktur des Modells[9)] wird der Anwendungsbereich des Modells auf solche Fragestellungen eingeschränkt, wo relativ stabile Korrelationen zwischen Größen wie Bruttosozialprodukt

8) Eine Untersuchung der Rohstoffabhängigkeit der Bundesrepublik Deutschland z.B. ist viel feiner zu strukturieren. In der Kombination 'feines' Satellitenmodell mit dem MP-Modell dürften die besten Ergebnisse zu erzielen sein.
9) Relativ zu 'üblichen' Wachstumsmodellen ist das vorliegende fein.

und Variablen aus den anderen Ebenen des MP-Modells vorliegen.

Obwohl das Modell große formale Ähnlichkeit mit einem Harrod-Domar- Wachstumsmodell hat, zeigt es wesentliche Unterschiede gegenüber den bisher üblichen Wachstumsmodellen:

- Es untersucht nicht Steady-state-Wachstumspfade[10], sondern hat explizit formulierte Gleichgewichtsmechanismen und läßt Ansatzpunkte für Veränderung der Wachstumspfade offen.
- Es betrachtet nicht eine geschlossene Volkswirtschaft, sondern besteht aus mehreren miteinander durch Exporte und Importe gekoppelten Wirtschaftsgebieten.
- Anstelle des konstanten Kapitalkoeffizienten sind variable Kapitalkoeffizienten zugelassen, wobei eine Abschätzung der Entwicklung der Kapitalkoeffizienten in diesem einfachen Modell aus der erwarteten Entwicklung der sektoralen Beiträge zum Bruttoregionalprodukt möglich ist. Bei der Kopplung des Modells mit anderen Ebenen des MP-Modells lassen sich natürlich auch technologische Einflüsse auf den Kapitalkoeffizienten explizit identifizieren.

Die vordergründig größten Mängel des Modells dürften vor allem darin bestehen, daß einige der heuristisch motivierbaren Gleichgewichtsmechanismen nicht ausreichend empirisch abgesichert sind. Da die ökonomische Wissenschaft noch nicht sehr eingehend auf die Behandlung von Mechanismen, die zu Gleichgewichten führen,[11] eingegangen ist, wäre für eine breitere theoretische und empirische Fundierung eine besondere zeitraubende Untersuchung notwendig gewesen.

Sensitivitätsanalysen, d.h. Variation der Reaktionsparameter und Variation der Lebensdauer von investierten Gütern haben das Resultat gezeigt, daß die Modellabläufe nicht sehr empfindlich reagieren auf Parameteränderungen.

---

10) Es besteht vor allen ein *logischer* Unterschied: Während in den Harrod-Domar-Modellen nach den *Bedingungen* von gleichmäßigem Wachstum gefragt wird, sollen mit dem obigen Modell *reale* Wachstumspfade abgeschätzt werden.

11) Dies gilt hauptsächlich für vermaschte Systeme.

b) Kritik des Ansatzes für das ökonomische Submodell

Kritik an dem gewählten Ansatz richtet sich zum einen auf die regionale Abgrenzung von Wirtschaftsgebieten, wie sie in dem Modell vorgenommen worden ist. Angesichts der starken Beherrschung des Welthandels durch multinationale Unternehmen ist zu fragen, ob eine Orientierung allein an den nationalen Grenzen für alle Problemstellungen adäquat ist. Umgekehrt gibt es sicher viele spezielle Fragestellungen, die sinnvoll nur auf dem Hintergrund der gewählten Regionalisierung diskutierbar sind.[12] Das generelle Problem, daß das Abgrenzen von Regionen nicht notwendig einen gemeinsamen politischen Willen nach außen einschließen kann, ist bereits in 3.1 diskutiert worden. Will man ein überschaubares Modell erhalten, ist dieser Konflikt kaum lösbar.

Die zweite Kritik an dem obigen Ansatz lautet etwa: Durch Vernachlässigung der Arbeitskräfte in der Produktionsfunktion wird eine einseitige Betonung des Kapitals als ausschlaggebender Wachstumsfaktor erreicht. Insbesondere ist ein solcher Ansatz verfehlt, da er das Entwicklungsproblem primär als ein technisches Problem der ausreichenden Akkumulation ansieht. Diese Problematik ist jedoch angesichts der mangelnden Daten aus den Entwicklungsländern über Beschäftigung, durchschnittliche Arbeitszeit etc. nicht einfach lösbar.

Implizit ist es natürlich möglich, durch Verminderung der Kapitalkoeffizienten gesellschaftliche Veränderungen, die zu einer allgemeinen Produktivitätssteigerung führen, angenähert zu berücksichtigen. Für bestimmte Fragen, wie z.B. Energieverbrauch, Erschöpfung mineralischer Ressourcen oder Umweltverschmutzung ist ein solcher Ansatz durchaus tragfähig, zumal die Dritte Welt im Verhältnis zu den Industriestaaten ein recht geringes Potential hat. Schlußfolgerungen für z.B. eine 'richtige' Entwicklungspolitik aus dem Modell zu ziehen, bedeutet eine Überinterpretation des Modells.

Eine dritte Kritik an dem ökonomischen Ansatz richtet sich auf die zugrundeliegende Auffassung des Geldes als ein 'Schleier', der ohne Beeinflussung der realen Vorgänge von diesen abgezogen

12) Man denke z.B. an die Ölpolitik der OAPEC-Staaten oder EG-Probleme.

werden kann. Der Grund für das Ausschließen des gesamten monetären Sektors aus dem Modell liegt einerseits in dem Mangel an gesicherten Daten aus dem monetären Bereich und zum anderen darin, daß das Einschließen von monetären Fragen enorme theoretische Probleme aufgeworfen hätte, die beim heutigen Stand der Wissenschaft entweder als ungelöst oder als kontrovers anzusehen sind.[13)]

c) Kritik des Ansatzes im MP-Modell

Durch die Ausklammerung der übrigen Ebenen des MP-Modells, insbesondere der politisch-sozialen Ebene sowie der technisch-ökologischen Ebene ist das oben vorgestellte ökonomische Submodell als ein isolierter Baustein nur begrenzt anwendbar. Insbesondere sollten Prognosen mit Hilfe dieses isolierten Bausteins als unzulässig angesehen werden, nicht geeignet, Vorhersagen über reale Abläufe zu geben.
Da die übrigen Ebenen des MP-Modells hier nicht explizit dargestellt werden können,[14)] kann sich die Kritik an dem gesamten Ansatz nur auf bestimmte methodische Probleme, Gefahren und Irrwege richten. Inwieweit diese kritischen Anmerkungen Eingang finden in das gesamte MP-Modell, entzieht sich dem alleinigen Einfluß des Verfassers. In einem Team müssen auch methodische Kompromisse geschlossen werden.
Bei jeder Modellbetrachtung ist die zentrale Frage, ob die relevanten Einflußgrößen richtig erfaßt worden sind.
Auf der technologischen Ebene und der Ebene der Wechselwirkungen zwischen Technik und Natur und Mensch und Natur sind die 'wichtigen' Variablen und ihre Zusammenhänge noch relativ einfach identifizierbar.
Auf der ökonomischen und insbesondere der politisch-sozialen Ebene ist die Gefahr sehr groß, an den Erscheinungen der Dinge hängen zu bleiben. Dahinterstehende Faktoren können auf dieser Ebene leicht übersehen werden.[15)] Andere Einflüsse, wie z.B.

13) Man denke z.B. an die Meinungsverschiedenheiten zwischen den sogenannten Fiskalisten und den Monetaristen in der Wirtschaftspolitik. Vgl. z.B. D. Dewendag, "Die Kontroverse zwischen Fiskalisten und Monetaristen", WISU, 10/72

14) Der Verfasser hat bei der Ausarbeitung dieser anderen Ebenen nur teilweise mitgearbeitet.

15) Vgl. z.B. H.M. Enzenberger, op.cit. "Eine allgemeine gesellschaftliche Bestimmung des ökologischen Problems hätte bei der Produktionsweise anzusetzen." Ebda. S. 36 Da diese schwer operationalisierbar ist, bleibt immer Spielraum für Interpretationen.

plötzliche politische Neubewertungen bestimmter Situationen, verändern die politischen Eingriffe und damit die zukünftigen Abläufe.
Es wird versucht, dem dadurch Rechnung zu tragen, daß der Modellablauf interaktiv im Dialog Mensch-Maschine erfolgt. Der Mensch, der am Computer sitzt, beeinflußt mit seiner Sicht der Entwicklung, seinen Normen und Zielsetzungen den Modellablauf. Da a priori nicht jeder Mensch den Platz des Computer-Interaktors einnehmen wird können, ist zu fragen, wer bzw. in wessen Interesse hat jemand das Recht auf Modellbenutzung. Ohne Kenntnis des realisierten Normen- und Entscheidungsstratums im Computerprogramm und der Regeln, wonach Mann X das Modell benutzen kann, ist hier die Gefahr groß, daß die Wissenschaft als Instrument für Machtinteressen ausgenutzt wird. Selbst wenn diese Antwort befriedigend gegeben werden kann, ist für jeden Interaktor die Gefahr groß, angesichts der leichten Manipulierbarkeit des Modells die Widerstände und Eigengesetzlichkeiten der Wirklichkeit als geringer einzuschätzen als sie sind.[16] Einem absoluten Fürsten ähnlich sitzt der Interaktor am Computer. Die Probleme und Problemlösungsmöglichkeiten sind in einem Computermodell abstrakt und eher formal lösbar. Der Interaktor ist in der Gefahr, technokratischen Kalkülen nachzugehen.Es erfordert also nicht allein einige Kenntnisse eines Großcomputers, um mit dem Modell umzugehen, sondern auch und insbesondere die Fähigkeit, dessen Ergebnisse in reale Probleme, die noch viel differenzierter und komplexer sind, zu übersetzen. Eine Szenarioanalyse bedarf wie jede Auswertung von Modelläufen der Interpretation. Diese darf sich nicht nur auf die technischen Probleme beziehen, sondern hat auch die gesellschaftliche Vermittlung zwischen den einzelnen Subsystemen und dem Gesamtsystem zu berücksichtigen.[17]

---

16) Vgl. z.B. die Diskussion um den von D. Meadows vorgeschlagenen Wachstumsstopp.
17) Vgl. H.M. Enzenberger, op.cit., S. 20

5. Datenbasis

In den folgenden Tabellen werden die Daten und die Quellen der Daten für das ökonomische Modell beschrieben.

1. Tabelle 1.1, untergliedert in zwei Tabellen 1.1.1 und 1.1.2, gibt die regionalen Bruttosozialprodukte (Gross Regional Product, GRP) wieder, samt der Komponenten des Endverbrauchs Privater Konsum (C), Staatsausgaben (G), Bruttoinvestitionen (I), Exporte (X) und Importe (M) in Milliarden 1963-US-$. Die jeweils erste Tabelle gibt die ursprünglichen Eingangsdaten an, die zweite die Daten in konstanten 1963-US-$. (Pro Region zwei Tabellen von 1.1 bis 1.10).

   Tabelle 1.11 gibt die regionalen Bruttosozialprodukte (GRP) der zehn Regionen in konstanten 1963-US-S wieder, Tabelle 1.12 die prozentualen Anteile der einzelnen Regionen am gesamten Weltprodukt. In Tabelle 1.13 bzw. 1.14 werden diese Daten aggregiert ausgewiesen, wobei die westlichen Industrieregionen (Region 1 - 4) und die nichtkommunistischen Entwicklungsländer (Region 6 - 9) zusammengefaßt ausgewiesen werden.
   Tabelle 1.15 zeigt die Zeitreihen der regionalen Bruttoinvestitionen für die Regionen 1 - 10, Tabelle 1.16 die regionalen Prozentanteile an den gesamten Weltinvestitionen. Die aggregierten Werte von vier Regionen und deren prozentuale Aufschlüsselung enthält Tabelle 1.17 und 1.18.
   Analog enthalten die Tabellen 1.19 - 1.22 die regionalen Kapitalstöcke, deren prozentuale Anteile am Weltkapitalstock und die regional aggregierten Werte.
   Die regionalen Kapitalkoeffizienten zeigt Tabelle 1.23, aggregierte Kapital= koeffizienten für Industrie- und Entwicklungsländer sind in Tabelle 1.24 ent= halten. Die marginalen Kapitalkoeffizienten werden nach den zehn Regionen diffe= renziert in Tabelle 1.25 ausgewiesen.

2. Die Tabellen 2.1 - 2.4 enthalten für das Jahr 1955 die Daten über die Welthandelsströme in laufenden US-S, bewertet in fob-Preisen (Tabelle 2.1), in konstanten 1963-US-$ (Tabelle 2.2), die Importstrukturmatrix (Tabelle 2.3) und die Exportstrukturmatrix (Tabelle 2.4). Die Strukturmatrizen beziehen sich auf die Welthandelsflüsse in konstanten Preisen. Analog enthalten die folgenden Tabellen 2.5 - 2.16 die entsprechenden Informationen für die Jahre 1960, 1965, 1970. (Aus Platzmangel werden die Matrizen hier nicht jahresweise ausgedruckt, sie stehen selbstverständlich vollständig zur Verfügung.) Die Tabellen 2.17 - 2.26 geben die Regionalisierungskoeffizienten gegliedert nach den zehn exportierenden Regionen wieder.

3. Die Tabelle 3.1 zeigt die Bruttoinvestition aufgegliedert nach Sektoren für die Region 1 (Nord-Amerika) ausgedrückt in den prozentualen Anteilen der sektoralen Investition an den gesamten regionalen Bruttoinvestition. Tabelle 3.2 enthält die sektoralen Investitionen der Region 1 , deren durchschnittliche Wachstumsraten (1950 - 1970), den Korrelationskoeffizienten der Trendschätzung und den Wert der Investitionen 1950 bei Glättung. Tabelle 3.3 zeigt die sektoralen Kapitalstockschätzungen und den gesamten regionalen Kapitalstock als Summe der sektoralen für Region 1. Die sektoralen Beiträge zum Bruttosozialprodukt der Region 1, d.h. die prozentuale Aufschlüsselung der Bruttowertschöpfungen nach Sektoren,sind in Tabelle 3.4 ausgewiesen. Die Tabellen 3.5 - 3.16 enthalten die entsprechenden Informationen für die Regionen 2 - 4. Für die übrigen Regionen liegen keine ausreichend zuverläs= sigen Daten über die sektorale Struktur von Wertschöpfung und vor allem Investitionen vor.
   Tabelle 3.17 enthält die Kapitalstockschätzungen für die Regionen 1 - 4 auf der Grundlage der sektoralen Kapitalstöcke.
   Tabelle 3.18 - 3.25 enthält die sektoralen Kapitalkoeffizienten jeweils für alle vier Regionen pro Tabelle. Damit sind z.B. Vergleiche der Kapitalkoeffi= zienten der Landwirtschaft in den Regionen möglich.
4. Die Tabellen 4.1 - 4.4 weisen die Schätzungen der Regressionsgleichungen für die Konsum-, die Staatsausgaben-, die Export- und die Importgleichung für jede Region aus.
5. Die Tabellen 5.1 - 5.3 geben die Szenarios wieder, die bei einem Simulations= lauf des ökonomischen Modellls zugrunde gelegt wurden.
   Die Tabellen 5.4 - 5.7 enthalten die Welthandelsstrukturmatrizen für die Jahre 1970, 1980, 2000 und 2000, so wie sie durch die Modelldynamik erzeugt werden.
   Die Tabellen 5.8 - 5.27 enthalten die regionalen Ergebnisse der Simulation des in 5.1 - 5.3 angegebenen Szenarios. Für jede Region werden zwei Tabellen ausge= druckt: (1) Regionale Brutto- und Nettoprodukte, Konsum und Staatsausgaben sowie Bruttosozialprodukt per capita, (2) Regionale Exporte, Importe, Bruttoinvestitionen, Kapitalstock und Kapitalkoeffizient. Für diese beiden Tabellen pro Region werden zum Vergleich die Daten bis 1970 mit ausgedruckt, sowie die prozentuale Abweichung zwischen historischen Daten und Simulationsergebnissen ausgewiesen. Ab 1970 erfolgt der Ausdruck im Fünfjahresabstand.
   Die Tabellen 5.28 - 5.30 zeigen die (geglätteten) Wachstumsraten der einzelnen Re= gionen über 20, 30 und 60 Jahre, jeweils zwischen 1960 und 2020.

Die folgende Wiedergabe der Quellen der einzelnen Daten erfolgt für die sogenannten Primärdaten, die ihrerseits aus einer Vielzahl von Original=daten bestimmter Quellen ermittelt wurden.
Aus den Primärdaten abgeleitete Daten, wie z.B. Kapitalstockschätzungen oder sektorale Investitionen, d.h. sogenannte Sekundärdaten werden hier nicht detailliert dargestellt, da diese Beschreibung im Text der vorlie=genden Arbeit erfolgt.
Für Schätzungen von Regressionsgleichungen (Abschnitt 4) und Simulationsläufe (Abschnitt 5) sind natürlich nur teilweise Quellenangaben erforderlich bzw. sinnvoll.

Regionale Einteilung:

Region 1, *Nord Amerika:* Kanada, USA.

Region 2, *West Europa:* Andorra, Belgien, Dänemark, Deutschland (Bundesrepublik), Finnland, Frankreich, Griechenland, Großbritannien, Irland, Island, Italien, Jugoslawien, Liechtenstein, Luxemburg, Malta, Monaco, Nieder=lande, Norwegen, Österreich, Portugal, San Marino, Spanien, Schweden, Schweiz, Türkei.

Region 3, *Japan:* Japan.

Region 4, *Restliche westliche Industriestaaten:* Australien, Israel, Neu-Seeland, Ozeanien, Süd-Afrika.

Region 5, *Ost Europa/UdSSR:* Albanien, Bulgarien, Deutsche Demokratische Republik, Polen, Rumänien, UdSSR, Ungarn, Tschechoslowakei.

Region 6, *Latein Amerika:* Argentinien, Barbados, Bolivien, Brasilien, Britisch Honduras, Chile, Costa Rica, Dominikan.Republik, Equador, El Salvador, Französisch Guayana, Guatemala, Guayana, Haiti, Honduras, Jamaika, Ko=lumbien, Kuba, Mexiko, Nicaragua, Panama, Paraguay, Peru, Surinam, Tri=nidad und Tobago, Uruguay, Venezuela.

Region 7, *Naher Osten:* Abu Dhabi, Ägypten, Aden, Algerien, Bahrein, Dubai, Iran, Irak, Jemen, Jordanien, Kuwait, Libanon, Libyen, Marokko, Masquat-Oman, Oman, Quatar, Saudi-Arabien, Sysrien, Tunesien, Zypern.

Region 8, *Afrika:* Angola, Äquatorial-Afrika, Äthiopien, Burundi, Dahomey, Elfenbein=küste, Gabun, Gambia, Ghana, Guinea, Kamerun, Kenia, Kongo, Lesotho, Li=beria, Madagaskar, Malawi, Mali, Mauretanien, Mauritius, Mozambique, Niger, Nigeria, Obervolta, Portugiesisch Guinea, Ruanda,Senegal, Sierra Leone, Somalia, Süd-Rhodesien, Südwestafrika, Sudan, Tansania, Togo, Tschad, Uganda, Zaire, Zambia, Zentralafrikanische Republik.

Region 9, *Süd-Ost-Asien:* Afghanistan, Bangla Desch, Burma, Hong Kong, Indien, Indonesien, Kambodscha, Laos, Malaysia, Nepal, Pakistan, Philippinen, Süd-Korea, Süd-Vietnam, Taiwan, Thailand.

Region 10, *China:* Mongolei, Nord-Korea, Nord-Vietnam, VR China.

Sektorale Einteilung:

Sektor 1, *Landwirtschaft:* Landwirtschaft, Forstwirtschaft, Fischerei und Jagd.

Sektor 2, *Bergbau:* metallischer,mineralischer Bergbau, Steine, Sand und sonstiger Bergbau.(ausschließlich Ölförderung,Gas- oder Kohleförderung,Elektrizität)

Sektor 3, *Energie/Wasser:*Kohlebergbau, Öl- und Gasförderung, Elektrizitäts- und Gaserzeugung, Dampf- und Heizkraftwerke, Wasser und Abwasser.

Sektor 4, *Nahrungsmittelindustrie:* Nahrungsmittel-,Getränke-, Tabakindustrie.

Sektor 5, *verarbeitende Industrie:* übrige verarbeitende Industrie.

Sektor 6, *Bauindustrie:* Bauindustrie.

Sektor 7, *Dienstleistungen I:*Transport, Lager, Nachrichten und Post, Staatliche Dienstleistungen, Gaststätten und Hotels, Gesundheits- und Ausbildungs= leistungen.

Sektor 8, *Dienstleistung II:* Handel, Banken, Versicherungen, Immobilien.

Sektor 9, *Dienstleistung III:* Wohnungsvermietung und -eigennutzung.

In dem hier vorgestellten Modell sind die Sektoren 7 und 8 zu einem Sektor aggregiert worden. Es ergibt sich damit in dieser Arbeit die Modifikation gegenüber der sektoralen Einteilung im MP-Modell:

Sektor 7' = Sektor 7 + Sektor 8 (entsprechend obiger Einteilung)

Sektor 8' = Sektor 9 (entsprechend obiger Einteilung).

Bevölkerungsentwicklung:

Für jede Region wird die Bevölkerungsentwicklung mit der durchschnittlichen Wachstumsrate der Bevölkerung von 1950 - 1970 fortgeschrieben. Bei der Zusam= menfügung der einzelnen Ebenen des MP-Modells wird diese einfachste Annahme aufgegeben. Die Pro-Kopf-Daten nach 1970 dienen also lediglich zur Veranschau= lichung von Größenordnungen.

Als Quellen dienten die einschlägigen UN-Veröffentlichungen sowie Daten der Gruppe des MP-Teams, welche das Bevölkerungsmodell bearbeitet.

Schematische Darstellung der Berechnung von regionalen Strukturdaten aus einer Stichprobe von nationalen Strukturdaten.

<u>Gesucht:</u> Strukturelle Zusammensetzung einer bestimmten ökonomischen Größe (z.B. Sozialprodukt, Investitionen,...) der betreffenden Region.

<u>Verfügbar:</u> Informationen über die Struktur für bestimmte Staaten dieser Region (= Stichprobe).

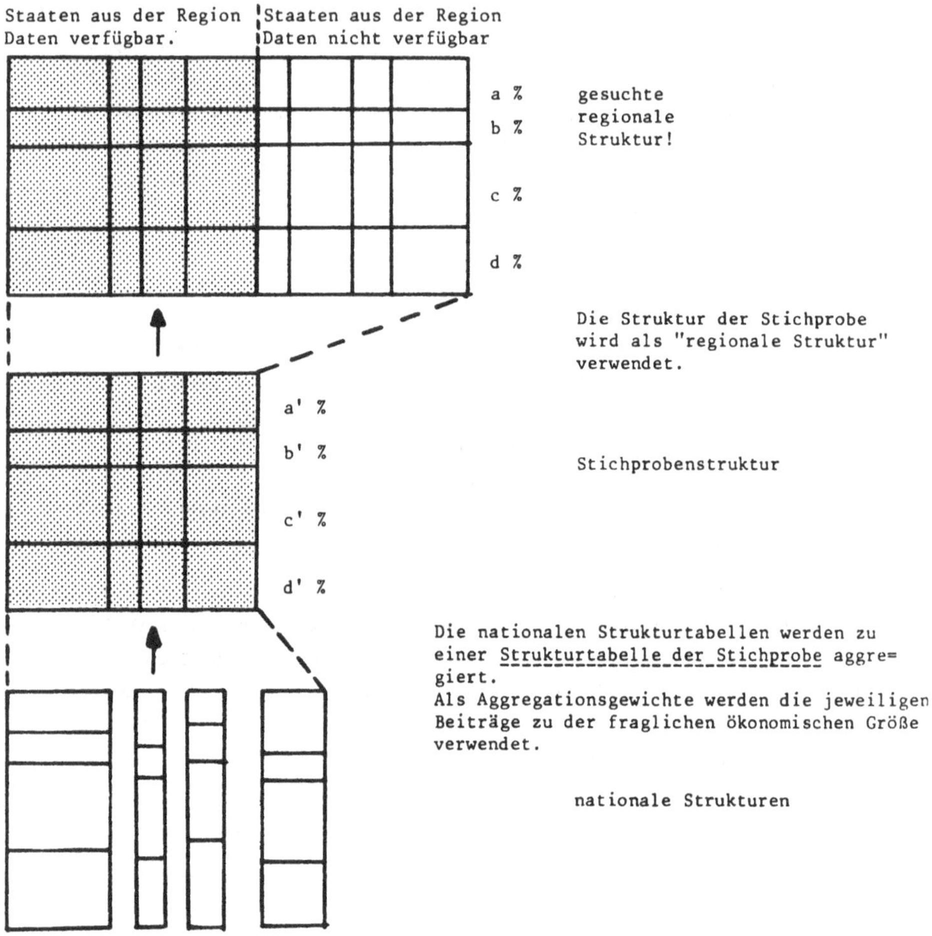

5.1 Makrodaten

Datenquellen:

(1) Yearbook of National Account Statistics, UN, New York, 1969,1970 und 1971 Ausgabe, alle Bände. (Abkz. YNAS)

(2) Statistical Yearbook, UN, New York, 1964 und 1971 Ausgabe. (Abkz. StY).

(3) Growth of World Industry, UN, New York, 1969 Ausgabe. (Abkz. GWI)

(4) Economic Survey of Europe, UN, New York, 1969 Ausgabe.

(5) Handbook of International Trade and Development Statistics, UNCTAD, New York, 1972.

(6) Yearbook of International Trade Statistics 1961, UN, New York, 1963.

(7) Liu,T.C., "Chinese and Other Asian Economies: A Quantitative Evaluation", Amer.Econ.Rev., May 1973.

(8) Liu und Yeh, "The Economy of the Chinese Mainland", Princeton, 1965.

(9) People's Republic of China: An Economic Assessment, Joint Economic Committee Congress of the United States, 1972.

Allgemeines Vorgehen:

Die regionalen Zeitreihen für das regionale Bruttosozialprodukt [1] und die Komponenten des Endverbrauchs Privater Konsum (C), Staatsverbrauch (G), Bruttoinvestition (I), Exporte (X) - Importe (M) werden für die Regionen 1 - 9 aus der Quelle (1) ermittelt. Dabei werden entweder Indexreihen für alle Größen berechnet oder es werden nur die GRP-Werte als Indexreihe ermittelt und die Endverbrauchskomponenten ergeben sich aus der prozentualen Aufschlüsselung des Bruttosozialprodukts.
Alle Größen sind in konstanten 1963-US-$ zu berechnen. Die regionalen GRP-Werte für das Basisjahr 1963 erhält man mit Ausnahme der Region 10 aus der Quelle (1),international tables, 1971-Ausgabe. Für die Region 5 (Osteuropa/UdSSR) und die Region 10 (China) werden andere, unten beschriebene Verfahren verwendet.
Generell werden Lagerinvestitionen vernachlässigt. Um die Gleichung GRP = C + G + I + (X-M) zu erfüllen, werden mögliche Inkonsistenzen, die neben der Ignorierung der Lagerveränderungen aus Rundungsungenauigkeiten der Indexreihen stammen können, anteilig proportional auf die Endverbrauchskomponenten verteilt. Bruttoinvestition (I) steht also synonym für Bruttoanlageinvestition.
Ergeben sich in den Originaldatenquellen Lücken in den Daten, was vor allem für die frühen fünfziger Jahre zutrifft, so werden unter Verwendung von Daten über durchschnittliche Wachstumsraten o.ä. insbesondere aus (1) Schätzungen vorgenommen. Unvollständige Daten in Tabellen, die Strukturzahlen wie z.B. Prozentaufschlüsselungen enthalten, werden i.d.R. durch lineare Interpolation geschätzt.

1) Im folgenden als 'GRP' ("Gross Regional Product") bezeichnet, wobei zwischen 'Inlands-' und 'Sozialprodukt' nicht unterschieden wird. Eine solche wünschenswerte Unterscheidung, die allerdings innerhalb der Datengenauigkeit bleibt, setzte voraus, daß Daten über Empfänger- und Geberländer von grenzüberschreitenden Faktorzahlungen bekannt wären.

Einzelprobleme bei der regionale Datenermittlung:

Region 1, *Nord Amerika:* Berechnung von Indexreihen für GRP,C,G,I,X,M aus (1), international tables, table 5. GRP_{1963} stammt aus (1),international tables,1971-Ausgabe.

Region 2, *West Europa:* Dieselben Datenquellen wie bei Region 1.

Region 3, *Japan:* Nationale Tabellen in (1) sowie Tabelle 4A der Internationalen Tabellen liefern Zeitreihen über die gewünschten makroökonomischen Da= ten. Das nationale GRP_{1963} stammt aus derselben Quelle wie für Region 1.

Region 4, *Rest Westliche Industriestaaten:* Diese Region besteht aus drei Blöcken: Ozeanien, Süd-Afrika und Israel. Für jeden dieser Blocks wurden die gewünschten Zahlen in konstanten 1963-US-S ermittelt und dann aggregiert. Für Ozeanien sind die makroökonomischen Zahlen aus denselben Quellen erhältlich wie für Region 1 oder 2.

Die südafrikanischen Daten stammen aus (1), national tables, wobei für die Jahre 1953,1955 und 1958 eine Umrechnung in konstante 1963-Preise vorgenommen werden muß. Die übrigen Jahreswerte für 1950-1959 sind auf der Grundlage von (1), international tables, Tabelle 4A geschätzt. Für 1960-1970 sind alle Makrodaten aus (1), national tables erhältlich.

Für Israel sind Daten nur für die Jahre 1960-1970 erhältlich aus (1), national tables, 1971-Ausgabe. Die Jahreswerte für 1950-1959 sind auf der Grundlage der in (1), internat.tables,Tabelle 4A angegebenen Wachs= tumsraten geschätzt.

Region 5, *Ost Europa/UdSSR:* Die Schätzung der makroökonomischen Daten für diese Region bringt mehrere Probleme mit sich:

- Als erstes muß berücksichtigt werden, daß die volkswirtschaftlichen Gesamtrechnungen dieser Staaten das sogenannte "Materielle Produkt" aus= weisen, also insbesondere nicht mit den Daten der westlichen Industrie= staaten kompatibel sind. Um von den in den internationalen Statistiken ausgewiesenen "Materielles Nettoprodukt"-Werten zu entsprechenden Brutto= werten zu kommen, werden geschätzte Abschreibungen hinzuaddiert. Es er= folgen hingegen keine Korrekturen hinsichtlich der nicht berücksichtigten Dienstleistungsbeiträge zum Sozialprodukt.
- Als zweites Problem ergibt sich, daß GMP (= GRP im folgenden) nicht direkt erhältlich ist und in einer besonderen Rechnung ermittelt werden muß: Aus (3) erhält man die Wertschöpfung der Industrie im Jahre 1963 für vier Staaten dieser Region in 1963-US-S. Aus (4) erhält man den An= teil der industriellen Wertschöpfung am gesamten materiellen Nettopro= dukt (NMP), woraus sich eine Schätzung für jeden der vier Staaten für das NMP in 1963-US-S ergibt. Durch gewogene Aggregation der Anteile der

industriellen Wertschöpfung (Gewichte = NMP_{1963} in US-S) erhält man eine Schätzung für den Anteil der industriellen Wertschöpfung in der gesamten Region 5 (= 54,7 %) am regionalen NMP. Aus der Quelle (3) bekommt man die regionale industrielle Bruttowertschöpfung in 1963-US-S. (= 157,835 Mrd. S). Diese 157,8 Mrd. US-S entsprechen nun 54,7 % des gesamten regionalen Bruttoprodukts, was sich als 288,5 Mrd. US-S er= rechnet. Dabei wird unterstellt, daß die Abschreibungen entsprechend den sektoralen Anteilen an der Nettowertschöpfung proportional vor= genommen werden.

- Ein drittes Problem entsteht durch einen Wechsel im Klassifikations= schema in (1). Es wird die im YNAS, 1969-Ausgabe verwendete Gliederung in Endverbrauchskomponenten zugrundegelegt (und nicht die aus der 1971-Ausgabe), da erstere den längeren Zeitraum abdeckt.
- Die Statistiken in (1) weisen nicht getrennte Export- und Importzahlen aus, sondern nur saldierte Größen. Aus (5) und (6) sind die entsprechen= den Handelsströme in laufenden US-S, sowie die Indices der Welthandels= preise, die zur Deflationierung verwendet werden, erhältlich.

Region 6, *Latein Amerika:* Zeitreihen über das regionale GRP sind aus (1), inter= national tables, Tabelle 6B direkt erhältlich, wobei sich das GRP_{1963} aus Addition der nationalen Werte in (1), international tables, Tabelle 1 ergibt. Um die prozentuale Aufschlüsselung in die Endverbrauchskompo= nenten C,G,I,X,M zu erhalten,werden nationale Aufschlüsselungstabellen aus (1), national tables erstellt und durch gewogene Aggregation über die einzelnen Staaten (Gewichte = Beiträge zum Bruttosozialprodukt der Sichprobe) zu einer lateinamerikanischen Aufschlüsselung zusammenge= rechnet. Die Stchprobe umfaßt die Staaten Argentinien, Bolivien, Brasi= lien, Chile, Kolumbien, Dominikanische Republik, Guatemala, Honduras, Jamaika, Mexiko, Nicaragua, Panama, Paraguay, Peru, Puerto Rico, Uru= guay, Venezuela. Diese nationalen Tabellen über die prozentuale Struktur des Endverbrauchs basieren auf z.T. lückenhaften Daten für die Jahre 1953, 1955, 1958, 1960 - 1970. Die Jahre zwischen den Daten werden durch lineare Interpolation der Prozentwerte ausgefüllt. Da Venezuela, Puerto Rico, Panama und Mexiko für die Jahre vor 1960 keine Daten liefern, ist die lateinamerikanische Stichprobe in zwei Teile geteilt: Daten vor 1960 und die Daten ab 1960.

Region 7, *Naher Osten:* Das GRP_{1963} ist aus (1) durch Addition der Werte von Naher Osten - Israel + Nordafrika erhältlich. Zeitreihen für GRP weist (1) nur für die Jahre 1960 - 1970 aus. Für die Jahre 1950 - 1959 wird GRP aus den in (1), international tables, 1969-Ausgabe, Tabelle 4B angegebenen Wachstumsraten für die Nahostregion geschätzt.(Diese umfaßt in der UN-Abgrenzung nicht die nordafrikanischen Staaten, ent= hält jedoch Israel). Die Aufgliederung in die Endverbrauchskomponenten erfolgt auf der Grundlage nationaler Strukturdaten, die aus (1), natio= nal tables stammen, und gewichtet aggregiert werden. Mangels besserer Daten muß dabei, um eine breitere Stichprobe zu bekommen, auch von Strukturdaten, die aus laufenden Preisen berechnet werden, ausgegangen werden. Die Stichprobe umfaßt die folgenden Staaten: Marokko, Zypern, Iran, Irak, Syrien, Saudi Arabien, Kuwait, Libyen, Ägypten, Tunesien. Für wichtige Länder wie Algerien, Jordanien oder Libanon sind keine Daten über die Struktur des Endverbrauchs erhältlich. Die Daten decken zumeist die Jahre ab 1960 gut ab. Für 1955 ist eine brauchbare Schätzung aus der Stichprobe der obigen Staaten möglich. Diese Struktur von 1955 dient als Grundlage für die Rückwärtsextrapolation 1950 - 1959.

Region 8, *Afrika:* Die Daten dieser Region sind als sehr grobe Schätzungen anzusehen, was sich aus der schlechten Datenbasis für Afrika erklärt. Die Berechnung von GRP und seiner Endnachfragestruktur erfolgt analog zu dem für Region 7 "Naher Osten" beschriebenen Verfahren. Die Stichprobe zur Schätzung der Endverbrauchsstruktur umfaßt: Äthiopien, Ghana, Malawi, Kenya, Kongo, Mauritius, Nigeria, Sierra Leone, Süd-Rhodesien, Uganda, Tansania, Sambia, Madagaskar, Kamerun, Elfenbeinküste. Als Strukturschlüssel für die nicht verfügbaren Werte vor 1960 dient die lineare Trendextrapolation der Daten 1960 - 1970 rückwärts bis 1950.

Region 9, *Süd-Ost-Asien:* Die GRP-Zeitreihe ist aus (1), international tables, Tab. 6B, 1971-Ausgabe und Tabelle 1A, 1971-Ausgabe erhältlich. Die Aufschlüs= selung in die Komponenten des Endverbrauchs kann sich nur auf wenige Staaten, für die Daten in konstanten Preisen verfügbar sind, stützen. Da insbesondere für Indien keine Daten in konstanten Preisen vorliegen, andererseits die Stichprobe ohne Indien wenig aussagekräftig ist, werden Daten für die Zusammensetzung des Endverbrauchs in Indien in laufenden Preisen mit herangezogen: 1960, 1963-1970 aus (1), national tables und für 1950-1957 aus D.V.Ramana,National Accounts and Input-Output Accounts of India, Asia Publishing House, New York, 1969. Die übrigen in der Stichprobe einbezogenen Länder sind: Ceylon, Indonesien, Korea, Pakistan, Philippinen, Vietnam, Taiwan. Einige dieser Länder weisen erst ab 1960 Strukturdaten über den Endverbrauch aus, so daß die Stichprobe geteilt werden muß. Deswegen und wegen starker Veränderungen der relativen Bedeu= tung der einzelnen Staaten, werden drei Gewichte ermittelt: Für 1950-59 werden die relativen Beiträge der Stichprobenstaaten zum regionalen Bruttoprodukt von 1958 genommen, für 1960-64 diejenigen von 1963 und für 1965-70 diejenigen von 1967. Die Gewichte stammen aus den Tabellen 1C bzw. 1A in (1), international tables.

Region 10, *China:* Die Daten für die Region China können nur als grobe Schätzung angesehen werden. Die Datenbasis für diese Region ist zu schwach, um sehr zuverlässige Werte erwarten zu können. Aus (7) erhält man Schätzungen für GRP in konstanten 1952-Yuan für die Jahre 1957, 1960-1970. Durch Anwendung des offiziellen Wechselkurses von 1952 werden diese Werte in konstante 1952-US-S umgerechnet. Die Quelle (8) liefert die Ausgaben= struktur des Endverbrauchs für die Jahre 1952-1957 in konstanten 1952-Yuan. Diese Daten sind nicht konsistent mit den oben genannten, so daß eine Anpassung der Werte 1952-1957 auf der Grundlage des Jahres 1957 erfolgt. Aus (9) sind die Außenhandelsdaten für 1952-1957 in US-S er= hältlich, sowie das Bruttosozialprodukt in 1970-US-S. Aus dem BSP_{1952} und dem BSP_{1970} in realen und nominalen Größen läßt sich unter der Annahme einer gleichmäßigen Inflationsrate die Zeitreihe auf 1963-US-S umrechnen. Die Komponenten des Endverbrauchs 1950/51 und 1958-60 sind auf der Grundlage der verfügbaren Daten für die übrigen Jahre geschätzt.

GRP BY TYPE OF EXPENDITURE REGION 1 NORTH AMERICA

INDEX FIGURES ORIGINAL INPUT DATA

YEAR	GRP	C	G	I	X	M
WEIGHTS 63		63.572	18.769	17.154	5.752	-5.247
1950	63.00	64.00	48.00	73.00	53.00	52.00
1951	69.00	65.00	71.00	72.00	63.00	56.00
1952	71.00	67.00	86.00	71.00	61.00	60.00
1953	74.00	70.00	91.00	75.00	59.00	66.00
1954	73.00	71.00	81.00	77.00	61.00	63.00
1955	79.00	77.00	79.00	85.00	67.00	72.00
1956	80.00	79.00	79.00	88.00	77.00	78.00
1957	82.00	81.00	83.00	87.00	82.00	80.00
1958	81.00	82.00	85.00	83.00	74.00	80.00
1959	86.00	86.00	86.00	90.00	76.00	90.00
1960	88.00	89.00	87.00	90.00	86.00	89.00
1961	90.00	91.00	92.00	89.00	87.00	88.00
1962	96.00	96.00	98.00	95.00	93.00	97.00
1963	100.00	100.00	100.00	100.00	100.00	100.00
1964	105.00	106.00	102.00	107.00	113.00	107.00
1965	112.00	113.00	105.00	117.00	116.00	119.00
1966	120.00	118.00	119.00	124.00	127.00	137.00
1967	123.00	122.00	131.00	122.00	134.00	146.00
1968	129.00	128.00	135.00	130.00	147.00	166.00
1969	133.00	133.00	135.00	134.00	156.00	179.00
1970	132.00	135.00	132.00	130.00	169.00	181.00

TABELLE 1.1.1

ABSOLUTE VALUES CONSISTENT

YEAR	GRP	C	G	I	X	M
1950	401.44	261.17	57.83	80.38	19.57	17.51
1951	439.67	268.42	86.56	80.23	23.54	19.09
1952	452.41	270.36	102.46	77.31	22.27	19.98
1953	471.53	282.12	108.28	81.56	21.52	21.95
1954	465.16	284.68	95.89	83.31	22.13	20.85
1955	503.39	314.16	95.16	93.58	24.73	24.25
1956	509.76	318.10	93.32	95.61	28.05	25.92
1957	522.50	326.07	98.65	94.50	29.87	26.58
1958	516.13	326.60	99.95	89.20	26.67	26.30
1959	547.99	348.77	102.97	98.49	27.89	30.13
1960	560.74	357.99	103.32	97.68	31.30	29.55
1961	573.48	365.49	109.09	96.45	31.62	29.17
1962	611.71	388.27	117.02	104.77	34.03	32.38
1963	637.20	405.08	119.60	109.31	36.65	33.43
1964	669.06	426.26	121.10	116.10	41.11	35.51
1965	713.66	457.57	125.53	127.84	42.50	39.77
1966	764.64	483.08	143.83	136.98	47.04	46.29
1967	783.76	493.72	156.52	133.22	49.07	48.77
1968	821.99	519.49	161.76	142.37	53.98	55.61
1969	847.48	540.97	162.12	147.07	57.41	60.09
1970	841.10	542.25	156.54	140.90	61.42	60.01

TABELLE 1.1.2

GRP BY TYPE OF EXPENDITURE REGION 2 WESTERN EUROPE

INDEX FIGURES ORIGINAL INPUT DATA

YEAR	GRP	C	G	I	X	M
WEIGHTS 63		63.057	14.777	22.571	19.838	-20.243
1950	54.00	56.00	60.00	40.00	40.00	38.00
1951	56.00	57.00	63.00	42.00	44.00	41.00
1952	59.00	59.00	71.00	43.00	44.00	40.00
1953	62.00	63.00	73.00	47.00	47.00	42.00
1954	65.00	66.00	73.00	53.00	53.00	48.00
1955	69.00	70.00	73.00	59.00	58.00	53.00
1956	73.00	73.00	75.00	63.00	61.00	58.00
1957	76.00	76.00	77.00	66.00	66.00	61.00
1958	77.00	78.00	78.00	68.00	68.00	62.00
1959	81.00	81.00	82.00	73.00	74.00	68.00
1960	87.00	85.00	86.00	81.00	85.00	80.00
1961	92.00	90.00	90.00	90.00	89.00	85.00
1962	96.00	95.00	96.00	96.00	94.00	92.00
1963	100.00	100.00	100.00	100.00	100.00	100.00
1964	106.00	105.00	102.00	111.00	109.00	110.00
1965	111.00	109.00	106.00	115.00	119.00	118.00
1966	115.00	114.00	109.00	121.00	128.00	126.00
1967	119.00	118.00	114.00	123.00	136.00	132.00
1968	125.00	123.00	117.00	130.00	152.00	145.00
1969	133.00	129.00	121.00	141.00	171.00	165.00
1970	139.00	136.00	125.00	151.00	187.00	184.00

TABELLE 1.2.1

ABSOLUTE VALUES CONSISTENT

YEAR	GRP	C	G	I	X	M
1950	236.30	156.12	39.20	39.92	35.08	34.01
1951	245.06	159.68	41.36	42.11	38.78	36.87
1952	258.18	165.52	46.68	43.18	38.83	36.02
1953	271.31	174.00	47.25	46.46	40.84	37.24
1954	284.44	181.66	47.09	52.22	45.89	42.41
1955	301.94	193.10	47.19	58.26	50.33	46.93
1956	319.45	205.10	49.38	63.36	53.92	52.31
1957	332.58	212.67	50.49	66.11	58.10	54.80
1958	336.95	215.24	50.44	67.17	59.03	54.92
1959	354.46	224.66	53.30	72.47	64.57	60.55
1960	380.71	239.34	56.75	81.64	75.30	72.32
1961	402.59	251.59	58.96	90.05	78.27	76.28
1962	420.10	262.74	62.22	95.04	81.79	81.68
1963	437.60	275.94	64.66	98.77	86.81	88.58
1964	463.86	290.58	66.15	109.95	94.90	97.73
1965	485.74	303.31	69.12	114.54	104.18	105.41
1966	503.24	314.05	70.37	119.32	110.94	111.43
1967	520.74	324.86	73.55	121.21	117.79	116.66
1968	547.00	339.42	75.66	128.41	131.96	128.45
1969	582.01	359.83	79.09	140.78	150.06	147.75
1970	608.26	377.55	81.32	150.05	163.32	163.98

TABELLE 1.2.2

GRP BY TYPE OF EXPENDITURE   REGION   3   JAPAN

INDEX FIGURES ORIGINAL INPUT DATA

YEAR	GRP	C	G	I	X	M
WEIGHTS 63		59.017	10.075	31.385	8.959	-9.436
1950	35.30	35.80	65.30	21.30	29.80	19.30
1951	37.10	38.70	66.20	22.60	31.90	21.60
1952	39.00	41.80	67.00	24.00	34.10	24.10
1953	41.00	46.30	68.00	25.60	33.10	28.60
1954	44.00	48.80	68.80	28.00	39.10	30.10
1955	48.00	52.40	70.30	28.10	40.50	30.30
1956	52.00	56.90	71.60	35.20	46.90	39.10
1957	56.00	61.20	73.60	40.90	52.70	44.60
1958	59.00	64.40	72.70	42.40	57.60	42.80
1959	64.00	71.00	77.80	55.10	66.40	58.00
1960	73.00	76.50	80.00	64.00	74.60	66.10
1961	85.00	83.10	84.80	82.10	79.80	84.30
1962	90.00	91.10	92.00	91.00	93.10	84.50
1963	100.00	100.00	100.00	100.00	100.00	100.00
1964	114.00	111.70	106.00	117.10	121.10	113.90
1965	119.00	118.10	112.40	119.70	148.20	121.80
1966	131.00	127.80	118.50	133.80	171.10	136.90
1967	149.00	140.80	125.00	159.10	181.50	168.50
1968	170.00	154.80	133.60	193.00	222.80	189.00
1969	191.00	169.30	142.10	226.00	266.20	214.80
1970	210.00	182.10	152.00	257.00	307.60	260.50

TABELLE 1.3.1

ABSOLUTE VALUES CONSISTENT

YEAR	GRP	C	G	I	X	M
1950	24.05	14.42	4.49	4.56	1.82	1.24
1951	25.28	15.43	4.51	4.79	1.93	1.38
1952	26.57	16.50	4.51	5.04	2.04	1.52
1953	27.94	17.97	4.51	5.28	1.95	1.77
1954	29.98	19.11	4.60	5.83	2.32	1.88
1955	32.71	21.25	4.87	6.06	2.49	1.96
1956	35.43	22.73	4.88	7.48	2.84	2.50
1957	38.16	24.23	4.97	8.61	3.17	2.82
1958	40.20	25.57	4.93	8.95	3.47	2.72
1959	43.61	27.07	5.06	11.17	3.84	3.54
1960	49.74	30.45	5.44	13.55	4.51	4.21
1961	57.92	34.41	5.99	18.08	5.02	5.58
1962	61.33	35.85	6.18	19.05	5.56	5.32
1963	68.14	40.21	6.87	21.39	6.10	6.43
1964	77.68	45.13	7.31	25.16	7.43	7.36
1965	81.09	46.95	7.63	25.31	8.94	7.74
1966	89.26	51.09	8.09	28.45	10.38	8.75
1967	101.53	57.79	8.76	34.73	11.31	11.06
1968	115.84	63.17	9.31	41.89	13.80	12.33
1969	130.15	68.90	9.87	48.91	16.44	13.98
1970	143.09	74.50	10.52	55.01	19.10	17.04

TABELLE 1.3.2

GRP BY TYPE OF EXPENDITURE REGION 4 REST DEVELOPED

INDEX FIGURES ORIGINAL INPUT DATA

YEAR	GRP	C	G	I	X	M
WEIGHTS 63		64.229	11.508	23.616	21.658	-21.003
1950	57.40	60.70	57.00	51.60	44.10	54.10
1951	58.60	62.90	59.20	53.30	46.10	59.10
1952	61.40	63.80	62.00	55.80	49.90	58.90
1953	62.60	66.00	66.90	58.30	51.70	59.60
1954	66.40	70.40	68.60	63.40	54.00	69.20
1955	69.50	72.80	70.90	66.20	60.40	69.70
1956	71.60	74.40	73.00	67.50	65.70	65.60
1957	73.40	77.60	75.70	71.10	64.50	70.40
1958	78.00	79.00	78.70	74.00	70.00	71.80
1959	82.10	83.50	79.50	79.00	76.00	77.40
1960	85.60	87.30	82.40	84.00	80.00	85.40
1961	88.20	89.60	88.30	86.10	87.50	80.40
1962	93.40	94.50	95.10	89.20	90.20	87.70
1963	100.00	100.00	100.00	100.00	100.00	100.00
1964	107.10	106.40	108.10	115.10	101.40	116.90
1965	111.60	111.10	120.80	125.00	103.50	123.70
1966	117.10	114.60	129.60	125.90	112.70	121.00
1967	122.30	119.50	141.50	126.80	120.60	132.40
1968	130.30	125.00	148.40	134.80	133.40	139.40
1969	139.00	132.40	157.50	145.80	145.50	155.30
1970	145.70	139.20	172.30	155.10	151.10	171.50

TABELLE 1.4.1

ABSOLUTE VALUES CONSISTENT

YEAR	GRP	C	G	I	X	M
1950	21.30	14.85	2.50	4.64	3.64	4.33
1951	21.75	15.31	2.58	4.77	3.78	4.71
1952	22.79	15.64	2.72	5.03	4.12	4.72
1953	23.23	15.75	2.86	5.11	4.16	4.65
1954	24.64	17.08	2.98	5.65	4.42	5.49
1955	25.79	17.48	3.05	5.84	4.89	5.47
1956	26.57	17.49	3.08	5.84	5.21	5.04
1957	27.24	18.22	3.18	6.14	5.11	5.40
1958	28.95	18.99	3.39	6.54	5.67	5.64
1959	30.47	20.01	3.41	6.96	6.14	6.07
1960	31.77	21.01	3.55	7.43	6.49	6.72
1961	32.73	20.90	3.69	7.39	6.88	6.13
1962	34.66	22.42	4.04	7.78	7.22	6.80
1963	37.11	23.83	4.27	8.76	8.04	7.79
1964	39.74	25.78	4.69	10.25	8.28	9.26
1965	41.41	26.57	5.18	10.99	8.35	9.67
1966	43.46	27.29	5.53	11.02	9.05	9.42
1967	45.39	28.72	6.09	11.20	9.77	10.41
1968	48.35	30.14	6.41	11.95	10.95	10.99
1969	51.58	32.14	6.85	13.01	11.91	12.33
1970	54.07	33.91	7.52	13.89	12.41	13.66

TABELLE 1.4.2

GRP BY TYPE OF EXPENDITURE REGION 5 USSR/EASTERN EUROPE

INDEX FIGURES ORIGINAL INPUT DATA

YEAR	GRP	C	G	I	X	M
WEIGHTS 63		71.271	9.410	18.018	5.968	-4.667
1950	36.00	38.50	33.70	28.60	27.40	29.50
1951	40.00	42.80	37.40	31.80	28.70	30.80
1952	43.00	46.00	40.30	34.20	33.60	36.50
1953	46.00	49.20	43.10	36.50	39.50	43.60
1954	51.00	54.40	45.60	41.90	43.40	45.70
1955	57.00	60.60	48.50	48.10	46.20	45.70
1956	61.00	63.70	50.60	56.60	48.60	47.70
1957	67.00	70.00	55.60	62.20	54.20	53.50
1958	73.00	74.90	59.80	74.20	58.90	59.60
1959	80.00	81.00	69.00	82.70	71.20	70.40
1960	86.00	86.00	76.80	90.80	75.60	72.60
1961	92.00	92.30	86.10	94.50	87.80	80.30
1962	96.00	95.50	90.90	101.30	92.80	94.00
1963	100.00	100.00	100.00	100.00	100.00	100.00
1964	109.00	109.30	112.50	108.40	106.60	115.20
1965	115.00	116.80	116.20	106.70	112.90	104.90
1966	125.00	126.20	129.00	116.70	117.40	107.20
1967	135.00	135.80	139.30	126.00	127.90	111.40
1968	144.00	145.40	148.60	132.00	140.90	121.50
1969	151.00	152.50	155.80	138.40	151.60	132.30
1970	164.00	165.60	169.20	150.30	159.50	137.10

TABELLE 1.5.1

ABSOLUTE VALUES CONSISTENT

YEAR	GRP	C	G	I	X	M
1950	103.86	79.11	9.14	14.86	4.71	3.97
1951	115.40	87.94	10.15	16.52	4.94	4.14
1952	124.06	94.49	10.93	17.76	5.78	4.91
1953	132.71	101.12	11.70	18.97	6.80	5.87
1954	147.14	111.70	12.36	21.75	7.46	6.14
1955	164.45	124.51	13.16	24.98	7.95	6.15
1956	175.99	130.91	13.73	29.41	8.36	6.42
1957	193.30	143.79	15.08	32.30	9.32	7.20
1958	210.61	153.77	16.21	38.51	10.13	8.01
1959	230.80	166.37	18.71	42.94	12.25	9.47
1960	248.11	176.82	20.85	47.20	13.02	9.77
1961	265.42	189.57	23.35	49.07	14.24	10.80
1962	276.96	196.32	24.67	52.65	15.97	12.65
1963	288.50	205.62	27.15	51.98	17.22	13.46
1964	314.47	224.73	30.54	56.35	18.35	15.51
1965	331.78	239.65	31.48	55.35	19.40	14.09
1966	360.63	259.25	34.99	60.61	20.20	14.42
1967	389.48	279.16	37.81	65.48	22.02	15.00
1968	415.44	299.69	40.30	68.55	24.24	16.34
1969	435.64	313.24	42.25	71.87	26.07	17.79
1970	473.14	340.19	45.89	78.06	27.44	18.44

TABELLE 1.5.2

GRP BY TYPE OF EXPENDITURE REGION 6 LATIN AMERICA

INDEX FIGURES ORIGINAL INPUT DATA

YEAR	GRP	C	G	I	X	M
WEIGHTS 63		71.933	10.186	15.911	15.304	-13.445
1950	52.00	52.20	54.90	55.40	38.40	43.00
1951	55.00	55.20	58.00	58.60	40.60	45.50
1952	57.00	57.20	60.10	60.70	42.10	47.20
1953	59.00	59.20	62.20	62.90	43.60	48.80
1954	64.00	65.40	68.10	68.10	45.10	58.00
1955	68.00	70.70	73.00	72.30	46.80	67.10
1956	71.00	73.70	73.60	73.10	47.40	63.60
1957	75.00	77.90	78.50	77.10	50.10	67.20
1958	80.00	82.80	80.40	79.80	52.10	64.60
1959	82.00	84.00	85.00	84.70	56.70	68.60
1960	87.00	87.80	86.50	94.10	84.10	95.30
1961	93.00	93.50	91.60	101.90	88.70	99.60
1962	97.00	97.20	94.30	103.50	95.50	101.80
1963	100.00	100.00	100.00	100.00	100.00	100.00
1964	108.00	108.90	106.60	112.50	101.10	109.80
1965	114.00	114.80	107.20	113.60	114.20	113.20
1966	119.00	119.70	114.00	122.40	117.40	118.90
1967	124.00	125.00	116.20	130.00	121.00	127.00
1968	132.00	131.20	116.90	152.00	137.30	146.50
1969	141.00	141.10	120.70	161.10	144.30	153.50
1970	150.00	150.20	129.00	173.50	150.70	164.30

TABELLE 1.6.1

ABSOLUTE VALUES CONSISTENT

YEAR	GRP	C	G	I	X	M
1950	41.96	30.27	4.51	7.11	4.74	4.66
1951	44.38	32.02	4.76	7.52	5.01	4.93
1952	46.00	33.19	4.94	7.79	5.20	5.12
1953	47.61	34.34	5.11	8.07	5.38	5.29
1954	51.65	38.01	5.60	8.76	5.58	6.30
1955	54.88	41.08	6.01	9.29	5.79	7.29
1956	57.30	42.88	6.06	9.41	5.87	6.92
1957	60.52	45.26	6.46	9.91	6.19	7.30
1958	64.56	48.23	6.63	10.28	6.46	7.03
1959	66.17	48.75	6.99	10.87	7.00	7.44
1960	70.21	50.97	7.11	12.08	10.39	10.34
1961	75.05	54.29	7.53	13.09	10.96	10.81
1962	78.28	56.47	7.76	13.30	11.80	11.05
1963	80.70	58.11	8.23	12.85	12.36	10.86
1964	87.16	63.33	8.78	14.47	12.51	11.94
1965	92.00	66.74	8.33	14.61	14.13	12.30
1966	96.03	69.39	9.36	15.69	14.48	12.88
1967	100.07	72.63	9.56	16.71	14.96	13.79
1968	106.52	76.29	9.63	19.55	16.98	15.92
1969	113.79	81.98	9.93	20.70	17.84	16.67
1970	121.05	87.33	10.62	22.31	18.64	17.86

TABELLE 1.6.2

GRP BY TYPE OF EXPENDITURE REGION 7 MIDDLE EAST

PERCENTAGE DISTRIBUTION ORIGINAL INPUT DATA

YEAR	GRP	C	G	I	X	M
1950	41.00	71.20	10.80	14.30	30.70	27.00
1951	44.00	71.20	10.80	14.30	30.70	27.00
1952	48.00	71.20	10.80	14.30	30.70	27.00
1953	51.00	71.20	10.80	14.30	30.70	27.00
1954	55.00	71.20	10.80	14.30	30.70	27.00
1955	60.00	71.20	10.80	14.30	30.70	27.00
1956	64.00	70.60	12.00	14.80	30.70	28.10
1957	68.00	74.30	12.90	14.00	26.00	27.20
1958	72.00	66.70	12.80	13.10	31.90	24.50
1959	77.00	65.80	13.10	12.30	30.70	22.00
1960	82.00	63.50	13.20	14.60	32.70	23.90
1961	86.00	66.40	13.00	14.80	31.20	25.40
1962	94.00	64.60	13.40	14.40	32.40	24.80
1963	100.00	59.00	14.70	16.10	34.00	23.80
1964	109.00	57.90	15.10	15.60	34.10	22.70
1965	119.00	57.00	15.80	16.10	34.00	22.90
1966	125.00	56.70	16.30	16.30	34.20	23.50
1967	132.00	57.40	17.70	16.90	31.80	23.90
1968	146.00	54.90	18.60	16.80	33.10	23.40
1969	157.00	54.50	19.10	16.20	34.30	24.10
1970	168.00	54.40	19.50	16.50	34.20	24.60

TABELLE 1.7.1

ABSOLUTE VALUES CONSISTENT

YEAR	GRP	C	G	I	X	M
1950	10.50	7.48	1.13	1.50	3.22	2.84
1951	11.27	8.02	1.22	1.61	3.46	3.04
1952	12.29	8.75	1.33	1.76	3.77	3.32
1953	13.06	9.30	1.41	1.87	4.01	3.53
1954	14.09	10.03	1.52	2.01	4.32	3.80
1955	15.37	10.94	1.66	2.20	4.72	4.15
1956	16.39	11.57	1.97	2.43	5.03	4.61
1957	17.41	12.94	2.25	2.44	4.53	4.74
1958	18.44	12.31	2.36	2.42	5.87	4.52
1959	19.72	12.99	2.59	2.43	6.06	4.34
1960	21.00	13.32	2.77	3.06	6.86	5.01
1961	22.02	14.62	2.86	3.26	6.87	5.59
1962	24.07	15.55	3.23	3.47	7.80	5.97
1963	25.61	15.11	3.76	4.12	8.71	6.10
1964	27.91	16.16	4.22	4.35	9.52	6.34
1965	30.48	17.37	4.82	4.91	10.36	6.98
1966	32.01	18.15	5.22	5.22	10.95	7.52
1967	33.81	19.42	5.99	5.72	10.76	8.09
1968	37.39	20.53	6.95	6.28	12.38	8.75
1969	40.21	21.91	7.68	6.51	13.79	9.69
1970	43.02	23.41	8.39	7.10	14.71	10.58

TABELLE 1.7.2

GRP BY TYPE OF EXPENDITURE REGION 8 MAIN AFRICA

PERCENTAGE DISTRIBUTION ORIGINAL INPUT DATA

YEAR	GRP	C.	G	I	X	M
1950	58.80	82.00	6.90	9.50	19.90	21.40
1951	61.40	81.50	7.10	9.80	19.90	21.40
1952	64.20	81.00	7.30	10.10	19.90	21.40
1953	67.10	80.50	7.50	10.40	19.90	21.40
1954	70.10	79.80	7.80	10.70	19.90	21.40
1955	73.20	79.20	8.00	11.10	19.90	21.40
1956	76.50	78.50	8.30	11.40	19.90	21.40
1957	80.00	77.80	8.50	11.70	19.90	21.40
1958	83.60	77.20	8.80	12.00	19.90	21.40
1959	87.40	76.50	9.10	12.30	22.00	22.60
1960	91.30	78.00	9.00	12.10	21.00	22.50
1961	92.90	77.00	9.60	12.70	20.90	21.80
1962	96.30	75.90	9.50	12.80	20.90	19.20
1963	100.00	74.20	10.10	14.50	22.70	20.30
1964	103.00	74.80	10.70	14.50	25.60	25.00
1965	108.30	72.90	11.50	15.10	26.60	26.20
1966	113.50	72.40	11.30	14.20	25.40	24.20
1967	117.50	72.10	11.80	15.00	24.30	23.60
1968	122.50	72.20	12.00	15.60	24.10	23.80
1969	129.70	71.00	12.00	14.80	24.40	22.20
1970	136.70	71.00	12.30	15.50	24.30	23.10

TABELLE 1.8.1

ABSOLUTE VALUES CONSISTENT

YEAR	GRP	C	G	I	X	M
1950	13.11	11.09	.93	1.28	2.69	2.89
1951	13.69	11.51	1.00	1.38	2.81	3.02
1952	14.31	11.96	1.08	1.49	2.94	3.16
1953	14.96	12.43	1.16	1.61	3.07	3.30
1954	15.63	12.88	1.26	1.73	3.21	3.45
1955	16.32	13.35	1.35	1.87	3.35	3.61
1956	17.05	13.84	1.46	2.01	3.51	3.77
1957	17.83	14.38	1.57	2.16	3.68	3.95
1958	18.63	14.91	1.70	2.32	3.84	4.13
1959	19.48	15.32	1.92	2.46	4.40	4.52
1960	20.35	16.26	1.88	2.52	4.38	4.69
1961	20.71	16.20	2.02	2.67	4.40	4.59
1962	21.47	16.31	2.04	2.75	4.49	4.13
1963	22.29	16.34	2.22	3.19	5.00	4.47
1964	22.96	17.07	2.44	3.31	5.84	5.71
1965	24.14	17.62	2.78	3.65	6.43	6.33
1966	25.30	18.48	2.88	3.63	6.48	6.18
1967	26.19	18.96	3.10	3.94	6.39	6.21
1968	27.31	19.63	3.27	4.26	6.57	6.49
1969	28.91	20.53	3.47	4.28	7.05	6.42
1970	30.47	21.63	3.75	4.72	7.40	7.04

TABELLE 1.8.2

GRP BY TYPE OF EXPENDITURE REGION 9 SOUTH-EAST-ASIA

PERCENTAGE DISTRIBUTION ORIGINAL INPUT DATA

YEAR	GRP	C	G	I	X	M
1950	59.00	84.90	7.10	10.10	8.30	10.40
1951	61.00	85.20	7.10	9.80	10.10	12.20
1952	63.00	84.60	7.30	10.30	8.00	10.20
1953	68.00	85.00	7.30	9.90	7.30	9.50
1954	70.00	83.30	7.80	11.00	8.20	10.30
1955	72.00	81.90	7.80	12.30	8.40	10.40
1956	76.00	80.20	7.70	14.00	9.50	11.40
1957	77.00	79.90	7.70	14.10	10.20	11.90
1958	80.00	80.50	8.50	13.80	8.40	11.20
1959	83.00	80.40	8.40	13.70	8.40	10.90
1960	88.00	81.50	8.90	12.80	7.30	10.50
1961	92.00	80.20	9.20	13.80	7.40	10.60
1962	95.00	80.90	9.10	13.90	7.20	11.10
1963	100.00	78.90	9.70	14.50	7.30	10.40
1964	106.00	79.70	9.70	14.20	7.00	10.60
1965	106.00	77.60	10.10	15.00	7.70	10.40
1966	110.00	79.10	10.00	14.80	8.60	12.50
1967	118.00	80.20	9.80	14.70	8.60	13.30
1968	122.00	78.30	10.40	15.70	8.50	12.90
1969	131.00	77.00	10.50	16.10	8.60	12.20
1970	138.00	76.80	10.40	15.90	9.40	12.50

TABELLE 1.9.1

ABSOLUTE VALUES CONSISTENT

YEAR	GRP	C	G	I	X	M
1950	51.63	43.83	3.67	5.21	4.28	5.37
1951	53.38	45.48	3.79	5.23	5.39	6.51
1952	55.13	46.64	4.02	5.68	4.41	5.62
1953	59.50	50.58	4.34	5.89	4.34	5.65
1954	61.25	51.02	4.78	6.74	5.02	6.31
1955	63.00	51.60	4.91	7.75	5.29	6.55
1956	66.50	53.33	5.12	9.31	6.32	7.58
1957	67.38	53.83	5.19	9.50	6.87	8.02
1958	70.00	56.35	5.95	9.66	5.88	7.84
1959	72.63	58.39	6.10	9.95	6.10	7.92
1960	77.00	62.76	6.85	9.86	5.62	8.09
1961	80.50	64.56	7.41	11.11	5.96	8.53
1962	83.13	67.25	7.56	11.55	5.99	9.23
1963	87.50	69.04	8.49	12.69	6.39	9.10
1964	92.75	73.92	9.00	13.17	6.49	9.83
1965	92.75	71.97	9.37	13.91	7.14	9.65
1966	96.25	76.13	9.63	14.25	8.28	12.03
1967	103.25	82.81	10.12	15.18	8.88	13.73
1968	106.75	83.59	11.10	16.76	9.07	13.77
1969	114.63	88.26	12.04	18.45	9.86	13.98
1970	120.75	92.74	12.56	19.20	11.35	15.09

TABELLE 1.9.2

GRP BY TYPE OF EXPENDITURE   REGION 10   CHINA

PERCENTAGE DISTRIBUTION ORIGINAL INPUT DATA

YEAR	GRP	C	G	I	X	M
1950	57.30	73.00	8.50	19.30	4.40	5.20
1951	66.40	73.00	8.50	19.30	4.40	5.20
1952	78.20	73.00	8.50	19.30	4.40	5.20
1953	79.30	72.30	9.60	18.60	4.40	5.00
1954	82.90	73.90	7.90	19.60	3.60	5.00
1955	86.80	72.80	8.10	20.00	5.20	6.20
1956	96.70	72.00	6.90	20.50	5.70	5.10
1957	99.90	71.80	7.30	20.30	5.20	4.60
1958	110.90	70.90	8.20	20.70	5.30	5.10
1959	108.70	70.90	8.20	20.70	5.30	5.10
1960	106.50	70.90	8.20	20.70	5.30	5.10
1961	91.20	69.60	9.20	21.00	5.40	5.20
1962	92.30	69.50	9.00	20.10	5.30	3.80
1963	100.00	68.30	8.80	21.50	5.10	3.80
1964	109.20	68.40	8.80	21.70	5.30	4.20
1965	122.00	66.70	9.00	23.60	5.40	4.70
1966	130.10	65.30	9.40	24.70	5.50	4.90
1967	123.60	68.20	9.30	22.30	5.10	4.90
1968	125.90	67.20	9.50	22.80	5.00	4.50
1969	132.10	66.70	9.80	22.80	4.90	4.30
1970	142.50	66.20	10.20	23.70	4.70	4.80

TABELLE 1.10.1

ABSOLUTE VALUES CONSISTENT

YEAR	GRP	C	G	I	X	M
1950	36.46	26.62	3.10	7.04	1.60	1.90
1951	42.25	30.84	3.59	8.15	1.86	2.20
1952	49.76	36.32	4.23	9.60	2.19	2.59
1953	50.46	36.52	4.85	9.39	2.22	2.53
1954	52.75	38.98	4.17	10.34	1.90	2.64
1955	55.23	40.25	4.48	11.06	2.87	3.43
1956	61.53	44.30	4.25	12.61	3.51	3.14
1957	63.57	45.64	4.64	12.90	3.31	2.92
1958	70.57	50.03	5.79	14.61	3.74	3.60
1959	69.17	49.04	5.67	14.32	3.67	3.53
1960	67.77	48.05	5.56	14.03	3.59	3.46
1961	58.03	40.39	5.34	12.19	3.13	3.02
1962	58.73	40.78	5.28	11.79	3.11	2.23
1963	63.63	43.50	5.61	13.69	3.25	2.42
1964	69.48	47.53	6.11	15.08	3.68	2.92
1965	77.63	51.78	6.99	18.32	4.19	3.65
1966	82.78	54.06	7.78	20.45	4.55	4.06
1967	78.65	53.64	7.31	17.54	4.01	3.85
1968	80.11	53.83	7.61	18.27	4.01	3.60
1969	84.06	56.12	8.25	19.18	4.12	3.62
1970	90.67	60.03	9.25	21.49	4.26	4.35

TABELLE 1.10.2

GROSS REGIONAL PRODUCT IN CONST. 1963-US-$

YEAR	N-AMER	W-EUR	JAPAN	R-DEV	E-EUR	LAT-AM	M-EAST	M-AFR	S-E-AS	CHINA
1950	401.4	236.3	24.1	21.3	103.9	42.0	10.5	13.1	51.6	36.5
1951	439.7	245.1	25.3	21.7	115.4	44.4	11.3	13.7	53.4	42.3
1952	452.4	258.2	26.6	22.8	124.1	46.0	12.3	14.3	55.1	49.8
1953	471.5	271.3	27.9	23.2	132.7	47.6	13.1	15.0	59.5	50.5
1954	465.2	284.4	30.0	24.6	147.1	51.6	14.1	15.6	61.3	52.7
1955	503.4	301.9	32.7	25.8	164.4	54.9	15.4	16.3	63.0	55.2
1956	509.8	319.4	35.4	26.6	176.0	57.3	16.4	17.1	66.5	61.5
1957	522.5	332.6	38.2	27.2	193.3	60.5	17.4	17.8	67.4	63.6
1958	516.1	337.0	40.2	28.9	210.6	64.6	18.4	18.6	70.0	70.6
1959	548.0	354.5	43.6	30.5	230.8	66.2	19.7	19.5	72.6	69.2
1960	560.7	380.7	49.7	31.8	248.1	70.2	21.0	20.4	77.0	67.8
1961	573.5	402.6	57.9	32.7	265.4	75.1	22.0	20.7	80.5	58.0
1962	611.7	420.1	61.3	34.7	277.0	78.3	24.1	21.5	83.1	58.7
1963	637.2	437.6	68.1	37.1	288.5	80.7	25.6	22.3	87.5	63.6
1964	669.1	463.9	77.7	39.7	314.5	87.2	27.9	23.0	92.8	69.5
1965	713.7	485.7	81.1	41.4	331.8	92.0	30.5	24.1	92.8	77.6
1966	764.6	503.2	89.3	43.5	360.6	96.0	32.0	25.3	96.3	82.8
1967	783.8	520.7	101.5	45.4	389.5	100.1	33.8	26.2	103.3	78.6
1968	822.0	547.0	115.8	48.4	415.4	106.5	37.4	27.3	106.8	80.1
1969	847.5	582.0	130.1	51.6	435.6	113.8	40.2	28.9	114.6	84.1
1970	841.1	608.3	143.1	54.1	473.1	121.1	43.0	30.5	120.8	90.7

TABELLE 1.11

GROSS REGIONAL PRODUCT IN CONST. 1963-US-$

REGIONAL PERCENTAGE DISTRIBUTION

YEAR	N-AMER	W-EUR	JAPAN	R-DEV	E-EUR	LAT-AM	M-EAST	M-AFR	S-E-AS	CHINA
1950	42.7	25.1	2.6	2.3	11.0	4.5	1.1	1.4	5.5	3.9
1951	43.4	24.2	2.5	2.1	11.4	4.4	1.1	1.4	5.3	4.2
1952	42.6	24.3	2.5	2.1	11.7	4.3	1.2	1.3	5.2	4.7
1953	42.4	24.4	2.5	2.1	11.9	4.3	1.2	1.3	5.3	4.5
1954	40.6	24.8	2.6	2.1	12.8	4.5	1.2	1.4	5.3	4.6
1955	40.8	24.5	2.7	2.1	13.3	4.5	1.2	1.3	5.1	4.5
1956	39.6	24.8	2.8	2.1	13.7	4.5	1.3	1.3	5.2	4.8
1957	39.0	24.8	2.8	2.0	14.4	4.5	1.3	1.3	5.0	4.7
1958	37.5	24.5	2.9	2.1	15.3	4.7	1.3	1.4	5.1	5.1
1959	37.7	24.4	3.0	2.1	15.9	4.5	1.4	1.3	5.0	4.8
1960	36.7	24.9	3.3	2.1	16.2	4.6	1.4	1.3	5.0	4.4
1961	36.1	25.3	3.6	2.1	16.7	4.7	1.4	1.3	5.1	3.7
1962	36.6	25.1	3.7	2.1	16.6	4.7	1.4	1.3	5.0	3.5
1963	36.4	25.0	3.9	2.1	16.5	4.6	1.5	1.3	5.0	3.6
1964	35.9	24.9	4.2	2.1	16.9	4.7	1.5	1.2	5.0	3.7
1965	36.2	24.6	4.1	2.1	16.8	4.7	1.5	1.2	4.7	3.9
1966	36.5	24.0	4.3	2.1	17.2	4.6	1.5	1.2	4.6	4.0
1967	35.9	23.9	4.7	2.1	17.8	4.6	1.5	1.2	4.7	3.6
1968	35.6	23.7	5.0	2.1	18.0	4.6	1.6	1.2	4.6	3.5
1969	34.9	24.0	5.4	2.1	17.9	4.7	1.7	1.2	4.7	3.5
1970	33.3	24.1	5.7	2.1	18.7	4.8	1.7	1.2	4.8	3.6

TABELLE 1.12

GROSS REGIONAL PRODUCT IN CONST. 1963-US-$

YEAR	WEST INDUSTR	USSR/E-EUR	3. WORLD	CHINA	TOTAL WORLD
1950	683.1	103.9	117.2	36.5	940.6
1951	731.8	115.4	122.7	42.3	1012.1
1952	760.0	124.1	127.7	49.8	1061.5
1953	794.0	132.7	135.1	50.5	1112.3
1954	804.2	147.1	142.6	52.7	1146.7
1955	863.8	164.4	149.6	55.2	1233.1
1956	891.2	176.0	157.2	61.5	1286.0
1957	920.5	193.3	163.1	63.6	1340.5
1958	922.2	210.6	171.6	70.6	1375.0
1959	976.5	230.8	178.0	69.2	1454.5
1960	1023.0	248.1	188.6	67.8	1527.4
1961	1066.7	265.4	198.3	58.0	1588.5
1962	1127.8	277.0	206.9	58.7	1670.4
1963	1180.1	288.5	216.1	63.6	1748.3
1964	1250.3	314.5	230.8	69.5	1865.1
1965	1321.9	331.8	239.4	77.6	1970.7
1966	1400.6	360.6	249.6	82.8	2093.6
1967	1451.4	389.5	263.3	78.6	2182.8
1968	1533.2	415.4	278.0	80.1	2306.7
1969	1611.2	435.6	297.5	84.1	2428.4
1970	1646.5	473.1	315.3	90.7	2525.6

TABELLE 1.13

GROSS REGIONAL PRODUCT IN CONST. 1963-US-$

REGIONAL PERCENTAGE DISTRIBUTION

YEAR	WEST INDUSTR	USSR/E-EUR	3. WORLD	CHINA	TOTAL WORLD
1950	72.6	11.0	12.5	3.9	100.0
1951	72.3	11.4	12.1	4.2	100.0
1952	71.6	11.7	12.0	4.7	100.0
1953	71.4	11.9	12.1	4.5	100.0
1954	70.1	12.8	12.4	4.6	100.0
1955	70.1	13.3	12.1	4.5	100.0
1956	69.3	13.7	12.2	4.8	100.0
1957	68.7	14.4	12.2	4.7	100.0
1958	67.1	15.3	12.5	5.1	100.0
1959	67.1	15.9	12.2	4.8	100.0
1960	67.0	16.2	12.3	4.4	100.0
1961	67.2	16.7	12.5	3.7	100.0
1962	67.5	16.6	12.4	3.5	100.0
1963	67.5	16.5	12.4	3.6	100.0
1964	67.0	16.9	12.4	3.7	100.0
1965	67.1	16.8	12.1	3.9	100.0
1966	66.9	17.2	11.9	4.0	100.0
1967	66.5	17.8	12.1	3.6	100.0
1968	66.5	18.0	12.1	3.5	100.0
1969	66.3	17.9	12.3	3.5	100.0
1970	65.2	18.7	12.5	3.6	100.0

TABELLE 1.14

GROSS FIXED CAPITAL FORMATION IN CONST. 1963-US-$

YEAR	N-AMER	W-EUR	JAPAN	R-DEV	E-EUR	LAT-AM	M-EAST	N-AFR	S-E-AS	CHINA
1950	80.4	39.9	4.6	4.6	14.9	7.1	1.5	1.3	5.2	7.0
1951	80.2	42.1	4.8	4.8	16.5	7.5	1.6	1.4	5.2	8.2
1952	77.3	43.2	5.0	5.0	17.8	7.8	1.8	1.5	5.7	9.6
1953	81.6	46.5	5.3	5.1	19.0	8.1	1.9	1.6	5.9	9.4
1954	83.3	52.2	5.8	5.7	21.8	8.8	2.0	1.7	6.7	10.3
1955	93.6	58.3	6.1	5.8	25.0	9.3	2.2	1.9	7.7	11.1
1956	95.6	63.4	7.5	5.8	29.4	9.4	2.4	2.0	9.3	12.6
1957	94.5	66.1	8.6	6.1	32.3	9.9	2.4	2.2	9.5	12.9
1958	89.2	67.2	9.0	6.5	38.5	10.3	2.4	2.3	9.7	14.6
1959	98.5	72.5	11.2	7.0	42.9	10.9	2.4	2.5	9.9	14.3
1960	97.7	81.6	13.5	7.4	47.2	12.1	3.1	2.5	9.9	14.0
1961	96.5	90.1	18.1	7.4	49.1	13.1	3.3	2.7	11.1	12.2
1962	104.8	95.0	19.0	7.8	52.6	13.3	3.5	2.8	11.6	11.8
1963	109.3	98.8	21.4	8.8	52.0	12.9	4.1	3.2	12.7	13.7
1964	116.1	110.0	25.2	10.3	56.3	14.5	4.4	3.3	13.2	15.1
1965	127.8	114.5	25.3	11.0	55.3	14.6	4.9	3.6	13.9	18.3
1966	137.0	119.3	28.4	11.0	60.6	15.7	5.2	3.6	14.2	20.4
1967	133.2	121.2	34.7	11.2	65.5	16.7	5.7	3.9	15.2	17.5
1968	142.4	128.4	41.9	12.0	68.6	19.5	6.3	4.3	16.8	18.3
1969	147.1	140.8	48.9	13.0	71.9	20.7	6.5	4.3	18.5	19.2
1970	140.9	150.0	55.9	13.9	78.1	22.3	7.1	4.7	19.2	21.5

TABELLE 1.15

GROSS FIXED CAPITAL FORMATION IN CONST. 1963-US-$

REGIONAL PERCENTAGE DISTRIBUTION

YEAR	N-AMER	W-EUR	JAPAN	R-DEV	E-EUR	LAT-AM	M-EAST	N-AFR	S-E-AS	CHINA
1950	48.3	24.0	2.7	2.8	8.9	4.3	.9	.8	3.1	4.2
1951	46.6	24.4	2.8	2.8	9.6	4.4	.9	.8	3.0	4.7
1952	44.3	24.7	2.9	2.9	10.2	4.5	1.0	.9	3.3	5.5
1953	44.3	25.2	2.9	2.8	10.3	4.4	1.0	.9	3.2	5.1
1954	42.0	26.3	2.9	2.9	11.0	4.4	1.0	.9	3.4	5.2
1955	42.4	26.4	2.7	2.6	11.3	4.2	1.0	.8	3.5	5.0
1956	40.3	26.7	3.1	2.5	12.4	4.0	1.0	.8	3.9	5.3
1957	38.6	27.0	3.5	2.5	13.2	4.1	1.0	.9	3.9	5.3
1958	35.7	26.9	3.6	2.6	15.4	4.1	1.0	.9	3.9	5.9
1959	36.2	26.6	4.1	2.6	15.8	4.0	.9	.9	3.7	5.3
1960	33.8	28.2	4.7	2.6	16.3	4.2	1.1	.9	3.4	4.9
1961	31.8	29.7	6.0	2.4	16.2	4.3	1.1	.9	3.7	4.0
1962	32.5	29.5	5.9	2.4	16.3	4.1	1.1	.9	3.6	3.7
1963	32.5	29.3	6.4	2.6	15.4	3.8	1.2	.9	3.8	4.1
1964	31.5	29.9	6.8	2.8	15.3	3.9	1.2	.9	3.6	4.1
1965	32.8	29.4	6.5	2.8	14.2	3.8	1.3	.9	3.6	4.7
1966	33.0	28.7	6.8	2.7	14.6	3.8	1.3	.9	3.4	4.9
1967	31.4	28.5	8.2	2.6	15.4	3.9	1.3	.9	3.6	4.1
1968	31.1	28.0	9.1	2.6	15.0	4.3	1.4	.9	3.7	4.0
1969	30.0	28.7	10.0	2.7	14.6	4.2	1.3	.9	3.8	3.9
1970	27.4	29.2	10.9	2.7	15.2	4.3	1.4	.9	3.7	4.2

TABELLE 1.16

GROSS FIXED CAPITAL FORMATION IN CONST. 1963-US-$

YEAR	WEST INDUSTR	USSR/E-EUR	3. WORLD	CHINA	TOTAL WORLD
1950	129.5	14.9	15.1	7.0	166.5
1951	131.9	16.5	15.7	8.2	172.3
1952	130.6	17.8	16.7	9.6	174.6
1953	138.4	19.0	17.4	9.4	184.2
1954	147.0	21.8	19.2	10.3	198.3
1955	163.7	25.0	21.1	11.1	220.9
1956	172.3	29.4	23.2	12.6	237.5
1957	175.4	32.3	24.0	12.9	244.6
1958	171.9	38.5	24.7	14.6	249.7
1959	189.1	42.9	25.7	14.3	272.1
1960	200.3	47.2	27.5	14.0	289.1
1961	212.0	49.1	30.1	12.2	303.4
1962	226.6	52.6	31.1	11.8	322.1
1963	238.2	52.0	32.9	13.7	336.8
1964	261.5	56.3	35.3	15.1	368.2
1965	278.7	55.3	37.1	18.3	389.4
1966	295.8	60.6	38.8	20.4	415.6
1967	300.4	65.5	41.5	17.5	424.9
1968	324.6	68.6	46.8	18.3	458.3
1969	349.8	71.9	50.0	19.2	490.8
1970	360.8	78.1	53.3	21.5	513.6

TABELLE 1.17

GROSS FIXED CAPITAL FORMATION IN CONST. 1963-US-$

REGIONAL PERCENTAGE DISTRIBUTION

YEAR	WEST INDUSTR	USSR/E-EUR	3. WORLD	CHINA	TOTAL WORLD
1950	77.8	8.9	9.1	4.2	100.0
1951	76.5	9.6	9.1	4.7	100.0
1952	74.8	10.2	9.6	5.5	100.0
1953	75.1	10.3	9.5	5.1	100.0
1954	74.1	11.0	9.7	5.2	100.0
1955	74.1	11.3	9.6	5.0	100.0
1956	72.6	12.4	9.8	5.3	100.0
1957	71.7	13.2	9.8	5.3	100.0
1958	68.8	15.4	9.9	5.9	100.0
1959	69.5	15.8	9.5	5.3	100.0
1960	69.3	16.3	9.5	4.9	100.0
1961	69.9	16.2	9.9	4.0	100.0
1962	70.4	16.3	9.6	3.7	100.0
1963	70.7	15.4	9.8	4.1	100.0
1964	71.0	15.3	9.6	4.1	100.0
1965	71.6	14.2	9.5	4.7	100.0
1966	71.2	14.6	9.3	4.9	100.0
1967	70.7	15.4	9.8	4.1	100.0
1968	70.8	15.0	10.2	4.0	100.0
1969	71.3	14.6	10.2	3.9	100.0
1970	70.2	15.2	10.4	4.2	100.0

TABELLE 1.18

CAPITAL STOCK IN CONST. 1963-US-$

YEAR	N-AMER	W-EUR	JAPAN	R-DEV	E-EUR	LAT-AM	M-EAST	M-AFR	S-E-AS	CHINA
1950	1559.3	494.0	25.6	62.6	170.9	102.9	15.9	17.3	68.6	137.7
1951	1618.3	528.9	30.0	66.5	184.5	108.6	17.3	18.4	73.0	142.8
1952	1676.4	565.7	34.7	70.4	199.6	114.7	18.8	19.6	77.5	148.8
1953	1730.9	603.1	39.6	74.6	215.8	121.0	20.3	20.8	82.3	156.2
1954	1788.8	643.4	44.8	78.8	233.0	127.5	22.0	22.2	87.3	163.2
1955	1847.7	689.0	50.5	83.5	252.9	134.6	23.9	23.7	93.1	171.2
1956	1916.0	740.2	56.3	88.3	275.9	142.2	25.9	25.3	99.8	179.7
1957	1985.5	796.0	63.6	93.0	303.1	149.8	28.1	27.1	108.1	189.6
1958	2053.0	854.0	72.0	98.0	333.0	157.7	30.3	28.9	116.4	199.7
1959	2114.3	912.5	80.7	103.3	368.9	166.0	32.4	30.9	124.8	211.4
1960	2183.9	975.7	91.5	109.0	409.0	174.7	34.6	33.1	133.4	222.7
1961	2251.7	1047.4	104.7	115.0	453.1	184.5	37.3	35.2	141.9	233.5
1962	2317.3	1126.8	122.4	121.0	498.8	195.2	40.3	37.5	151.5	242.4
1963	2390.2	1210.4	141.0	127.2	547.8	205.9	43.4	39.9	161.4	250.7
1964	2466.5	1296.9	161.9	134.4	595.8	216.1	47.1	42.6	172.4	260.7
1965	2548.4	1393.8	186.5	142.9	647.8	227.8	51.1	45.5	183.8	272.0
1966	2641.0	1494.4	211.1	152.1	698.4	239.4	55.5	48.6	195.7	286.3
1967	2741.5	1598.7	238.8	161.3	753.8	252.0	60.3	51.7	207.9	302.5
1968	2837.0	1703.9	272.6	170.4	813.7	265.4	65.5	55.1	220.8	315.7
1969	2940.3	1815.1	313.5	180.2	876.3	281.4	71.2	58.8	235.2	329.4
1970	3047.1	1937.6	361.2	191.0	941.6	298.5	77.1	62.4	251.2	343.9

TABELLE 1.19

CAPITAL STOCK IN CONST. 1963-US-$

REGIONAL PERCENTAGE DISTRIBUTION

YEAR	N-AMER	W-EUR	JAPAN	R-DEV	E-EUR	LAT-AM	M-EAST	M-AFR	S-E-AS	CHINA
1950	58.7	18.6	1.0	2.4	6.4	3.9	.6	.7	2.6	5.2
1951	58.0	19.0	1.1	2.4	6.6	3.9	.6	.7	2.6	5.1
1952	57.3	19.3	1.2	2.4	6.8	3.9	.6	.7	2.6	5.1
1953	56.5	19.7	1.3	2.4	7.0	3.9	.7	.7	2.7	5.1
1954	55.7	20.0	1.4	2.5	7.3	4.0	.7	.7	2.7	5.1
1955	54.8	20.4	1.5	2.5	7.5	4.0	.7	.7	2.8	5.1
1956	54.0	20.9	1.6	2.5	7.8	4.0	.7	.7	2.8	5.1
1957	53.0	21.3	1.7	2.5	8.1	4.0	.7	.7	2.9	5.1
1958	52.1	21.7	1.8	2.5	8.4	4.0	.8	.7	3.0	5.1
1959	51.0	22.0	1.9	2.5	8.9	4.0	.8	.7	3.0	5.1
1960	50.0	22.3	2.1	2.5	9.4	4.0	.8	.8	3.1	5.1
1961	48.9	22.7	2.3	2.5	9.8	4.0	.8	.8	3.1	5.1
1962	47.7	23.2	2.5	2.5	10.3	4.0	.8	.8	3.1	5.0
1963	46.7	23.6	2.8	2.5	10.7	4.0	.8	.8	3.2	4.9
1964	45.7	24.0	3.0	2.5	11.0	4.0	.9	.8	3.2	4.8
1965	44.7	24.5	3.3	2.5	11.4	4.0	.9	.8	3.2	4.8
1966	43.9	24.8	3.5	2.5	11.6	4.0	.9	.8	3.2	4.8
1967	43.0	25.1	3.7	2.5	11.8	4.0	.9	.8	3.3	4.8
1968	42.2	25.4	4.1	2.5	12.1	3.9	1.0	.8	3.3	4.7
1969	41.4	25.6	4.4	2.5	12.3	4.0	1.0	.8	3.3	4.6
1970	40.6	25.8	4.8	2.5	12.5	4.0	1.0	.8	3.3	4.6

TABELLE 1.20

CAPITAL STOCK IN CONST. 1963-US-$					
YEAR	WEST INDUSTR	USSR/E-EUR	3. WORLD	CHINA	TOTAL WORLD
1950	2141.5	170.9	204.6	137.7	2654.8
1951	2243.7	184.5	217.3	142.8	2788.3
1952	2347.2	199.6	230.5	148.8	2926.1
1953	2448.2	215.8	244.6	156.2	3064.7
1954	2555.8	233.0	259.1	163.2	3211.2
1955	2670.6	252.9	275.3	171.2	3370.0
1956	2800.8	275.9	293.2	179.7	3549.6
1957	2938.1	303.1	312.9	189.6	3743.8
1958	3077.0	333.0	333.3	199.7	3943.0
1959	3210.8	368.9	354.1	211.4	4145.2
1960	3360.1	409.0	375.8	222.7	4367.6
1961	3518.9	453.1	398.9	233.5	4604.5
1962	3687.5	498.8	424.5	242.4	4853.1
1963	3868.8	547.8	450.6	250.7	5117.9
1964	4059.7	595.8	478.3	260.7	5394.5
1965	4271.7	647.8	508.1	272.0	5699.5
1966	4498.6	698.4	539.3	286.3	6022.6
1967	4740.2	753.8	571.9	302.5	6368.4
1968	4983.9	813.7	606.8	315.7	6720.1
1969	5249.2	876.3	646.6	329.4	7101.5
1970	5536.8	941.6	689.2	343.9	7511.5

TABELLE 1.21

CAPITAL STOCK IN CONST. 1963-US-$ REGIONAL PERCENTAGE DISTRIBUTION					
YEAR	WEST INDUSTR	USSR/E-EUR	3. WORLD	CHINA	TOTAL WORLD
1950	80.7	6.4	7.7	5.2	100.0
1951	80.5	6.6	7.8	5.1	100.0
1952	80.2	6.8	7.9	5.1	100.0
1953	79.9	7.0	8.0	5.1	100.0
1954	79.6	7.3	8.1	5.1	100.0
1955	79.2	7.5	8.2	5.1	100.0
1956	78.9	7.8	8.3	5.1	100.0
1957	78.5	8.1	8.4	5.1	100.0
1958	78.0	8.4	8.5	5.1	100.0
1959	77.5	8.9	8.5	5.1	100.0
1960	76.9	9.4	8.6	5.1	100.0
1961	76.4	9.8	8.7	5.1	100.0
1962	76.0	10.3	8.7	5.0	100.0
1963	75.6	10.7	8.8	4.9	100.0
1964	75.3	11.0	8.9	4.8	100.0
1965	74.9	11.4	8.9	4.8	100.0
1966	74.7	11.6	9.0	4.8	100.0
1967	74.4	11.8	9.0	4.8	100.0
1968	74.2	12.1	9.0	4.7	100.0
1969	73.9	12.3	9.1	4.6	100.0
1970	73.7	12.5	9.2	4.6	100.0

TABELLE 1.22

AVERAGE CAPITAL-OUTPUT RATIO

YEAR	N-AMER	W-EUR	JAPAN	P-DEV	E-EUR	LAT-AM	M-EAST	M-AFR	S-E-AS	CHINA
1950	3.88	2.09	1.06	2.94	1.65	2.45	1.52	1.32	1.33	3.78
1951	3.68	2.16	1.19	3.06	1.60	2.45	1.53	1.34	1.37	3.38
1952	3.71	2.19	1.31	3.09	1.61	2.49	1.53	1.37	1.41	2.99
1953	3.67	2.22	1.42	3.21	1.63	2.54	1.56	1.39	1.38	3.10
1954	3.85	2.26	1.49	3.20	1.58	2.47	1.57	1.42	1.43	3.09
1955	3.67	2.28	1.54	3.24	1.54	2.45	1.55	1.45	1.48	3.10
1956	3.76	2.32	1.59	3.32	1.57	2.48	1.58	1.48	1.50	2.92
1957	3.80	2.39	1.67	3.41	1.57	2.47	1.61	1.52	1.60	2.98
1958	3.98	2.53	1.79	3.39	1.58	2.44	1.64	1.55	1.66	2.83
1959	3.86	2.57	1.85	3.39	1.60	2.51	1.64	1.59	1.72	3.06
1960	3.89	2.56	1.84	3.43	1.65	2.49	1.65	1.62	1.73	3.29
1961	3.93	2.60	1.81	3.51	1.71	2.46	1.70	1.70	1.76	4.02
1962	3.79	2.68	2.00	3.49	1.80	2.49	1.67	1.75	1.82	4.13
1963	3.75	2.77	2.07	3.43	1.90	2.55	1.69	1.79	1.85	3.94
1964	3.69	2.80	2.08	3.38	1.89	2.48	1.69	1.86	1.86	3.75
1965	3.57	2.87	2.30	3.45	1.95	2.48	1.68	1.88	1.98	3.50
1966	3.45	2.97	2.37	3.50	1.94	2.49	1.74	1.92	2.03	3.46
1967	3.50	3.07	2.35	3.55	1.94	2.52	1.78	1.97	2.01	3.85
1968	3.45	3.11	2.35	3.52	1.96	2.49	1.75	2.02	2.07	3.94
1969	3.47	3.12	2.41	3.49	2.01	2.47	1.77	2.03	2.05	3.92
1970	3.62	3.19	2.52	3.53	1.99	2.47	1.79	2.05	2.08	3.79

TABELLE 1.23

AVERAGE CAPITAL-OUTPUT RATIO

YEAR	WEST INDUSTR	USSR/E-EUR	3. WORLD	CHINA	ALL INDUSTR.	ALL 3. WORLD
1950	3.14	1.65	1.75	3.78	2.94	2.23
1951	3.07	1.60	1.77	3.38	2.87	2.18
1952	3.09	1.61	1.80	2.99	2.88	2.14
1953	3.08	1.63	1.81	3.10	2.87	2.16
1954	3.18	1.58	1.82	3.09	2.93	2.16
1955	3.09	1.54	1.84	3.10	2.84	2.18
1956	3.14	1.57	1.86	2.92	2.88	2.16
1957	3.19	1.57	1.92	2.98	2.91	2.22
1958	3.34	1.58	1.94	2.83	3.01	2.20
1959	3.29	1.60	1.99	3.06	2.96	2.29
1960	3.28	1.65	1.99	3.29	2.97	2.33
1961	3.30	1.71	2.01	4.02	2.98	2.47
1962	3.27	1.80	2.05	4.13	2.98	2.51
1963	3.28	1.90	2.09	3.94	3.01	2.51
1964	3.25	1.89	2.07	3.75	2.98	2.46
1965	3.23	1.95	2.12	3.50	2.97	2.46
1966	3.21	1.94	2.16	3.46	2.95	2.48
1967	3.27	1.94	2.17	3.85	2.98	2.56
1968	3.25	1.96	2.18	3.94	2.98	2.58
1969	3.26	2.01	2.17	3.92	2.99	2.56
1970	3.36	1.99	2.19	3.79	3.06	2.54

TABELLE 1.24

MARGINAL CAPITAL-OUTPUT RATIO

YEAR	N-AMER	W-EUR	JAPAN	R-DEV	E-EUR	LAT-AM	M-EAST	M-AFR	S-E-AS	CHINA
1950	0.00	0.00	0.00	0.00	0.00	0.00	0.00	0.00	0.00	0.00
1951	1.54	3.99	3.64	8.67	1.17	2.38	1.78	1.89	2.56	.87
1952	4.56	2.80	3.62	3.80	1.74	3.79	1.43	1.90	2.54	.80
1953	2.85	2.85	3.61	9.33	1.87	3.91	2.08	1.38	1.11	10.55
1954	-9.09	3.07	2.52	2.97	1.20	1.61	1.65	2.06	2.85	3.09
1955	1.54	2.61	2.08	4.07	1.15	2.20	1.43	2.15	3.30	3.19
1956	10.72	2.92	2.16	6.17	1.99	3.12	1.95	2.19	1.92	1.35
1957	5.45	4.25	2.67	7.10	1.57	2.34	2.15	2.22	9.40	4.89
1958	-10.59	13.26	4.10	2.92	1.73	1.97	2.15	2.33	3.18	1.45
1959	1.92	3.34	2.55	3.50	1.78	5.10	1.69	2.36	3.21	-8.35
1960	5.46	2.41	1.77	4.37	2.32	2.16	1.68	2.45	1.97	-8.05
1961	5.32	3.28	1.61	6.29	2.55	2.03	2.70	6.07	2.41	-1.11
1962	1.72	4.54	5.19	3.08	3.96	3.31	1.43	3.02	3.66	12.64
1963	2.86	4.78	2.73	2.55	4.24	4.45	2.03	2.84	2.27	1.69
1964	2.39	3.30	2.19	2.71	1.85	1.58	1.62	4.13	2.09	1.71
1965	1.84	4.43	7.21	5.12	3.00	2.41	1.54	2.41	******	1.38
1966	1.82	5.74	3.01	4.50	1.75	2.88	2.90	2.72	3.42	2.78
1967	5.26	5.96	2.26	4.72	1.92	3.11	2.64	3.48	1.74	-3.93
1968	2.50	4.01	2.36	3.09	2.31	2.08	1.45	3.04	3.70	9.01
1969	4.06	3.18	2.85	3.04	3.10	2.21	2.03	2.28	1.83	3.48
1970	-16.75	4.66	3.69	4.32	1.74	2.34	2.09	2.34	2.60	2.18

TABELLE 1.25

*** = Zahl ist größer als 100 und kann in dem hier verwendeten Format nicht aus=
gedruckt werden.

5.2 Welthandelsdaten

(1) International Trade, GATT, 1961,1968,1971 Ausgaben.

(2) Statistical Yearbook, UN, New York, 1964 und 1971 Ausgaben.

(3) Direction of Trade, IMF, 1966-70, 1961-65 und 1958-62 Ausgaben.

(4) Handbook of International Trade and Development Statistics, UNCTAD, New York, 1972.

Allgemeines Vorgehen: Aus den Quellen werden die Welthandelsmatrizen in laufenden Preisen (f.o.b.) berechnet für die Jahre 1953 - 1970. Die Werte in laufenden US-$ erhält man hauptsächlich aus der Quelle (1). Da die GATT-Statistiken eine andere regionale Abgrenzung als die hier gewählte haben, sind folgende regionale Korrek= turen erforderlich: China ist aus dem Ostblock herauszunehmen, Israels Handel ist aus dem der Region Naher Osten herauszunehmen und der Region 4 zuzurechnen. Die nordafrikanischen Länder werden aus Afrika herausgelöst und der Region Naher Osten zugerechnet. Die jährlichen Exporte jeder Region werden mit regionalen Preisindices deflationiert, so daß Welthandelsmatrizen in konstanten 1963-US-$ erhalten werden. Aus diesen sind Importstruktur- und Exportstrukturmatrizen sowie Matrizen von Regionalisierungskoeffizienten berechenbar.

Einzelprobleme:

- Die Preisindices werden aus (2) und (4) genommen, wobei für die Region 4 ein gewogener Durchschnitt der Preisindices für Ozeanien und Südafrika (Gewichte = Exporte) berechnet wird. Für die Regionen 5 und 10 (UdSSR/Osteuropa und China) wird der Welthandelspreisindex verwendet, da kein regionaler Index zur Verfügung steht.
- Für alle Regionen sind die Preisindices für die Jahre 1953 - 1955 zu schätzen auf der Grundlage von (2) bzw. Interpolation der Exportpreisindices zwischen den Werten von 1953 und 1955.
- Chinas Korrektur erfolgt auf der Basis von (2).
- Die Herausnahme von Israel aus der Region Naher Osten in den GATT-Abgrenzungen erfolgt auf der Grundlage der Daten in (3), wobei die Daten für 1953-1957 aus Trendschätzungen und unter Verwendung der Daten in (2 - 1964) geschätzt werden. Da die IMF-Statistiken nicht alle Exporte ausweisen, werden die Zahlen aus (2) um 10 % nach unten korrigiert, um konsistente Werte zu bekommen.
- Die nordafrikanischen Daten, die zur Region Naher Osten addiert werden müssen, sind in (3) erhältlich, wobei für Algerien mangels Daten grobe Schätzungen er= forderlich sind. Die Daten aus (1) enthalten Ägypten und Libyen in der Region "Naher Osten" für die Jahre 1953 - 1959, so daß hierfür keine Korrekturen in den betreffenden Jahren erforderlich sind.

Da nicht alle Exportströme nach Bestimmungsland in den internationalen Statistiken ausgewiesen sind, ist eine tendenzielle Unterschätzung der Exporte aus den obigen Quellen zu erwarten. Insbesondere sind Inkonsistenzen im Rahmen von bis zu 10 % Abweichung zu den in Tabellenabschnitt 1 ermittelten Daten zu erwarten.

Die Welthandelsmatrizen werden hier aus Platzgründen nur im Fünfjahresabstand ausgewiesen. Sie sind selbstverständlich jährlich beim Verfasser erhältlich.

Die Regionalisierungskoeffizienten k_{ij} in den Tabellen 2.17 - 2.26 errechnen sich nach der folgenden Formel:

$$k_{ij} = \frac{x_{ij}}{x_{i\cdot}} \cdot \frac{x_{\cdot\cdot}}{x_{\cdot j}}$$

Dabei ist x_{ij} = Export von Region i an Region j

$x_{\cdot\cdot}$ = Welthandel

$x_{i\cdot}$ = Exporte der Region i

$x_{\cdot j}$ = Importe der Region j.

Alle Werte in den Tabellen sind auf Basis konstanter 1963-US-$ (Exporte f.o.b.) berechnet.

EXPORTS-FOB 1955 CURRENT PRICES

	N-AMERICA	W-EUROPE	JAPAN	REST DEV.	E-EUROPE	LATIN AM.	M-EAST	M.AFRICA	S-E-ASIA	CHINA
N-AMERICA	5780.00	5300.00	735.00	754.00	18.00	3335.00	408.00	130.00	1180.00	1.00
W-EUROPE	2890.00	18820.00	160.00	2391.00	1118.00	2000.00	2407.00	550.00	2070.00	92.00
JAPAN	490.00	200.00	0.00	91.00	11.00	180.00	107.00	100.00	730.00	29.00
REST DEV.	299.00	2190.00	185.00	129.00	69.00	18.00	32.00	200.00	183.00	8.00
E-EUROPE	67.00	1420.00	5.00	20.00	6905.00	138.00	151.00	1.00	75.00	1150.00
LATIN AM.	3630.00	2290.00	230.00	27.00	174.00	765.00	48.00	1.00	33.00	6.00
M-EAST	309.00	2582.00	145.00	205.00	125.00	55.00	487.00	100.00	318.00	31.00
M.AFRICA	360.00	1400.00	13.00	90.00	1.00	300.00	42.00	30.00	50.00	26.00
S-E-ASIA	1170.00	1995.00	570.00	317.00	87.00	180.00	237.00	90.00	1925.00	133.00
CHINA	3.00	120.00	75.00	6.00	965.00	2.00	16.00	7.00	215.00	0.00

TABELLE 2.1

EXPORTS FOB 1955 IN CONST. 1963 PRICES

	N-AMERICA	W-EUROPE	JAPAN	REST DEV.	E-EUROPE	LATIN AM.	M-EAST	M.AFRICA	S-E-ASIA	CHINA	EXPORTS
N-AMERICA	6148.94	5638.30	781.91	802.13	19.15	3547.87	434.04	138.30	1255.32	1.06	18.77
W-EUROPE	3042.11	19810.53	168.42	2516.84	1176.84	2105.26	2533.68	578.95	2178.95	96.84	34.21
JAPAN	475.73	194.17	0.00	88.35	10.68	174.76	103.88	97.09	708.74	28.16	1.88
REST DEV.	293.14	2147.06	181.37	126.47	67.65	17.65	31.37	196.08	179.41	7.84	3.25
E-EUROPE	67.00	1420.00	5.00	20.00	6905.00	138.00	151.00	1.00	75.00	1150.00	9.97
LATIN AM.	3241.07	2044.64	205.36	24.11	155.36	683.04	42.86	.89	29.46	5.36	6.43
M-EAST	294.29	2459.05	138.10	195.24	119.05	52.38	463.81	95.24	302.86	29.52	4.15
M.AFRICA	318.58	1238.94	11.50	79.65	.88	265.49	37.17	26.55	44.25	23.01	2.05
S-E-ASIA	1054.05	1797.30	513.51	285.59	78.38	162.16	213.51	81.08	1734.23	119.82	6.04
CHINA'	3.00	120.00	75.00	6.00	965.00	2.00	16.00	7.00	215.00	0.00	1.41
IMPORTS	14.94	36.87	2.08	4.14	9.50	7.15	4.03	1.22	6.72	1.50	88.15

TABELLE 2.2

WORLD TRADE MATRIX 1955 IN CONST. 1963 PRICES
SHARES OF IMPORTS BY ORIGIN.

	N-AMERICA	W-EUROPE	JAPAN	REST DEV.	E-EUROPE	LATIN AM.	M-EAST	M.AFRICA	S-E-ASIA	CHINA
N-AMERICA	41.16	15.29	37.59	19.35	.20	49.63	10.78	11.32	18.67	.07
W-EUROPE	20.37	53.73	8.10	60.73	12.39	29.45	62.91	47.37	32.41	6.45
JAPAN	3.18	.53	0.00	2.13	.11	2.44	2.58	7.94	10.54	1.88
REST DEV.	1.96	5.82	8.72	3.05	.71	.25	.78	16.04	2.67	.52
E-EUROPE	.45	3.85	.24	.48	72.70	1.93	3.75	.08	1.12	79.25
LATIN AM.	21.70	5.55	9.87	.58	1.64	9.55	1.06	.07	.44	.36
M-EAST	1.97	6.67	6.64	4.71	1.25	.73	11.52	7.79	4.50	1.97
M.AFRICA	2.13	3.36	.55	1.92	.01	3.71	.92	2.17	.66	1.53
S-E-ASIA	7.06	4.87	24.69	6.89	.83	2.27	5.30	6.63	25.79	7.98
CHINA	.02	.33	3.61	.14	10.16	.03	.40	.57	3.20	0.00

TABELLE 2.3

WORLD TRADE MATRIX 1955 IN CONST. 1963 PRICES
SHARES OF EXPORTS BY DESTINATION

	N-AMERICA	W-EUROPE	JAPAN	REST DEV.	E-EUROPE	LATIN AM.	M-EAST	M.AFRICA	S-E-ASIA	CHINA
N-AMERICA	32.76	30.04	4.17	4.27	.10	18.90	2.31	.74	6.69	.01
W-EUROPE	8.89	57.91	.49	7.36	3.44	6.15	7.41	1.69	6.37	.28
JAPAN	25.28	10.32	0.00	4.70	.57	9.29	5.52	5.16	37.67	1.50
REST DEV.	9.03	66.10	5.58	3.89	2.08	.54	.97	6.04	5.52	.24
E-EUROPE	.67	14.24	.05	.20	69.24	1.38	1.51	.01	.75	11.93
LATIN AM.	50.39	31.79	3.19	.37	2.42	10.62	.67	.01	.46	.08
M-EAST	7.09	59.26	3.33	4.71	2.87	1.26	11.18	2.30	7.30	.71
M.AFRICA	15.57	60.55	.56	3.89	.04	12.98	1.82	1.30	2.16	1.12
S-E-ASIA	17.45	29.76	8.50	4.73	1.30	2.68	3.54	1.34	28.71	1.98
CHINA	.21	8.52	5.32	.43	68.49	.14	1.14	.50	15.26	0.00

TABELLE 2.4

EXPORTS-FOB 1963 CURRENT PRICES

	N-AMERICA	W-EUROPE	JAPAN	REST DEV.	E-EUROPE	LATIN AM.	M-EAST	M.AFRICA	S-E-ASIA	CHINA
N-AMERICA	6880.00	8720.00	1650.00	1111.00	231.00	3745.00	607.00	302.00	2335.00	9.00
W-EUROPE	5190.00	29290.00	360.00	2617.00	2190.00	2550.00	3226.00	2217.00	2560.00	380.00
JAPAN	1230.00	475.00	0.00	234.00	65.00	250.00	149.00	202.00	1305.00	10.00
REST DEV.	502.00	2141.00	382.00	211.00	132.00	30.00	51.00	224.00	241.00	42.00
E-EUROPE	94.00	2340.00	82.00	25.00	10830.00	216.00	282.00	76.00	253.00	1380.00
LATIN AM.	3745.00	2720.00	240.00	35.00	264.00	680.00	65.00	17.00	36.00	41.00
M-EAST	449.00	2945.00	312.00	220.00	223.00	53.00	386.00	235.00	348.00	85.00
M.AFRICA	404.00	2694.00	57.00	105.00	81.00	25.00	113.00	317.00	106.00	52.00
S-E-ASIA	1285.00	2065.00	765.00	352.00	315.00	135.00	227.00	141.00	2110.00	155.00
CHINA	6.00	235.00	28.00	14.00	1360.00	14.00	56.00	2.00	357.00	0.00

TABELLE 2.5

EXPORTS FOB 1960 IN CONST. 1963 PRICES

	N-AMERICA	W-EUROPE	JAPAN	REST DEV.	E-EUROPE	LATIN AM.	M-EAST	M.AFRICA	S-E-ASIA	CHINA	EXPORTS
N-AMERICA	6811.88	8633.66	1633.66	1100.00	228.71	3707.92	600.99	299.01	2282.18	8.91	25.31
W-EUROPE	5350.52	30195.88	371.13	2697.94	2257.73	2628.87	3325.77	2285.57	2639.18	391.75	52.14
JAPAN	1149.53	443.93	0.00	218.69	60.75	233.64	139.25	188.79	1219.63	9.35	3.66
REST DEV.	545.65	2327.17	415.22	229.35	110.87	32.61	55.43	243.48	261.96	45.65	4.27
E-EUROPE	94.00	2340.00	82.00	25.00	10830.00	216.00	282.00	76.00	253.00	1380.00	15.58
LATIN AM.	3860.82	2804.12	247.42	36.08	272.16	701.03	67.01	17.53	37.11	42.27	8.09
M-EAST	440.20	2887.25	305.88	215.69	218.63	51.96	378.43	230.39	341.18	83.33	5.15
M.AFRICA	392.23	2615.53	55.34	101.94	78.64	24.27	109.71	307.77	102.91	50.49	3.84
S-E-ASIA	1168.18	1877.27	695.45	320.00	286.36	122.73	206.36	128.18	1918.18	140.91	6.86
CHINA	6.00	235.00	28.00	14.00	1360.00	14.00	56.00	2.00	357.00	0.00	2.07
IMPORTS	19.82	54.36	3.83	4.96	15.70	7.73	5.22	3.78	9.41	2.15	126.97

TABELLE 2.6

WORLD TRADE MATRIX 1960 IN CONST. 1963 PRICES
SHARES OF IMPORTS BY ORIGIN.

	N-AMERICA	W-EUROPE	JAPAN	REST DEV.	E-EUROPE	LATIN AM.	M-EAST	N.AFRICA	S-E-ASIA	CHINA
N-AMERICA	34.37	15.88	42.61	22.18	1.46	47.95	11.51	7.91	24.25	.41
W-EURCPE	27.00	55.55	9.68	54.41	14.38	34.00	63.70	60.49	28.04	18.20
JAPAN	5.80	.82	0.00	4.41	.39	3.02	2.67	5.00	12.96	.43
REST DEV.	2.75	4.28	10.83	4.63	.71	.42	1.06	6.44	2.78	2.12
E-EURCPE	.47	4.39	2.14	.50	68.96	2.79	5.40	2.01	2.69	64.11
LATIN AM.	19.48	5.16	6.45	.73	1.73	9.07	1.28	.46	.39	1.96
M-EAST	2.22	5.31	7.98	4.35	1.39	.67	7.25	6.10	3.62	3.87
N.AFRICA	1.98	4.81	1.44	2.06	.50	.31	2.10	8.14	1.09	2.35
S-E-ASIA	5.89	3.45	18.14	6.45	1.82	1.59	3.95	3.39	20.38	6.55
CHINA	.83	.43	.73	.28	8.66	.18	1.07	.05	3.79	0.00

TABELLE 2.7

WORLD TRADE MATRIX 1960 IN CONST. 1963 PRICES
SHARES OF EXPORTS BY DESTINATION

	N-AMERICA	W-EUROPE	JAPAN	REST DEV.	E-EUROPE	LATIN AM.	M-EAST	N.AFRICA	S-E-ASIA	CHINA
N-AMERICA	26.92	34.12	6.46	4.35	.90	14.65	2.37	1.18	9.02	.04
W-EURCPE	10.26	57.91	.71	5.17	4.33	5.04	6.38	4.38	5.06	.75
JAPAN	31.38	12.12	0.00	5.97	1.66	6.38	3.80	5.15	33.29	.26
REST DEV.	12.79	54.53	9.73	5.37	2.60	.76	1.30	5.71	6.14	1.07
E-EURCPE	.60	15.02	.53	.16	69.52	1.39	1.81	.49	1.62	8.86
LATIN AM.	47.75	34.68	3.06	.45	3.37	8.67	.83	.22	.46	.52
M-EAST	8.54	56.03	5.94	4.19	4.24	1.01	7.34	4.47	6.62	1.62
N.AFRICA	10.22	68.13	1.44	2.66	2.05	.63	2.86	8.02	2.68	1.32
S-E-ASIA	17.02	27.35	10.13	4.66	4.17	1.79	3.01	1.87	27.95	2.05
CHINA	.29	11.34	1.35	.68	65.64	.68	2.70	.10	17.23	0.00

TABELLE 2.8

EXPORTS-FOB 1965 CURRENT PRICES

	N-AMERICA	W-EUROPE	JAPAN	REST DEV.	E-EUROPE	LATIN AM.	M-EAST	M.AFRICA	S-E-ASIA	CHINA
N-AMERICA	10230.00	11060.00	2360.00	1811.00	423.00	4030.00	989.00	450.00	3230.00	97.00
W-EUROPE	7480.00	51140.00	630.00	3575.00	3320.00	2640.00	3243.00	2742.00	2980.00	370.00
JAPAN	2720.00	1100.00	0.00	538.00	215.00	390.00	309.00	263.00	2200.00	265.00
REST DEV.	768.00	2814.00	676.00	292.00	147.00	45.00	63.00	263.00	334.00	189.00
E-EUROPE	185.00	3695.00	210.00	36.00	13770.00	595.00	508.00	302.00	650.00	700.00
LATIN AM.	3850.00	3630.00	480.00	48.00	735.00	1080.00	61.00	66.00	66.00	205.00
M-EAST	457.00	4893.00	899.00	305.00	435.00	99.00	660.00	184.00	417.00	85.00
M.AFRICA	550.00	3293.00	145.00	146.00	121.00	30.00	77.00	526.00	119.00	52.00
S-E-ASIA	1800.00	2200.00	1180.00	372.00	570.00	120.00	333.00	205.00	2280.00	170.00
CHINA	15.00	305.00	220.00	25.00	600.00	125.00	83.00	25.00	620.00	0.00

TABELLE 2.9

EXPORTS FOB 1965 IN CONST. 1963 PRICES

	N-AMERICA	W-EUROPE	JAPAN	REST DEV.	E-EUROPE	LATIN AM.	M-EAST	M.AFRICA	S-E-ASIA	CHINA	EXPORTS
N-AMERICA	9836.54	10634.62	2269.23	1741.35	406.73	3875.00	950.96	432.69	3105.77	93.27	33.35
W-EUROPE	7192.31	49173.08	605.77	3437.50	3192.31	2538.46	3118.27	2636.54	2865.38	355.77	75.12
JAPAN	2804.12	1134.02	0.00	554.64	221.65	402.06	318.56	271.13	2268.04	273.20	8.25
REST DEV.	768.00	2814.00	676.00	292.00	147.00	45.00	63.00	263.00	334.00	180.00	5.58
E-EUROPE	179.61	3587.38	203.88	34.95	13368.93	577.67	493.20	293.20	631.07	679.61	20.05
LATIN AM.	3598.13	3392.52	448.60	44.86	686.92	1009.35	57.01	61.68	61.68	191.59	9.55
M-EAST	457.00	4893.00	899.00	305.00	435.00	99.00	660.00	184.00	417.00	85.00	8.43
M.AFRICA	533.98	3197.09	140.78	141.75	117.48	29.13	74.76	510.68	115.53	50.49	4.91
S-E-ASIA	1782.18	2178.22	1168.32	368.32	564.36	118.81	329.70	202.97	2257.43	168.32	9.14
CHINA	14.56	296.12	213.59	24.27	582.52	121.36	80.58	24.27	601.94	0.00	1.96
IMPORTS	27.17	81.30	6.63	6.94	19.72	8.82	6.15	4.88	12.66	2.08	176.34

TABELLE 2.10

WORLD TRADE MATRIX 1965 IN CONST. 1963 PRICES
SHARES OF IMPORTS BY ORIGIN.

	N-AMERICA	W-EUROPE	JAPAN	REST DEV.	E-EUROPE	LATIN AM.	M-EAST	M.AFRICA	S-E-ASIA	CHINA
N-AMERICA	36.21	13.08	34.25	25.07	2.06	43.95	15.47	8.87	24.54	4.49
W-EUROPE	26.47	60.48	9.14	49.50	16.19	28.79	50.74	54.03	22.64	17.13
JAPAN	13.32	1.39	0.00	7.99	1.12	4.56	5.18	5.56	17.92	13.15
REST DEV.	2.83	3.46	10.20	4.20	.75	.51	1.03	5.39	2.64	8.67
E-EUROPE	.66	4.41	3.08	.50	67.78	6.55	8.02	6.01	4.99	32.72
LATIN AM.	13.24	4.17	6.77	.65	3.48	11.45	.93	1.26	.49	9.22
M-EAST	1.68	6.02	13.57	4.39	2.21	1.12	10.74	3.77	3.29	4.09
M.AFRICA	1.37	3.93	2.12	2.04	.60	.33	1.22	10.46	.91	2.43
S-E-ASIA	6.56	2.68	17.63	5.30	2.86	1.35	5.36	4.16	17.83	8.10
CHINA	.05	.36	3.22	.35	2.95	1.38	1.31	.50	4.76	0.00

TABELLE 2.11

WORLD TRADE MATRIX 1965 IN CONST. 1963 PRICES
SHARES OF EXPORTS BY DESTINATION

	N-AMERICA	W-EUROPE	JAPAN	REST DEV.	E-EUROPE	LATIN AM.	M-EAST	M.AFRICA	S-E-ASIA	CHINA
N-AMERICA	29.50	31.89	6.81	5.22	1.22	11.62	2.85	1.30	9.31	.28
W-EUROPE	9.58	65.46	.81	4.58	4.25	3.38	4.15	3.51	3.81	.47
JAPAN	34.00	13.75	0.00	6.73	2.69	4.88	3.86	3.29	27.50	3.31
REST DEV.	13.76	50.41	12.11	5.23	2.63	.81	1.13	4.71	5.98	3.22
E-EUROPE	.98	17.89	1.02	.17	66.68	2.88	2.46	1.46	3.15	3.39
LATIN AM.	37.67	35.52	4.70	.47	7.19	10.57	.60	.65	.65	2.01
M-EAST	5.42	58.02	10.66	3.62	5.16	1.17	7.83	2.18	4.94	1.01
M.AFRICA	10.87	65.09	2.87	2.89	2.39	.59	1.52	10.40	2.35	1.03
S-E-ASIA	19.50	23.84	12.78	4.03	6.18	1.30	3.61	2.22	24.70	1.84
CHINA	.74	15.11	10.90	1.24	29.73	6.19	4.11	1.24	30.72	0.00

TABELLE 2.12

EXPORTS-FOR 1970 CURRENT PRICES

	N-AMERICA	W-EUROPE	JAPAN	REST DEV.	E-EUROPE	LATIN AM.	M-EAST	M.AFRICA	S-E-ASIA	CHINA
N-AMERICA	19390.00	17310.00	5370.00	2373.00	485.00	6190.00	1534.00	603.00	4330.00	135.00
W-EUROPE	12910.00	92810.00	1700.00	4916.00	5930.00	4510.00	5206.00	3638.00	3550.00	550.00
JAPAN	6580.00	2920.00	0.00	1092.00	450.00	930.00	562.00	416.00	4900.00	600.00
REST DEV.	1339.00	3144.00	1647.00	471.00	165.00	86.00	130.00	460.00	624.00	163.00
E-EUROPE	275.00	6215.00	430.00	58.00	20010.00	935.00	1039.00	698.00	450.00	1020.00
LATIN AM.	4940.00	4990.00	1020.00	72.00	955.00	1700.00	43.00	75.00	150.00	105.00
M-EAST	395.00	8660.00	1951.00	426.00	754.00	188.00	809.00	311.00	725.00	47.00
M.AFRICA	801.00	4706.00	452.00	230.00	227.00	56.00	134.00	632.00	166.00	65.00
S-E-ASIA	3615.00	2690.00	2370.00	444.00	715.00	140.00	458.00	263.00	3080.00	185.00
CHINA	20.00	395.00	300.00	40.00	500.00	85.00	136.00	104.00	800.00	0.00

TABELLE 2.13

EXPORTS FOR 1970 IN CONST. 1963 PRICES

	N-AMERICA	W-EUROPE	JAPAN	REST DEV.	E-EUROPE	LATIN AM.	M-EAST	M.AFRICA	S-E-ASIA	CHINA	EXPORTS
N-AMERICA	15893.44	14188.52	4401.64	1945.08	397.54	5073.77	1257.38	494.26	3549.18	110.66	47.31
W-EUROPE	11526.79	82866.07	1517.86	4300.00	5294.64	4026.79	4648.21	3248.21	3169.64	491.07	121.09
JAPAN	5927.93	2630.63	0.00	983.78	405.41	837.84	506.31	374.77	4414.41	540.54	16.62
REST DEV.	1380.41	3241.24	1697.94	485.57	170.10	88.66	134.02	474.23	643.30	168.04	8.48
E-EUROPE	243.36	5500.00	380.53	51.33	17707.96	827.43	919.47	617.70	398.23	902.65	27.55
LATIN AM.	4151.26	4193.28	857.14	60.50	802.52	1428.57	36.13	63.03	126.05	88.24	11.81
M-EAST	391.09	8574.26	1931.68	421.78	746.53	186.14	800.99	307.92	717.82	46.53	14.12
M.AFRICA	684.62	4022.22	386.32	196.58	194.02	47.86	114.53	540.17	141.88	55.56	6.38
S-E-ASIA	3410.38	2537.74	2235.85	418.87	674.53	132.08	432.08	248.11	2905.66	174.53	13.17
CHINA	17.70	349.56	265.49	35.40	442.48	75.22	120.35	92.04	707.96	0.00	2.11
IMPORTS	43.63	128.10	13.67	8.90	26.84	12.72	8.97	6.46	16.77	2.58	268.65

TABELLE 2.14

WORLD TRADE MATRIX 1970 IN CONST. 1963 PRICES
SHARES OF IMPORTS BY ORIGIN.

	N-AMERICA	W-EUROPE	JAPAN	REST DEV.	E-EUROPE	LATIN AM.	M-EAST	M.AFRICA	S-E-ASIA	CHINA
N-AMERICA	36.43	11.08	32.19	21.86	1.48	39.87	14.02	7.65	21.16	4.29
W-EUROPE	26.42	64.69	11.10	48.32	19.73	31.65	51.82	50.28	18.90	19.05
JAPAN	13.59	2.05	0.00	11.06	1.51	6.58	5.64	5.80	26.32	20.97
REST DEV.	3.16	2.53	12.42	5.46	.63	.70	1.49	7.34	3.84	6.52
E-EUROPE	.56	4.29	2.78	.58	65.99	6.50	10.25	9.56	2.37	35.02
LATIN AM.	9.52	3.27	6.27	.68	2.99	11.23	.40	.98	.75	3.42
M-EAST	.90	6.69	14.13	4.74	2.78	1.46	8.93	4.77	4.28	1.81
M.AFRICA	1.57	3.14	2.83	2.21	.72	.38	1.28	5.36	.85	2.16
S-E-ASIA	7.82	1.98	16.35	4.71	2.51	1.04	4.82	3.84	17.32	6.77
CHINA	.04	.27	1.94	.40	1.65	.59	1.34	1.42	4.22	0.00

TABELLE 2.15

WORLD TRADE MATRIX 1970 IN CONST. 1963 PRICES
SHARES OF EXPORTS BY DESTINATION

	N-AMERICA	W-EUROPE	JAPAN	REST DEV.	E-EUROPE	LATIN AM.	M-EAST	M.AFRICA	S-E-ASIA	CHINA
N-AMERICA	33.59	29.99	9.30	4.11	.84	10.72	2.66	1.04	7.50	.23
W-EUROPE	9.52	68.43	1.25	3.55	4.37	3.33	3.84	2.68	2.62	.41
JAPAN	35.65	15.83	0.00	5.92	2.44	5.04	3.05	2.25	26.56	3.25
REST DEV.	16.27	38.21	20.01	5.72	2.01	1.05	1.58	5.59	7.58	1.98
E-EUROPE	.84	19.96	1.38	.19	64.28	3.00	3.34	2.24	1.45	3.28
LATIN AM.	35.10	35.52	7.26	.51	6.80	12.10	.31	.53	1.07	.75
M-EAST	2.77	60.70	13.68	2.99	5.29	1.32	5.67	2.18	5.08	.33
M.AFRICA	10.72	63.01	6.05	3.08	3.04	.75	1.79	8.46	2.22	.87
S-E-ASIA	25.90	19.27	16.98	3.18	5.12	1.00	3.28	1.88	22.06	1.33
CHINA	.84	16.60	12.61	1.68	21.01	3.57	5.71	4.37	33.61	0.00

TABELLE 2.16

REGIONALIZATION COEFFICIENTS
EXPORTING REGION N-AMERICA

	N-AMERICA	W-EUROPE	JAPAN	REST DEV.	E-EUROPE	LATIN AM.	M-EAST	N.AFRICA	S-E-ASIA	CHINA
1955	1.93	.72	1.77	.91	.01	2.33	.51	.53	.88	.00
1956	1.82	.73	1.74	.86	.03	2.47	.52	.49	.88	.00
1957	1.75	.73	1.91	.85	.04	2.47	.42	.48	.92	.01
1958	1.82	.71	1.88	.88	.06	2.62	.49	.42	.97	.02
1959	1.88	.69	1.96	1.05	.05	2.64	.60	.45	1.00	.00
1960	1.72	.80	2.14	1.11	.07	2.41	.58	.40	1.22	.02
1961	1.78	.75	2.16	1.09	.08	2.29	.67	.45	1.20	.38
1962	1.81	.74	1.98	1.22	.05	2.22	.80	.57	1.29	.53
1963	1.84	.73	1.94	1.15	.10	2.27	.78	.47	1.39	.35
1964	1.84	.70	1.74	1.25	.20	2.29	.84	.45	1.33	.38
1965	1.91	.69	1.81	1.33	.11	2.32	.82	.47	1.30	.24
1966	1.92	.66	1.72	1.22	.14	2.26	.83	.54	1.29	.38
1967	2.04	.64	1.65	1.30	.08	2.18	.73	.45	1.31	.18
1968	2.02	.63	1.64	1.28	.07	2.19	.72	.45	1.23	.31
1969	2.16	.61	1.72	1.24	.05	2.17	.75	.48	1.11	.23
1970	2.07	.63	1.83	1.24	.08	2.26	.80	.43	1.20	.24

TABELLE 2.17

REGIONALIZATION COEFFICIENTS
EXPORTING REGION W-EUROPE

	N-AMERICA	W-EUROPE	JAPAN	REST DEV.	E-EUROPE	LATIN AM.	M-EAST	N.AFRICA	S-E-ASIA	CHINA
1955	.52	1.38	.21	1.56	.32	.76	1.62	1.22	.84	.17
1956	.57	1.39	.23	1.53	.29	.77	1.60	1.22	.84	.62
1957	.57	1.40	.26	1.52	.37	.76	1.61	1.08	.80	.30
1958	.61	1.40	.25	1.52	.32	.79	1.63	.99	.77	.58
1959	.69	1.42	.27	1.43	.30	.85	1.53	.97	.77	.45
1960	.66	1.35	.24	1.32	.35	.83	1.55	1.47	.68	.44
1961	.63	1.38	.26	1.30	.36	.81	1.42	1.37	.66	.29
1962	.62	1.40	.28	1.29	.36	.79	1.32	1.31	.58	.28
1963	.62	1.41	.26	1.26	.35	.73	1.26	1.33	.54	.30
1964	.61	1.42	.26	1.21	.34	.69	1.20	1.32	.53	.30
1965	.62	1.42	.21	1.16	.38	.68	1.19	1.27	.53	.40
1966	.63	1.42	.22	1.18	.42	.69	1.16	1.26	.49	.50
1967	.63	1.43	.25	1.13	.45	.71	1.13	1.27	.47	.62
1968	.64	1.44	.24	1.14	.45	.71	1.17	1.24	.45	.50
1969	.59	1.44	.25	1.11	.44	.71	1.13	1.22	.44	.45
1970	.59	1.44	.25	1.07	.44	.70	1.15	1.12	.42	.42

TABELLE 2.18

REGIONALIZATION COEFFICIENTS
EXPORTING REGION JAPAN

	N-AMERICA	W-EUROPE	JAPAN	REST DEV.	E-EUROPE	LATIN AM.	M-EAST	N.AFRICA	S-E-ASIA	CHINA
1955	1.49	.25	0.00	1.00	.05	1.15	1.21	3.72	4.94	.88
1956	1.55	.27	0.00	.78	.03	.97	1.04	3.40	4.65	1.49
1957	1.56	.30	0.00	.98	.05	.71	1.34	3.85	4.49	1.62
1958	1.72	.31	0.00	1.03	.07	.93	1.22	3.61	4.32	.98
1959	2.01	.28	0.00	1.26	.07	1.04	1.13	3.10	4.33	.12
1960	2.01	.28	0.00	1.53	.13	1.05	.92	1.73	4.49	.15
1961	1.95	.30	0.00	1.28	.16	1.20	1.14	1.61	4.50	.52
1962	2.08	.32	0.00	1.43	.29	1.11	1.01	1.44	4.10	.99
1963	2.14	.30	0.00	1.54	.29	1.05	1.03	1.64	4.01	1.48
1964	2.19	.30	0.00	1.64	.30	1.06	1.17	1.54	3.85	2.73
1965	2.21	.30	0.00	1.71	.24	.98	1.11	1.19	3.83	2.81
1966	2.11	.30	0.00	1.60	.28	.94	1.11	.95	3.88	2.98
1967	2.02	.32	0.00	1.73	.22	1.01	1.04	1.04	4.18	2.60
1968	2.04	.30	0.00	1.63	.18	.92	1.16	.91	4.34	2.71
1969	2.09	.29	0.00	1.73	.22	1.00	1.16	.88	4.42	2.82
1970	2.20	.33	0.00	1.79	.24	1.06	.91	.94	4.25	3.39

TABELLE 2.19

REGIONALIZATION COEFFICIENTS
EXPORTING REGION REST DEV.

	N-AMERICA	W-EUROPE	JAPAN	REST DEV.	E-EUROPE	LATIN AM.	M-EAST	N.AFRICA	S-E-ASIA	CHINA
1955	.53	1.58	2.37	.83	.19	.07	.21	4.35	.72	.14
1956	.52	1.54	2.70	.92	.15	.07	.21	4.35	.75	.17
1957	.50	1.49	2.97	1.15	.26	.08	.16	4.64	.70	.43
1958	.91	1.39	2.78	1.32	.17	.07	.22	5.06	.66	.55
1959	.71	1.42	3.21	1.26	.16	.10	.25	5.23	.76	.63
1960	.82	1.27	3.22	1.38	.21	.13	.32	1.92	.83	.63
1961	.93	1.14	3.32	1.46	.17	.08	.23	1.65	.81	3.21
1962	1.11	1.15	3.59	.71	.15	.12	.24	1.71	.86	2.36
1963	1.09	1.06	3.26	1.48	.18	.12	.23	1.36	.80	4.56
1964	.96	1.09	3.18	1.29	.31	.14	.34	1.38	.80	3.01
1965	.89	1.09	3.22	1.33	.24	.16	.32	1.70	.83	2.74
1966	.94	1.06	3.33	1.46	.18	.15	.36	2.13	.93	1.33
1967	.83	.97	3.47	1.32	.13	.24	.47	2.25	1.17	2.86
1968	.87	.97	3.79	1.37	.16	.17	.33	2.52	1.03	1.97
1969	.92	.92	3.93	1.42	.16	.22	.35	2.36	1.10	2.04
1970	1.00	.80	3.93	1.73	.20	.22	.47	2.32	1.21	2.06

TABELLE 2.20

REGIONALIZATION COEFFICIENTS
EXPORTING REGION E-EUROPE

	N-AMERICA	W-EUROPE	JAPAN	REST DEV.	E-EUROPE	LATIN AM.	M-EAST	M.AFRICA	S-E-ASIA	CHINA
1955	.04	.34	.02	.04	6.43	.17	.33	.01	.10	7.01
1956	.04	.37	.03	.05	6.59	.13	.42	.01	.17	5.76
1957	.03	.39	.03	.05	6.30	.08	.52	0.00	.20	6.07
1958	.04	.35	.07	.04	5.64	.12	.54	.01	.28	4.99
1959	.03	.34	.09	.04	5.19	.13	.47	.08	.19	5.00
1960	.04	.35	.17	.04	5.62	.23	.44	.16	.22	5.23
1961	.04	.36	.21	.04	5.74	.54	.51	.41	.32	4.20
1962	.04	.35	.21	.04	5.73	.61	.69	.18	.35	3.83
1963	.04	.35	.21	.06	5.79	.68	.93	.34	.39	3.37
1964	.05	.37	.25	.05	5.94	.59	.74	.30	.43	2.96
1965	.06	.39	.27	.04	5.96	.58	.71	.53	.44	2.88
1966	.07	.43	.33	.04	6.04	.66	.84	.41	.39	3.04
1967	.06	.43	.37	.05	5.94	.70	1.07	.40	.32	3.01
1968	.05	.42	.38	.05	6.15	.69	.98	.40	.31	3.50
1969	.06	.42	.33	.06	6.34	.69	1.06	.52	.30	3.49
1970	.05	.42	.27	.06	6.43	.63	1.00	.93	.23	3.41

TABELLE 2.21

REGIONALIZATION COEFFICIENTS
EXPORTING REGION LATIN AM.

	N-AMERICA	W-EUROPE	JAPAN	REST DEV.	E-EUROPE	LATIN AM.	M-EAST	M.AFRICA	S-E-ASIA	CHINA
1955	2.97	.76	1.35	.08	.22	1.31	.15	.01	.06	.05
1956	2.87	.81	1.37	.11	.13	1.12	.15	.01	.05	.01
1957	2.97	.84	.94	.10	.14	1.15	.15	0.00	.03	.03
1958	2.96	.80	1.13	.11	.16	1.27	.15	.11	.06	.09
1959	2.79	.82	1.23	.10	.14	1.39	.14	.33	.06	.02
1960	3.06	.81	1.01	.11	.27	1.42	.20	.07	.06	.31
1961	2.93	.79	1.17	.15	.54	1.18	.15	.16	.12	.79
1962	2.78	.80	1.21	.15	.49	1.35	.08	.20	.08	1.46
1963	2.86	.82	1.22	.14	.36	1.58	.10	.32	.07	.96
1964	2.62	.79	1.30	.14	.47	1.86	.13	.48	.09	1.89
1965	2.44	.77	1.25	.12	.64	2.11	.17	.23	.09	1.70
1966	2.33	.78	1.21	.15	.61	2.09	.17	.04	.11	1.39
1967	2.28	.80	1.15	.11	.59	2.27	.17	.16	.10	.81
1968	2.21	.75	1.15	.13	.54	2.51	.22	.17	.13	.88
1969	2.11	.77	1.35	.16	.52	2.66	.12	.12	.17	.93
1970	2.17	.74	1.43	.15	.68	2.55	.09	.22	.17	.78

TABELLE 2.22

REGIONALIZATION COEFFICIENTS
EXPORTING REGION M-EAST

	N-AMERICA	W-EUROPE	JAPAN	REST DEV.	E-EUROPE	LATIN AM.	M-EAST	M.AFRICA	S-E-ASIA	CHINA
1955	.42	1.42	1.41	1.00	.27	.16	2.45	1.66	.96	.42
1956	.41	1.36	1.49	1.27	.36	.19	2.66	1.82	.81	.37
1957	.38	1.32	1.74	1.13	.49	.17	2.50	2.10	.91	.86
1958	.29	1.52	1.96	1.08	.49	.17	1.94	2.54	.58	.10
1959	.44	1.40	1.87	1.06	.37	.17	2.23	2.56	.91	.43
1960	.55	1.31	1.97	1.07	.34	.17	1.79	1.50	.89	.95
1961	.55	1.24	1.95	1.23	.41	.21	2.25	1.25	.81	.81
1962	.47	1.29	2.16	1.15	.37	.24	2.11	1.17	.83	.60
1963	.39	1.28	2.22	1.17	.45	.24	2.01	.85	.77	.76
1964	.36	1.25	2.61	1.02	.44	.20	2.18	.87	.79	.84
1965	.35	1.26	2.84	.92	.46	.23	2.25	.79	.69	.86
1966	.34	1.24	2.91	.91	.57	.23	1.90	.97	.73	.72
1967	.22	1.30	3.07	.90	.44	.22	1.86	.92	.70	.39
1968	.21	1.32	3.03	.89	.43	.25	1.63	1.05	.78	.40
1969	.21	1.28	2.92	.93	.50	.26	1.78	.98	.73	.38
1970	.17	1.27	2.69	.90	.53	.28	1.70	.91	.81	.34

TABELLE 2.23

REGIONALIZATION COEFFICIENTS
EXPORTING REGION M.AFRICA

	N-AMERICA	W-EUROPE	JAPAN	REST DEV.	E-EUROPE	LATIN AM.	M-EAST	M.AFRICA	S-E-ASIA	CHINA
1955	.92	1.45	.24	.83	.00	1.60	.40	.94	.28	.66
1956	1.00	1.67	.23	1.10	.00	.02	.49	1.09	.31	.56
1957	1.09	1.63	.28	1.08	0.00	.09	.58	.99	.32	1.49
1958	1.05	1.66	.42	1.07	0.00	.07	.63	1.25	.30	1.08
1959	.83	1.73	.68	1.05	.04	.06	.48	.73	.35	1.11
1960	.65	1.59	.48	.68	.17	.10	.70	2.69	.36	.78
1961	.75	1.56	.41	.69	.14	.12	.57	2.75	.41	.39
1962	.71	1.47	.49	.77	.15	.14	.64	3.57	.43	.37
1963	.74	1.44	.62	.73	.18	.11	.58	3.58	.37	.97
1964	.86	1.39	.78	.69	.12	.15	.48	3.67	.45	.74
1965	.71	1.41	.76	.73	.21	.12	.44	3.76	.33	.87
1966	.70	1.43	.98	1.01	.04	.18	.61	3.54	.34	.55
1967	.71	1.37	1.11	1.06	.19	.14	.71	3.45	.36	.60
1968	.62	1.41	1.25	.97	.20	.13	.53	3.55	.39	.57
1969	.56	1.38	1.40	1.00	.25	.16	.43	3.71	.35	.78
1970	.66	1.32	1.19	.93	.30	.16	.54	3.52	.36	.91

TABELLE 2.24

REGIONALIZATION COEFFICIENTS
EXPORTING REGION S-E-ASIA

	N-AMERICA	W-EUROPE	JAPAN	REST DEV.	E-EUROPE	LATIN AM.	M-EAST	M.AFRICA	S-E-ASIA	CHINA
1955	1.03	.71	3.60	1.01	.12	.33	.77	.97	3.76	1.16
1956	.92	.72	3.17	1.11	.17	.20	.71	1.07	3.71	.93
1957	1.01	.65	2.63	1.16	.19	.23	.87	1.38	3.76	1.40
1958	.96	.70	3.23	1.07	.26	.22	.74	1.23	3.97	1.20
1959	.98	.67	3.48	1.21	.32	.26	.77	1.23	3.97	1.12
1960	1.09	.64	3.36	1.19	.34	.29	.73	.63	3.77	1.21
1961	1.18	.59	2.77	1.18	.40	.27	.81	.67	3.79	1.46
1962	1.13	.59	2.90	1.19	.47	.30	.90	.78	3.77	1.40
1963	1.14	.57	3.15	1.06	.49	.28	.81	.80	3.62	1.25
1964	1.23	.56	3.17	1.01	.51	.28	.96	.81	3.45	1.63
1965	1.27	.52	3.40	1.02	.55	.26	1.04	.80	3.44	1.56
1966	1.21	.51	3.39	.95	.59	.22	1.01	.88	3.43	1.33
1967	1.30	.49	3.11	1.03	.51	.19	1.02	.89	3.45	1.15
1968	1.35	.48	3.25	1.02	.52	.18	1.01	.93	3.37	.99
1969	1.46	.41	3.25	.96	.55	.23	.96	.66	3.70	1.52
1970	1.59	.40	3.34	.96	.51	.21	.98	.78	3.53	1.38

TABELLE 2.25

REGIONALIZATION COEFFICIENTS
EXPORTING REGION CHINA

	N-AMERICA	W-EUROPE	JAPAN	REST DEV.	E-EUROPE	LATIN AM.	M-EAST	M.AFRICA	S-E-ASIA	CHINA
1955	.01	.20	2.26	.09	6.36	.02	.25	.36	2.00	0.00
1956	.02	.21	1.78	.09	6.34	.03	.36	.88	2.11	0.00
1957	.02	.19	1.60	.12	5.86	.01	.47	1.13	2.08	0.00
1958	.02	.21	1.16	.16	5.40	.02	.20	1.04	2.49	0.00
1959	.01	.23	.40	.15	5.27	.01	.36	.87	2.08	0.00
1960	.02	.26	.45	.17	5.31	.11	.66	.03	2.37	0.00
1961	.01	.26	.70	.16	4.80	.84	.95	.10	2.51	0.00
1962	.03	.23	1.06	.19	4.33	.96	.74	.42	3.08	0.00
1963	.04	.23	1.38	.24	3.86	.97	.80	.48	3.67	0.00
1964	.04	.27	2.30	.32	3.16	.97	1.16	.45	4.12	0.00
1965	.05	.33	2.90	.31	2.66	1.24	1.18	.45	4.29	0.00
1966	.06	.37	3.23	.36	2.32	.68	1.67	1.12	4.28	0.00
1967	.08	.38	2.77	.40	2.16	.69	1.59	1.37	4.47	0.00
1968	.07	.37	2.49	.46	2.10	.72	1.73	1.45	5.00	0.00
1969	.07	.39	2.34	.49	2.10	.75	1.64	1.71	5.15	0.00
1970	.05	.35	2.48	.51	2.10	.75	1.71	1.82	5.38	0.00

TABELLE 2.26

5.3 Mikrodaten

5.3.1 Sektorale Wertschöpfung in den Regionen 1 - 4:

Datenquellen:

(1) Yearbook of National account Statistics, UN, New York, 1969,1970 und 1971-Ausgabe, alle Bände.

(2) Statistical Yearbook, UN, New York, 1964 und 1971-Ausgabe.

(3) Growth of World Industry, UN, New York, 1967 und 1970-Ausgabe.

Allgemeines Vorgehen:

Die gewünschten Daten sind verfügbar für 1950, 1953, 1955, 1958, 1960-1970. Die Jahre dazwischen werden durch lineare Interpolation ausgefüllt. In Abhängigkeit von der Datenverfügbarkeit wird der folgende Weg zur Ermittlung der Anteile der sektoralen Bruttowertschöpfung am gesamten regionalen GRP gegangen:

Schritt 1: Aus (1), international tables, Tabelle 6B erhält man die Sozialproduktsentstehung aufgegliedert nach den Sektoren Landwirtschaft, Industrie und Bergbau, Bauindustrie, Dienstleistungen. Die Sektoren Landwirtschaft und Bauindustrie bleiben im folgenden unverändert. Die übrigen werden disaggregiert im

Schritt 2: Für eine "große" Stichprobe von Ländern der betreffenden Region werden Wertschöpfungsstrukturtabellen aus (1), national tables berechnet. Dabei sollen Daten in konstanten Preisen verwendet werden. Um den Stichprobenumfang zu erhöhen, können auch hilfsweise Daten in konstanten Faktorkosten zugrundegelegt werden, wobei dies eine geringfügige systematische Verzerrung der Beiträge der einzelnen Sektoren bedeuten kann, wenn indirekte Steuern und Subventionen stark sektoral verschieden sind. Diese Tabellen weisen die prozentuale Zusammensetzung des Bruttosozialprodukts in konstanten Marktpreisen aus. Um zu der im MP-Modell verwendeten Sektoreinteilung zu kommen, muß der Energiebergbau aus dem Sektor Bergbau herausgenommen und dem Sektor Energie und Wasser zugeschlagen werden und der Sektor Nahrungsmittelindustrie ist aus der gesamten Industrie zu nehmen und zu einem eigenständigen Sektor zu machen. Dienstleistungen müssen in drei Sektoren zerlegt werden. Die Infomationen über die Korrekturen von Bergbau und Nahrungsmitteln stammen aus (3), die Dienstleistungsanpassungen werden auf der Grundlage von (1), national tables vorgenommen.

Schritt 3: Die nationalen Wertschöpfungsstrukturtabellen werden gewichtet aggregiert, wobei die Beiträge der einzelnen Staaten zum Gesamtprodukt der Stichprobe als Gewichte dienen. Diese Gewichte errechnen sich aus (1), national und international tables.

Schritt 4: Die aggregierte Tabelle wird normalisiert, d.h. verbliebene Differenzen der Summe der Koeffizienten zu 100 % werden anteilig proportional verteilt.

Regionale Einzelheiten:

Region 1, *Nord Amerika:* Aus (1), internat.tables , Tabelle 6B erhält man die Grundtabelle mit vier Sektoren. Die Disaggregierung der Sektoren Industrie und Dienstleistungen basiert auf einer Stichprobe von 100 % der Region: USA und Kanada. Die Strukturtabellen mit je acht Sektoren werden aggregiert zu einer regionalen Tabelle. Hier erfolgt die Korrek= tur der Sektoren Bergbau und Nahrungsmittel. Die sich damit ergebende Strukturierung der Sektoren Industrie und Dienstleistungen dient zur Feingliederung der oben genannten Grundtabelle aus (1), internat.tables.

Region 2, *West Europa:* Analog zur Region 1 erhält man eine Grundtabelle. Die Auf= gliederung dieser Grundtabelle in eine feinere sektorale Struktur stützt sich auf eine Stichprobe bestehend aus: Belgien, Frankreich, Bundesrepublik Deutschland, Italien, Niederlande, Schweden, Großbritannien, Spanien, (= 86 % des westeuropäischen Bruttosozialprodukts 1963). Die Korrekturen für die Sektoren Bergbau und Nahrungsmittel erfolgt auf der Grundlage von (3). Die sich aus den nationalen Tabellen ergebende aggregierte Strukturtabelle dient zur Untergliederung der oben genannten Grundtabelle.

Region 3, *Japan:* Aus (1), natioanl tables sind nationale Strukturtabellen auf der Grundlage von Bewertungen in laufenden Faktorkosten möglich. Die Korrek= turen hinsichtlich der Nahrungsmittelindustrie aus (3) sind unvollstän= dig, da (3) die Tabakindustrie nicht separat ausweist, die deshalb nicht in der endgültigen Tabelle im Sektor Nahrungsmittelindustrie enthalten ist, sondern in der übrigen Industrie bleibt. Wohnungsvermietung und - eigennutzung wird nicht ausgewiesen und ist im Sektor Dienstleistungen II enthalten. Grobe Schätzungen legen die Struktur des Dienstleistungssektórs von Region 4 zugrunde (Australischer Einfluß rund 70 %).

Region 4, *Restliche westliche Industriestaaten:* Die Stichprobe umfaßt Ozeanien und Südafrika (rund 93 % des GRP_{1963}). Ozeanien ist analog zu den Regi= onen 1 und 2 direkt aus (1), international tables erhältlich. Südafrikas Strukturtabelle sowie die Feinstrukturtabellen für Australien stammen aus (1), national tables. Durch gewogene Aggregation (Gewichte = Beiträge zum GRP_{1963}) der Strukturtabellen von Ozeanien und Südafrika erhält man eine Wertschöpfungsstrukturtabelle für die Region 4. Die Korrekturen für den Sektor Nahrungsmittelindustrie erfolgen aus (3) durch gewogene Mit= telung der Struktur von Australien und Südafrika. Da für den Sektor Berg= bau in (3) keine Aufgliederung für Südafrika enthalten ist, erfolgt die Korrektur des Sektors Bergbau um den Energiebergbau auf der Basis der australischen Struktur aus (3). Der dadurch verursachte Fehler dürfte klein sein, da Südafrikas Anteil an der Gesamtregion etwa 25 % umfaßt und Australiens und Südafrikas Wirtschaftsstruktur im Bergbau nicht ex= trem verschieden sind.

5.3.2 Sektorale Bruttoinvestition in den Regionen 1 - 4:

Datenquellen und allgemeines Vorgehen wie in 5.3.1 mit der Ausnahme, daß (1) keine Grundtabellen für regionale Investitionsstruktur ausweist. Als Gewichte bei der Aggregation nationaler Strukturtabellen dienen die Beiträge der Staaten zu der Gesamtbruttoinvestition der Stichprobe. Die nationalen Bruttoinvestitionen errechnen sich aus den Investitionsquoten aus (1), national tables und den nationalen Bruttosozialprodukten aus (1), national und internat. tables.

Regionale Einzelheiten:

Region 1, *Nord Amerika:* Stichprobe: USA, Kanada (100 %). Die nationalen Investitionsstrukturdaten sind aus (1), national tables, wobei für die USA nur Daten beruhend auf laufenden Preisen verfügbar sind. Die Korrektur hinsichtlich Bergbau und Nahrungsmittelindustrie basiert auf (3) für 1960-69; die fünfziger Jahre sind durch Schätzung auf dieser Grundlage aufgegliedert. Die Gewichtung der beiden nationalen Tabellen bei der Aggregation erfolgt mit variablen Gewichten. Daten für 1969/70 sind für Kanada als Trendextrapolation geschätzt.

Region 2, *West Europa:* Stichprobe: Belgien, Frankreich, Schweden, Großbritannien, Spanien und Bundesrepublik Deutschland.(68 %, bei Einschluß von Italien, für das nur grobe Daten verfügbar sind 80 %; 1963). Mit Ausnahme der BRD stammen alle nationalen Tabellen aus (1), national tables. Durch Änderungen im Rechnungsschema ergeben sich für Frankreich (1958-60) und Großbritannien notwendige kleinere Korrekturen der Originaldaten aus (1). Die Daten für 1968-70 sind für Spanien auf der Grundlage des Trends 1960-67 geschätzt. Die Strukturdaten der BRD stammen aus DIW-Beiträge zur Strukturforschung, Heft 1, 1967, Berlin,1967. Die Daten decken die Zeit 1960-66 ab. Durch grobe Schätzung der Struktur 1950 und nach 1966 ist durch Interpolation eine Gesamtschätzung der Strukturtabelle für die BRD möglich. Da die BRD rund 25 % der gesamten westeuropäischen Bruttoinvestition erbringt, sind diese groben Daten mit eingeschlossen. Die Korrekturen hinsichtlich Bergbau und Nahrungsmittelindustrie basieren auf der recht dürftigen Datenbasis aus (3), die lediglich für Belgien und Schweden zuverlässige und ausreichende Daten liefert.

Region 3, *Japan:* Die Strukturtabelle wird aus (1), national tables und aus (3) berechnet, wobei die Daten in laufenden Preisen angegeben sind.

Region 4, *Restliche westliche Industriestaaten:* Stichprobe: Australien, Süd-Afrika (73 %, 1963), aus den Quellen (1), national tables. Die Daten für Australien sind für 1969/70 geschätzt, für Süd-Afrika sind die Strukturdaten 1950-58 geschätzt. Die Aggregation erfolgt mit variablen Gewichten.

SECTORIAL SHARES OF GROSS FIXED CAPITAL FORMATION
AGGREGATED TO 8 SECTORS REGION 1 NORTH AMERICA

YEAR	TOTAL	1	2	3	4	5	6	7	8
1950	100.0	6.40	.65	9.55	2.05	17.85	1.38	31.47	30.65
1951	100.0	6.49	.65	9.54	2.05	17.84	1.38	31.44	30.62
1952	100.0	6.58	.65	9.54	2.05	17.82	1.38	31.41	30.59
1953	100.0	6.67	.65	9.54	2.04	17.80	1.38	31.37	30.56
1954	100.0	6.04	.62	8.88	1.95	16.70	1.41	31.47	32.93
1955	100.0	5.41	.59	8.22	1.85	15.60	1.45	31.57	35.31
1956	100.0	5.41	.60	8.77	1.85	15.14	1.48	32.87	33.88
1957	100.0	5.40	.62	9.31	1.85	14.69	1.52	34.16	32.45
1958	100.0	5.40	.63	9.86	1.85	14.24	1.55	35.45	31.02
1959	100.0	5.00	.60	9.22	1.94	15.38	1.41	35.87	30.57
1960	100.0	4.59	.58	8.59	2.04	16.51	1.27	36.30	30.12
1961	100.0	4.85	.60	8.38	2.03	15.47	1.39	36.98	30.31
1962	100.0	4.76	.65	7.76	2.18	15.22	1.08	37.22	31.13
1963	100.0	5.16	.58	7.37	2.02	15.48	1.25	37.72	30.43
1964	100.0	4.81	.61	7.62	2.11	17.00	1.68	37.69	28.48
1965	100.0	4.86	.59	7.82	1.93	19.04	1.91	37.86	25.98
1966	100.0	4.98	.78	8.56	2.01	21.12	1.56	38.88	22.10
1967	100.0	5.07	.70	9.58	1.95	20.21	1.49	39.35	21.66
1968	100.0	4.65	.68	10.08	1.90	18.31	1.49	38.67	24.22
1969	100.0	4.65	.68	10.08	1.90	18.31	1.49	38.67	24.22
1970	100.0	4.65	.68	10.08	1.90	18.31	1.49	38.67	24.22

TABELLE 3.1

SECTORIAL GROSS FIXED CAPITAL FORMATION IN 1963 US-DOLLARS REGION 1

YEAR	TOTAL	1	2	3	4	5	6	7	8
1950	80.4	5.14	.52	7.67	1.65	14.35	1.11	25.30	24.64
1951	80.2	5.21	.52	7.66	1.64	14.31	1.11	25.22	24.57
1952	77.3	5.09	.50	7.38	1.58	13.77	1.06	24.28	23.65
1953	81.6	5.44	.53	7.78	1.67	14.52	1.12	25.59	24.92
1954	83.3	5.03	.52	7.40	1.62	13.91	1.18	26.22	27.43
1955	93.6	5.06	.55	7.69	1.73	14.60	1.36	29.55	33.05
1956	95.6	5.17	.58	8.38	1.77	14.48	1.42	31.42	32.40
1957	94.5	5.11	.58	8.80	1.75	13.88	1.43	32.28	30.67
1958	89.2	4.82	.56	8.80	1.65	12.70	1.38	31.62	27.67
1959	98.5	4.92	.60	9.08	1.91	15.14	1.39	35.33	30.11
1960	97.7	4.49	.57	8.39	1.99	16.13	1.24	35.46	29.43
1961	96.5	4.68	.58	8.08	1.96	14.92	1.34	35.67	29.23
1962	104.8	4.99	.68	8.13	2.28	15.95	1.13	39.00	32.61
1963	109.3	5.64	.63	8.05	2.21	16.92	1.37	41.23	33.26
1964	116.1	5.58	.71	8.85	2.45	19.74	1.95	43.76	33.07
1965	127.8	6.21	.75	10.00	2.47	24.34	2.44	48.40	33.22
1966	137.0	6.82	1.07	11.73	2.75	28.93	2.14	53.26	30.28
1967	133.2	6.75	.93	12.76	2.60	26.92	1.98	52.43	28.85
1968	142.4	6.62	.97	14.35	2.70	26.07	2.12	55.05	34.48
1969	147.1	6.84	1.00	14.82	2.79	26.93	2.19	56.87	35.62
1970	140.9	6.55	.96	14.20	2.68	25.80	2.10	54.49	34.13
GROWTH RATES P.A.		.0893	.0377	.0308	.0334	.0402	.0394	.0487	.0216
COEFF. OF CORREL.		.4947	.8074	.6867	.9115	.7286	.7216	.9728	.6168
INVESTMENT 1950		4.63	.46	6.80	1.48	11.87	1.02	22.89	24.89

TABELLE 3.2

CAPITAL STOCK IN CONST 1963 US-DOLLARS REGION 1 NORTH AMERICA									
YEAR	TOTAL	1	2	3	4	5	6	7	8
1950	1597.6	93.1	7.0	113.3	26.8	197.7	9.1	344.5	806.2
1951	1653.7	96.2	7.4	117.6	27.8	208.1	9.6	363.7	823.4
1952	1708.7	99.4	7.7	121.8	28.9	218.3	10.0	382.5	840.3
1953	1760.0	102.3	8.0	125.6	29.8	227.8	10.3	400.0	856.2
1954	1814.5	105.4	8.3	129.7	30.9	237.9	10.7	418.6	873.1
1955	1869.9	108.1	8.6	133.3	31.9	247.2	11.1	437.4	892.4
1956	1934.6	110.7	8.9	137.0	32.9	257.0	11.7	459.2	917.2
1957	2000.2	113.4	9.2	141.4	33.9	266.5	12.3	482.5	941.1
1958	2063.7	115.9	9.6	146.0	34.9	275.2	12.8	506.2	963.1
1959	2120.8	118.0	9.9	150.5	35.8	282.5	13.3	528.9	981.9
1960	2186.0	120.1	10.2	155.2	36.9	292.0	13.8	554.8	1003.0
1961	2249.3	121.7	10.5	159.0	38.1	302.3	14.0	580.4	1023.2
1962	2310.0	123.4	10.7	162.4	39.2	311.2	14.3	605.8	1043.0
1963	2377.8	125.3	11.1	165.7	40.7	320.8	14.4	633.9	1066.0
1964	2448.8	127.9	11.4	168.7	42.0	331.2	14.6	663.8	1089.4
1965	2525.3	130.1	11.8	172.3	43.5	344.1	15.4	695.6	1112.4
1966	2611.8	133.0	12.2	176.9	45.0	361.2	16.7	731.5	1135.3
1967	2706.0	136.3	12.9	183.1	46.8	382.6	17.6	771.5	1155.1
1968	2794.9	139.5	13.5	190.2	48.3	401.7	18.3	810.1	1173.2
1969	2891.3	142.5	14.1	198.7	50.0	419.5	19.1	850.7	1196.7
1970	2990.9	145.6	14.7	207.4	51.7	437.9	20.1	890.5	1221.2

TABELLE 3.3

PERCENTAGE SHARES OF SECTORIAL ORIGIN OF GRP AGGREGATED TO 8 SECTORS REGION 1 NORTH AMERICA									
YEAR	TOTAL	1	2	3	4	5	6	7	8
1950	100.0	4.83	.54	3.55	3.33	23.78	4.86	53.18	5.93
1951	100.0	4.47	.57	3.73	3.50	24.97	5.17	51.81	5.78
1952	100.0	4.59	.57	3.71	3.48	24.85	5.13	51.88	5.79
1953	100.0	4.53	.59	3.85	3.61	25.74	5.01	50.98	5.69
1954	100.0	4.55	.56	3.65	3.43	24.44	5.21	52.32	5.84
1955	100.0	4.41	.71	3.98	3.47	25.30	5.22	50.91	6.00
1956	100.0	4.30	.70	3.93	3.42	24.97	5.36	51.27	6.04
1957	100.0	4.05	.70	3.91	3.41	24.89	5.12	51.82	6.10
1958	100.0	4.21	.73	4.13	3.54	22.65	5.15	52.75	6.83
1959	100.0	4.04	.76	4.28	3.67	23.47	5.09	51.96	6.73
1960	100.0	4.02	.74	4.18	3.38	23.79	4.97	52.02	6.90
1961	100.0	4.00	.68	4.10	3.40	23.42	4.84	52.53	7.02
1962	100.0	3.80	.66	4.17	3.34	24.21	4.64	52.10	7.08
1963	100.0	3.80	.65	4.19	3.27	24.61	4.50	51.74	7.23
1964	100.0	3.52	.67	4.17	3.19	25.08	4.55	51.54	7.28
1965	100.0	3.51	.66	4.06	3.06	25.98	4.32	51.11	7.30
1966	100.0	3.18	.64	4.08	3.01	26.52	4.29	51.14	7.14
1967	100.0	3.22	.62	4.16	3.02	25.85	3.93	51.72	7.48
1968	100.0	3.33	.63	4.11	2.98	26.00	3.84	51.97	7.14
1969	100.0	3.30	.61	4.44	3.06	25.02	3.61	52.35	7.61
1970	100.0	3.30	.61	4.44	3.06	25.02	3.61	52.35	7.61

TABELLE 3.4

SECTORIAL SHARES OF GROSS FIXED CAPITAL FORMATION
AGGREGATED TO 8 SECTORS REGION 2 WESTERN EUROPE

YEAR	TOTAL	1	2	3	4	5	6	7	8
1950	100.0	5.99	1.94	8.20	2.99	21.88	2.33	31.71	24.95
1951	100.0	5.99	1.93	8.20	2.99	21.89	2.33	31.76	24.93
1952	100.0	5.99	1.93	8.19	2.96	21.89	2.33	31.80	24.91
1953	100.0	5.98	1.92	8.18	2.95	21.89	2.33	31.84	24.89
1954	100.0	5.98	1.96	8.24	2.95	22.02	2.44	31.98	24.43
1955	100.0	5.97	2.00	8.29	2.94	22.15	2.55	32.13	23.97
1956	100.0	5.89	2.00	8.14	2.94	22.25	2.57	32.71	23.50
1957	100.0	5.82	1.99	7.99	2.94	22.34	2.59	33.29	23.02
1958	100.0	5.74	1.99	7.84	2.95	22.44	2.62	33.88	22.55
1959	100.0	5.70	1.81	7.69	2.76	22.54	2.52	34.26	22.72
1960	100.0	5.66	1.63	7.53	2.59	22.64	2.43	34.64	22.89
1961	100.0	5.76	1.42	7.03	2.60	24.29	2.54	34.07	22.29
1962	100.0	5.36	1.23	7.30	2.30	23.84	2.72	35.26	22.00
1963	100.0	5.33	1.04	7.61	2.14	22.24	3.11	36.32	22.21
1964	100.0	5.16	1.00	7.46	2.06	21.14	3.09	36.48	23.62
1965	100.0	5.20	.95	7.53	1.96	21.98	2.93	35.88	23.57
1966	100.0	5.19	.84	8.07	2.17	22.19	2.53	36.07	22.94
1967	100.0	5.01	.85	8.09	2.23	21.29	2.81	37.02	22.70
1968	100.0	5.13	.90	7.23	2.56	20.88	2.81	37.88	22.61
1969	100.0	5.26	.86	6.16	2.52	22.10	2.94	37.97	22.18
1970	100.0	5.26	.86	6.16	2.52	22.10	2.94	37.97	22.18

TABELLE 3.5

SECTORIAL GROSS FIXED CAPITAL FORMATION IN 1963 US-DOLLARS REGION 2

YEAR	TOTAL	1	2	3	4	5	6	7	8
1950	39.9	2.39	.77	3.27	1.19	8.73	.93	12.66	9.96
1951	42.1	2.52	.81	3.45	1.25	9.22	.98	13.37	10.50
1952	43.2	2.58	.83	3.54	1.28	9.45	1.01	13.73	10.76
1953	46.5	2.78	.89	3.80	1.37	10.17	1.08	14.79	11.57
1954	52.2	3.12	1.02	4.30	1.54	11.50	1.27	16.70	12.76
1955	58.3	3.48	1.17	4.83	1.71	12.90	1.49	18.72	13.96
1956	63.4	3.73	1.26	5.16	1.85	14.09	1.63	20.73	14.89
1957	66.1	3.85	1.32	5.28	1.95	14.77	1.72	22.01	15.22
1958	67.2	3.86	1.34	5.27	1.98	15.07	1.76	22.75	15.14
1959	72.5	4.13	1.31	5.57	2.00	16.33	1.83	24.83	16.47
1960	81.6	4.62	1.33	6.15	2.11	18.48	1.98	28.28	18.69
1961	90.1	5.19	1.28	6.33	2.34	21.87	2.29	30.68	20.07
1962	95.0	5.09	1.17	6.94	2.19	22.65	2.58	33.51	20.91
1963	98.8	5.26	1.02	7.52	2.12	21.97	3.07	35.88	21.94
1964	110.0	5.67	1.10	8.20	2.26	23.24	3.40	40.11	25.97
1965	114.5	5.96	1.09	8.63	2.25	25.18	3.36	41.10	27.00
1966	119.3	6.19	1.00	9.63	2.59	26.48	3.02	43.04	27.37
1967	121.2	6.08	1.03	9.81	2.70	25.80	3.40	44.88	27.51
1968	128.4	6.59	1.15	9.29	3.28	26.81	3.60	48.64	29.03
1969	140.8	7.41	1.21	8.68	3.55	31.11	4.14	53.45	31.23
1970	150.0	7.90	1.29	9.25	3.78	33.16	4.41	56.97	33.28
GROWTH RATES P.A.		.0599	.0574	.0618	.0503	.0702	.0842	.0819	.0647
COEFF. OF CORREL.		.9805	.8551	.9681	.9283	.9738	.9733	.9929	.9879
INVESTMENT 1950		2.46	.80	3.35	1.25	8.91	.93	12.42	9.84

TABELLE 3.6

CAPITAL STOCK IN CONST 1963 US-DOLLARS REGION 2 WESTERN EUROPE

YEAR	TOTAL	1	2	3	4	5	6	7	8
1950	497.7	32.8	10.1	40.5	18.4	106.7	6.5	133.1	149.6
1951	532.2	34.7	10.6	42.9	19.3	114.0	7.1	144.2	159.3
1952	568.5	36.7	11.2	45.4	20.2	121.7	7.6	155.9	169.7
1953	605.5	38.7	11.8	48.0	21.2	129.6	8.2	167.9	180.2
1954	645.3	40.9	12.4	50.7	22.2	138.0	8.8	180.8	191.6
1955	690.4	43.3	13.2	53.9	23.3	147.6	9.5	195.4	204.2
1956	741.1	46.2	14.0	57.6	24.6	158.5	10.4	211.8	217.9
1957	796.3	49.2	15.0	61.5	26.0	170.5	11.5	230.1	232.6
1958	853.7	52.3	16.0	65.4	27.5	183.0	12.5	249.5	247.5
1959	911.5	55.3	16.9	69.3	29.0	195.6	13.5	269.4	262.4
1960	974.0	58.6	17.9	73.4	30.5	209.3	14.6	291.1	278.6
1961	1045.0	62.3	18.8	77.9	32.1	225.0	15.7	316.1	296.9
1962	1123.6	66.6	19.7	82.6	33.9	243.8	17.1	343.1	316.7
1963	1206.3	70.7	20.4	87.8	35.5	263.3	18.7	372.7	337.3
1964	1291.9	74.9	20.9	93.4	37.0	281.8	20.7	404.4	358.8
1965	1387.8	79.4	21.6	99.6	38.7	301.4	22.9	439.9	384.4
1966	1487.2	84.2	22.1	106.1	40.2	322.6	25.0	476.1	411.0
1967	1590.4	89.1	22.6	113.5	42.1	344.9	26.6	513.7	437.9
1968	1694.3	93.8	23.0	120.9	44.1	366.2	28.5	552.8	464.9
1969	1804.2	99.0	23.6	127.6	46.6	388.3	30.5	595.2	493.5
1970	1925.2	104.9	24.1	133.6	49.4	414.3	32.8	642.0	524.1

TABELLE 3.7

PERCENTAGE SHARES OF SECTORIAL ORIGIN OF GRP
AGGREGATED TO 8 SECTORS REGION 2 WESTERN EUROPE

YEAR	TOTAL	1	2	3	4	5	6	7	8
1950	100.0	11.60	.46	3.69	4.67	23.78	6.80	45.22	3.77
1951	100.0	11.19	.47	3.77	4.77	24.33	6.81	44.92	3.74
1952	100.0	11.19	.47	3.77	4.77	24.31	6.80	44.93	3.75
1953	100.0	11.21	.47	3.79	4.80	24.44	7.07	44.50	3.71
1954	100.0	10.83	.48	3.87	4.90	24.99	7.20	44.05	3.67
1955	100.0	10.15	.65	3.62	4.24	26.74	7.38	43.57	3.64
1956	100.0	9.64	.65	3.64	4.26	26.87	7.40	43.87	3.67
1957	100.0	9.73	.66	3.69	4.33	26.84	7.21	43.82	3.72
1958	100.0	9.87	.67	3.73	4.33	26.57	7.36	43.62	3.84
1959	100.0	9.60	.68	3.79	4.40	26.99	7.46	43.26	3.81
1960	100.0	8.93	.69	3.74	4.33	29.23	7.31	41.83	3.94
1961	100.0	8.70	.67	3.64	4.27	29.35	7.55	41.84	3.98
1962	100.0	8.40	.64	3.66	4.39	29.57	7.52	41.88	3.94
1963	100.0	8.20	.61	3.69	4.35	29.85	7.50	41.85	3.95
1964	100.0	7.87	.60	3.62	4.33	30.61	7.84	41.17	3.95
1965	100.0	7.53	.59	3.59	4.35	31.01	7.83	41.15	3.95
1966	100.0	7.35	.57	3.56	4.41	31.38	7.97	40.75	4.00
1967	100.0	7.64	.57	3.48	4.39	31.07	7.95	40.75	4.15
1968	100.0	7.38	.61	3.51	4.33	31.81	7.78	40.39	4.19
1969	100.0	6.71	.62	3.47	4.35	33.14	7.60	40.33	3.78
1970	100.0	6.71	.62	3.47	4.35	33.14	7.60	40.33	3.78

TABELLE 3.8

SECTORIAL SHARES OF GROSS FIXED CAPITAL FORMATION
AGGREGATED TO 8 SECTORS REGION 3 JAPAN

YEAR	TOTAL	1	2	3	4	5	6	7	8
1950	100.0	9.40	2.00	10.30	2.00	17.70	.80	44.10	13.70
1951	100.0	9.39	1.97	10.35	2.00	17.68	.78	44.10	13.73
1952	100.0	9.39	1.93	10.40	2.00	17.66	.77	44.10	13.76
1953	100.0	9.38	1.90	10.44	2.00	17.64	.75	44.09	13.79
1954	100.0	10.03	1.80	10.76	2.00	17.14	.69	43.18	14.41
1955	100.0	10.69	1.70	11.07	2.00	16.64	.62	42.26	15.03
1956	100.0	9.54	1.66	11.38	1.90	17.72	1.11	41.06	15.63
1957	100.0	8.41	1.61	11.69	1.80	18.80	1.60	39.86	16.23
1958	100.0	7.27	1.57	11.99	1.70	19.88	2.09	38.67	16.82
1959	100.0	6.34	1.23	9.34	1.94	25.49	2.22	38.65	14.81
1960	100.0	5.41	.89	6.71	2.18	31.04	2.35	38.62	12.81
1961	100.0	5.45	.91	6.63	2.11	30.27	2.46	39.56	12.60
1962	100.0	5.09	.90	6.32	2.26	23.75	2.43	44.86	14.38
1963	100.0	5.14	.73	5.22	2.01	23.40	2.02	46.25	15.24
1964	100.0	4.84	.65	4.60	1.74	22.71	1.93	46.43	17.11
1965	100.0	5.36	.71	5.03	1.59	17.63	1.85	48.21	19.62
1966	100.0	5.30	.68	5.00	1.57	18.07	2.21	48.02	19.15
1967	100.0	5.27	.55	4.01	1.94	22.36	2.17	44.46	19.24
1968	100.0	5.90	.58	4.18	2.04	23.41	2.24	41.89	19.77
1969	100.0	5.39	.57	4.19	2.20	23.98	2.62	40.46	20.60
1970	100.0	5.39	.57	4.19	2.20	23.98	2.62	40.46	20.60

TABELLE 3.9

SECTORIAL GROSS FIXED CAPITAL FORMATION IN 1963 US-DOLLARS REGION 3

YEAR	TOTAL	1	2	3	4	5	6	7	8
1950	4.6	.43	.09	.47	.09	.81	.04	2.01	.63
1951	4.8	.45	.09	.50	.10	.85	.04	2.11	.66
1952	5.0	.47	.10	.52	.10	.89	.04	2.22	.69
1953	5.3	.50	.10	.55	.11	.93	.04	2.33	.73
1954	5.8	.58	.10	.63	.12	1.00	.04	2.52	.84
1955	6.1	.65	.10	.67	.12	1.01	.04	2.56	.91
1956	7.5	.71	.12	.85	.14	1.33	.08	3.07	1.17
1957	8.6	.72	.14	1.01	.16	1.62	.14	3.43	1.40
1958	9.0	.65	.14	1.07	.15	1.78	.19	3.46	1.51
1959	11.2	.71	.14	1.04	.22	2.85	.25	4.32	1.65
1960	13.5	.73	.12	.91	.30	4.21	.32	5.23	1.74
1961	18.1	.99	.17	1.20	.38	5.47	.44	7.15	2.28
1962	19.0	.97	.17	1.20	.43	4.52	.46	8.54	2.74
1963	21.4	1.10	.16	1.12	.43	5.00	.43	9.89	3.26
1964	25.2	1.22	.16	1.16	.44	5.71	.49	11.68	4.30
1965	25.3	1.36	.18	1.27	.40	4.46	.47	12.20	4.97
1966	28.4	1.51	.19	1.42	.45	5.14	.63	13.66	5.45
1967	34.7	1.83	.19	1.39	.67	7.77	.75	15.44	6.68
1968	41.9	2.47	.24	1.75	.85	9.80	.94	17.54	8.28
1969	48.9	2.63	.28	2.05	1.08	11.73	1.28	19.79	10.08
1970	55.9	3.01	.32	2.34	1.23	13.41	1.46	22.62	11.52
GROWTH RATES P.A.		.0935	.0533	.0717	.1384	.1600	.2282	.1429	.1635
COEFF. OF CORREL.		.9401	.9256	.9279	.9538	.9409	.9388	.9718	.9828
INVESTMENT 1950		.38	.09	.50	.07	.66	.03	1.56	.48

TABELLE 3.10

CAPITAL STOCK IN CONST 1963 US-DOLLARS REGION 3 JAPAN

YEAR	TOTAL	1	2	3	4	5	6	7	8
1950	28.4	3.7	1.1	5.5	.5	4.0	.1	10.5	3.0
1951	32.7	4.1	1.2	5.8	.6	4.8	.1	12.5	3.6
1952	37.2	4.5	1.3	6.2	.7	5.6	.2	14.5	4.2
1953	41.9	4.9	1.3	6.6	.8	6.5	.2	16.7	4.9
1954	46.9	5.4	1.4	7.1	.9	7.4	.2	18.9	5.7
1955	52.4	5.9	1.5	7.5	1.0	8.4	.3	21.3	6.5
1956	58.0	6.5	1.5	8.1	1.1	9.3	.3	23.8	7.4
1957	65.1	7.1	1.6	8.7	1.3	10.6	.4	26.7	8.6
1958	73.2	7.8	1.7	9.6	1.4	12.2	.5	30.0	10.0
1959	81.6	8.4	1.8	10.5	1.5	13.9	.7	33.3	11.5
1960	92.2	9.0	1.9	11.3	1.8	16.7	.9	37.5	13.1
1961	105.0	9.6	2.0	12.0	2.0	20.8	1.2	42.5	14.9
1962	122.4	10.5	2.1	13.0	2.4	26.2	1.6	49.4	17.1
1963	140.6	11.4	2.2	13.9	2.8	30.6	2.0	57.7	19.9
1964	161.1	12.4	2.3	14.8	3.2	35.5	2.4	67.3	23.1
1965	185.2	13.5	2.5	15.7	3.7	41.1	2.9	78.6	27.4
1966	209.3	14.7	2.6	16.7	4.0	45.4	3.2	90.4	32.4
1967	236.4	16.0	2.7	17.8	4.5	50.3	3.8	103.5	37.8
1968	269.6	17.7	2.8	18.8	5.1	57.9	4.4	118.4	44.5
1969	309.8	20.0	3.0	20.2	5.9	67.4	5.1	135.3	52.8
1970	356.8	22.4	3.2	21.9	7.0	78.9	6.2	154.4	62.8

TABELLE 3.11

PERCENTAGE SHARES OF SECTORIAL ORIGIN OF GRP
AGGREGATED TO 8 SECTORS REGION 3 JAPAN

YEAR	TOTAL	1	2	3	4	5	6	7	8
1950	100.0	21.33	.48	4.30	2.14	21.00	4.00	43.25	3.50
1951	100.0	21.34	.48	4.29	2.15	21.00	4.00	43.21	3.53
1952	100.0	21.34	.48	4.27	2.17	21.00	4.00	43.17	3.57
1953	100.0	21.35	.48	4.26	2.18	21.00	4.00	43.13	3.60
1954	100.0	22.21	.48	3.97	2.19	20.63	4.13	42.76	3.65
1955	100.0	23.06	.48	3.67	2.20	20.25	4.25	42.38	3.70
1956	100.0	21.30	.48	3.68	2.21	21.36	4.47	42.74	3.77
1957	100.0	19.54	.47	3.70	2.22	22.46	4.68	43.09	3.83
1958	100.0	17.78	.47	3.71	2.23	23.57	4.90	43.45	3.90
1959	100.0	15.35	.48	3.58	2.54	27.02	5.27	41.70	4.05
1960	100.0	12.92	.50	3.45	2.85	30.47	5.65	39.96	4.20
1961	100.0	12.06	.47	3.36	2.76	31.01	6.14	39.70	4.50
1962	100.0	11.53	.44	3.35	2.91	29.72	6.02	41.44	4.60
1963	100.0	10.16	.39	3.13	3.11	29.86	6.05	42.65	4.65
1964	100.0	9.63	.37	3.03	2.93	29.66	6.20	43.54	4.65
1965	100.0	9.59	.40	3.05	2.96	28.56	6.29	44.45	4.70
1966	100.0	9.39	.39	2.94	2.84	28.36	6.49	44.84	4.75
1967	100.0	9.37	.37	2.64	2.94	29.32	6.59	43.97	4.80
1968	100.0	8.47	.39	2.50	2.80	29.63	6.90	44.52	4.80
1969	100.0	6.76	.40	2.38	2.91	32.99	7.13	42.53	4.90
1970	100.0	6.76	.40	2.38	2.91	32.99	7.13	42.53	4.90

TABELLE 3.12

SECTORIAL SHARES OF GROSS FIXED CAPITAL FORMATION
AGGREGATED TO 8 SECTORS   REGION 4   REST DEVELOPED

YEAR	TOTAL	1	2	3	4	5	6	7	8
1950	100.0	15.49	4.00	12.19	2.84	12.69	1.02	33.08	18.69
1951	100.0	15.49	4.00	12.19	2.84	12.69	1.02	33.08	18.69
1952	100.0	15.49	4.00	12.19	2.84	12.69	1.02	33.08	18.69
1953	100.0	15.49	4.00	12.19	2.84	12.69	1.02	33.08	18.69
1954	100.0	14.54	4.00	11.79	2.74	13.04	1.23	34.78	17.89
1955	100.0	13.59	4.00	11.39	2.64	13.39	1.44	36.47	17.09
1956	100.0	13.17	3.97	11.47	2.52	13.23	1.43	37.10	17.13
1957	100.0	12.74	3.94	11.54	2.39	13.07	1.41	37.72	17.18
1958	100.0	12.32	3.91	11.62	2.27	12.92	1.40	38.35	17.22
1959	100.0	11.96	3.90	11.11	2.25	13.51	1.40	38.57	17.31
1960	100.0	11.60	3.90	10.60	2.23	14.10	1.40	38.79	17.39
1961	100.0	11.00	4.20	11.30	2.29	14.50	1.42	39.80	15.50
1962	100.0	11.50	3.70	11.40	2.23	14.70	1.66	39.30	15.50
1963	100.0	12.19	3.30	10.39	2.28	14.79	1.91	39.06	16.09
1964	100.0	10.69	3.60	9.29	2.33	17.09	1.93	38.48	16.59
1965	100.0	8.97	4.13	9.38	3.03	16.33	1.91	40.42	15.83
1966	100.0	9.60	4.40	10.90	3.35	14.70	1.65	39.60	15.80
1967	100.0	8.48	4.09	11.08	2.24	13.97	1.84	42.22	16.07
1968	100.0	8.99	4.39	10.58	2.86	14.88	1.79	40.64	15.88
1969	100.0	8.99	4.39	10.58	2.86	14.88	1.79	40.64	15.88
1970	100.0	8.99	4.39	10.58	2.86	14.88	1.79	40.64	15.88

TABELLE 3.13

SECTORIAL GROSS FIXED CAPITAL FORMATION IN 1963 US-DOLLARS   REGION 4

YEAR	TOTAL	1	2	3	4	5	6	7	8
1950	4.6	.72	.19	.57	.13	.59	.05	1.54	.87
1951	4.8	.74	.19	.58	.14	.61	.05	1.58	.89
1952	5.0	.78	.20	.61	.14	.64	.05	1.66	.94
1953	5.1	.79	.20	.62	.15	.65	.05	1.69	.96
1954	5.7	.82	.23	.67	.15	.74	.07	1.97	1.01
1955	5.8	.79	.23	.67	.15	.78	.08	2.13	1.00
1956	5.8	.77	.23	.67	.15	.77	.08	2.16	1.00
1957	6.1	.78	.24	.71	.15	.80	.09	2.31	1.05
1958	6.5	.81	.26	.76	.15	.84	.09	2.51	1.13
1959	7.0	.83	.27	.77	.16	.94	.10	2.69	1.21
1960	7.4	.86	.29	.79	.17	1.05	.10	2.88	1.29
1961	7.4	.81	.31	.83	.17	1.07	.10	2.94	1.14
1962	7.8	.90	.29	.89	.17	1.14	.13	3.06	1.21
1963	8.8	1.07	.29	.91	.20	1.30	.17	3.42	1.41
1964	10.3	1.10	.37	.95	.24	1.75	.20	3.94	1.70
1965	11.0	.99	.45	1.03	.33	1.80	.21	4.44	1.74
1966	11.0	1.06	.48	1.20	.37	1.62	.18	4.36	1.74
1967	11.2	.95	.46	1.24	.25	1.57	.21	4.73	1.80
1968	12.0	1.07	.53	1.26	.34	1.78	.21	4.86	1.90
1969	13.0	1.17	.57	1.38	.37	1.94	.23	5.29	2.07
1970	13.9	1.25	.61	1.47	.40	2.07	.25	5.65	2.21
GROWTH RATES P.A.		.0230	.0597	.0468	.0555	.0696	.0941	.0702	.0468
COEFF. OF CORREL.		.8171	.9339	.9646	.7939	.9566	.9643	.9906	.9364
INVESTMENT 1950		.71	.17	.53	.11	.55	.05	1.46	.81

TABELLE 3.14

CAPITAL STOCK IN CONST 1963 US-DOLLARS REGION 4 REST DEVELOPED

YEAR	TOTAL	1	2	3	4	5	6	7	8
1950	66.9	14.3	2.1	7.5	1.6	6.6	.3	17.5	16.6
1951	70.5	15.1	2.2	7.9	1.7	7.1	.3	18.8	17.4
1952	74.3	15.5	2.4	8.2	1.8	7.6	.4	20.1	18.3
1953	78.2	15.9	2.5	8.7	1.9	8.1	.4	21.5	19.2
1954	82.1	16.3	2.7	9.1	2.0	8.7	.4	22.9	20.1
1955	86.6	16.7	2.8	9.5	2.2	9.3	.5	24.6	21.1
1956	91.2	17.1	3.0	9.9	2.3	9.9	.5	26.4	22.0
1957	95.7	17.4	3.2	10.4	2.4	10.6	.6	28.2	23.0
1958	100.4	17.8	3.4	10.8	2.5	11.2	.6	30.2	24.0
1959	105.5	18.1	3.5	11.3	2.6	11.9	.7	32.3	25.0
1960	110.9	18.5	3.7	11.8	2.7	12.7	.8	34.5	26.2
1961	116.7	18.9	3.9	12.3	2.8	13.6	.8	36.9	27.4
1962	122.4	19.2	4.2	12.8	3.0	14.5	.9	39.4	28.5
1963	128.4	19.6	4.4	13.4	3.1	15.4	1.0	41.9	29.7
1964	135.3	20.2	4.5	13.9	3.2	16.5	1.1	44.8	31.0
1965	143.5	20.8	4.8	14.5	3.4	18.0	1.2	48.1	32.6
1966	152.4	21.3	5.2	15.2	3.7	19.6	1.3	51.9	34.3
1967	161.2	21.8	5.5	16.0	4.0	20.9	1.5	55.6	36.0
1968	170.1	22.2	5.9	16.8	4.2	22.2	1.6	59.6	37.7
1969	179.6	22.7	6.2	17.6	4.5	23.7	1.7	63.6	39.5
1970	190.0	23.3	6.7	18.6	4.8	25.3	1.9	68.1	41.5

TABELLE 3.15

PERCENTAGE SHARES OF SECTORIAL ORIGIN OF GRP
AGGREGATED TO 8 SECTORS REGION 4 REST DEVELOPED

YEAR	TOTAL	1	2	3	4	5	6	7	8
1950	100.0	19.11	3.16	3.89	3.90	18.34	6.63	41.16	3.82
1951	100.0	19.04	3.17	3.90	3.91	18.38	6.42	41.36	3.84
1952	100.0	18.97	3.17	3.90	3.91	18.42	6.20	41.56	3.85
1953	100.0	18.90	3.18	3.91	3.92	18.46	5.99	41.76	3.87
1954	100.0	18.06	3.26	4.01	4.02	18.92	6.10	41.76	3.87
1955	100.0	17.21	3.34	4.11	4.12	19.38	6.20	41.76	3.87
1956	100.0	16.84	3.35	4.13	4.13	19.46	6.21	41.99	3.89
1957	100.0	16.46	3.36	4.14	4.15	19.53	6.21	42.23	3.92
1958	100.0	16.09	3.37	4.16	4.16	19.61	6.22	42.46	3.94
1959	100.0	15.37	3.51	4.28	4.09	20.41	6.26	42.08	4.01
1960	100.0	14.65	3.65	4.40	4.02	21.20	6.30	41.70	4.09
1961	100.0	14.94	3.62	4.71	4.13	20.60	6.19	41.47	4.33
1962	100.0	14.68	3.55	4.60	4.31	20.59	6.21	41.53	4.53
1963	100.0	14.21	3.62	4.54	4.05	20.80	6.42	41.73	4.63
1964	100.0	13.41	3.60	4.58	3.91	21.31	6.74	41.86	4.59
1965	100.0	12.49	3.63	4.81	3.88	21.84	7.04	41.69	4.61
1966	100.0	13.26	3.74	4.78	4.05	21.14	6.82	41.60	4.60
1967	100.0	12.78	3.65	4.80	3.87	21.61	6.84	41.91	4.53
1968	100.0	12.90	3.76	4.70	3.69	21.27	6.79	42.30	4.58
1969	100.0	11.39	3.78	4.66	3.60	21.71	6.87	43.12	4.86
1970	100.0	11.39	3.78	4.66	3.60	21.71	6.87	43.12	4.86

TABELLE 3.16

CAPITAL-OUTPUT RATIO

	N-AMER	W-EUR	JAPAN	REST DEV
1950	3.98	2.11	1.18	3.14
1951	3.76	2.17	1.29	3.24
1952	3.78	2.20	1.40	3.26
1953	3.73	2.23	1.50	3.37
1954	3.90	2.27	1.56	3.33
1955	3.71	2.29	1.60	3.36
1956	3.80	2.32	1.64	3.43
1957	3.83	2.39	1.71	3.51
1958	4.00	2.53	1.82	3.47
1959	3.87	2.57	1.87	3.46
1960	3.90	2.56	1.85	3.49
1961	3.92	2.60	1.81	3.57
1962	3.78	2.67	2.00	3.53
1963	3.73	2.76	2.06	3.46
1964	3.66	2.79	2.07	3.40
1965	3.54	2.86	2.28	3.47
1966	3.42	2.96	2.35	3.51
1967	3.45	3.05	2.33	3.55
1968	3.40	3.10	2.33	3.52
1969	3.41	3.10	2.38	3.48
1970	3.56	3.16	2.49	3.51

TABELLE 3.17

CAPITAL STOCK ESTIMATES

	N-AMER	W-EUR	JAPAN	REST DEV
1950	1597.6	497.7	28.4	66.9
1951	1653.7	532.2	32.7	70.5
1952	1708.7	568.5	37.2	74.3
1953	1760.0	605.5	41.9	78.2
1954	1814.5	645.3	46.9	82.1
1955	1869.9	690.4	52.4	86.6
1956	1934.6	741.1	58.0	91.2
1957	2000.2	796.3	65.1	95.7
1958	2063.7	853.7	73.2	100.4
1959	2120.8	911.5	81.6	105.5
1960	2186.0	974.0	92.2	110.9
1961	2249.3	1045.0	105.0	116.7
1962	2310.0	1123.6	122.4	122.4
1963	2377.8	1206.3	140.6	128.4
1964	2448.8	1291.9	161.1	135.3
1965	2525.3	1387.8	185.2	143.5
1966	2611.8	1487.2	209.3	152.4
1967	2706.0	1590.4	236.4	161.2
1968	2794.9	1694.3	269.6	170.1
1969	2891.3	1804.2	309.8	179.6
1970	2990.9	1925.2	356.8	190.0

TABELLE 3.18

SECTORIAL CAPITAL COEFFICIENTS

SECTOR 1 AVERAGE LIFE TIME 30

	N-AMER	W-EUR	JAPAN	REST DEV
1950	4.80	1.20	.72	3.63
1951	4.90	1.26	.75	3.65
1952	4.78	1.27	.79	3.58
1953	4.79	1.27	.92	3.61
1954	4.98	1.33	.80	3.65
1955	4.87	1.41	.78	3.76
1956	5.05	1.50	.86	3.81
1957	5.36	1.52	.96	3.88
1958	5.33	1.57	1.09	3.81
1959	5.33	1.63	1.25	3.87
1960	5.33	1.72	1.40	3.97
1961	5.30	1.78	1.38	3.86
1962	5.31	1.89	1.49	3.78
1963	5.17	1.97	1.65	3.72
1964	5.42	2.05	1.65	3.79
1965	5.19	2.17	1.73	4.02
1966	5.47	2.27	1.75	3.69
1967	5.40	2.24	1.69	3.76
1968	5.10	2.32	1.80	3.56
1969	5.09	2.53	2.27	3.86
1970	5.24	2.57	2.32	3.78

TABELLE 3.19

SECTORIAL CAPITAL COEFFICIENTS

SECTOR 2 AVERAGE LIFE TIME 25

	N-AMER	W-EUR	JAPAN	REST DEV
1950	3.24	9.29	9.89	3.12
1951	2.93	9.24	9.94	3.25
1952	2.98	9.25	9.98	3.29
1953	2.86	9.25	9.99	3.43
1954	3.18	9.10	9.79	3.34
1955	2.40	6.70	9.43	3.31
1956	2.49	6.75	9.17	3.39
1957	2.52	6.82	9.06	3.48
1958	2.53	7.07	9.19	3.44
1959	2.37	7.03	8.69	3.31
1960	2.45	6.80	7.77	3.22
1961	2.68	6.97	7.38	3.33
1962	2.66	7.31	7.88	3.39
1963	2.69	7.64	8.45	3.25
1964	2.55	7.53	8.18	3.18
1965	2.51	7.52	7.58	3.20
1966	2.50	7.71	7.41	3.17
1967	2.66	7.61	7.21	3.33
1968	2.61	6.90	6.28	3.22
1969	2.72	6.53	5.78	3.20
1970	2.86	6.39	5.62	3.27

TABELLE 3.20

SECTORIAL CAPITAL COEFFICIENTS

SECTOR 3 AVERAGE LIFE TIME 25

	N-AMER	W-EUR	JAPAN	REST DEV
1950	7.94	4.64	5.30	9.03
1951	7.17	4.64	5.40	9.28
1952	7.25	4.66	5.49	9.27
1953	6.92	4.66	5.57	9.53
1954	7.64	4.61	5.93	9.17
1955	6.65	4.93	6.28	8.96
1956	6.84	4.95	6.18	9.06
1957	6.92	5.01	6.20	9.17
1958	6.85	5.21	6.43	8.97
1959	6.42	5.16	6.71	8.66
1960	6.62	5.15	6.60	8.44
1961	6.76	5.32	6.17	7.96
1962	6.37	5.37	6.32	8.02
1963	6.20	5.43	6.54	7.93
1964	6.04	5.56	6.29	7.65
1965	5.95	5.71	6.34	7.29
1966	5.67	5.92	6.35	7.30
1967	5.62	6.26	6.63	7.33
1968	5.63	6.29	6.50	7.39
1969	5.28	6.32	6.53	7.34
1970	5.55	6.33	6.42	7.37

TABELLE 3.21

SECTORIAL CAPITAL COEFFICIENTS

SECTOR 4 AVERAGE LIFE TIME 30

	N-AMER	W-EUR	JAPAN	REST DEV
1950	2.00	1.67	.99	1.92
1951	1.81	1.65	1.10	2.00
1952	1.83	1.64	1.20	2.03
1953	1.75	1.62	1.29	2.11
1954	1.93	1.59	1.35	2.05
1955	1.82	1.82	1.39	2.03
1956	1.88	1.81	1.43	2.07
1957	1.90	1.81	1.48	2.12
1958	1.91	1.89	1.56	2.08
1959	1.78	1.86	1.39	2.09
1960	1.95	1.85	1.24	2.13
1961	1.95	1.87	1.27	2.10
1962	1.92	1.84	1.35	1.99
1963	1.95	1.87	1.33	2.06
1964	1.97	1.84	1.42	2.08
1965	1.99	1.83	1.52	2.13
1966	1.96	1.81	1.59	2.10
1967	1.98	1.84	1.50	2.28
1968	1.97	1.86	1.58	2.35
1969	1.93	1.84	1.57	2.40
1970	2.01	1.87	1.68	2.44

TABELLE 3.22

SECTORIAL CAPITAL COEFFICIENTS

SECTOR 5 AVERAGE LIFE TIME 30

	N-AMER	W-EUR	JAPAN	REST DEV
1950	2.07	1.90	.79	1.68
1951	1.90	1.91	.90	1.77
1952	1.94	1.94	1.00	1.80
1953	1.88	1.95	1.10	1.89
1954	2.00	1.94	1.19	1.86
1955	1.94	1.83	1.26	1.86
1956	2.02	1.85	1.23	1.92
1957	2.05	1.91	1.24	1.99
1958	2.35	2.04	1.29	1.98
1959	2.20	2.04	1.18	1.92
1960	2.19	1.88	1.10	1.89
1961	2.25	1.90	1.16	2.01
1962	2.10	1.96	1.44	2.03
1963	2.05	2.02	1.51	2.00
1964	1.97	1.99	1.54	1.95
1965	1.86	2.00	1.77	1.99
1966	1.78	2.04	1.79	2.13
1967	1.89	2.13	1.69	2.13
1968	1.88	2.10	1.69	2.16
1969	1.98	2.01	1.57	2.12
1970	2.08	2.06	1.67	2.16

TABELLE 3.23

SECTORIAL CAPITAL COEFFICIENTS

SECTOR 6 AVERAGE LIFE TIME 12

	N-AMER	W-EUR	JAPAN	REST DEV
1950	.47	.40	.11	.22
1951	.42	.42	.14	.24
1952	.43	.43	.16	.26
1953	.44	.43	.19	.28
1954	.44	.43	.19	.28
1955	.42	.43	.20	.29
1956	.43	.44	.19	.32
1957	.46	.48	.21	.34
1958	.48	.50	.25	.35
1959	.48	.51	.29	.36
1960	.49	.52	.32	.38
1961	.51	.52	.33	.40
1962	.51	.54	.43	.41
1963	.50	.57	.49	.40
1964	.48	.57	.50	.40
1965	.50	.60	.56	.41
1966	.51	.62	.56	.45
1967	.57	.64	.56	.47
1968	.58	.67	.55	.48
1969	.63	.69	.55	.48
1970	.66	.71	.61	.50

TABELLE 3.24

SECTORIAL CAPITAL COEFFICIENTS

SECTOR 7 AVERAGE LIFE TIME 30

	N-AMER	W-EUR	JAPAN	REST DEV
1950	1.61	1.25	1.01	2.00
1951	1.60	1.31	1.14	2.09
1952	1.63	1.34	1.27	2.13
1953	1.66	1.39	1.38	2.22
1954	1.72	1.44	1.48	2.23
1955	1.71	1.49	1.54	2.28
1956	1.76	1.51	1.57	2.37
1957	1.78	1.58	1.63	2.45
1958	1.86	1.70	1.72	2.45
1959	1.86	1.76	1.83	2.52
1960	1.90	1.83	1.89	2.61
1961	1.93	1.88	1.85	2.72
1962	1.90	1.95	1.94	2.74
1963	1.92	2.04	1.98	2.71
1964	1.92	2.12	1.99	2.69
1965	1.91	2.20	2.18	2.79
1966	1.87	2.32	2.26	2.87
1967	1.90	2.42	2.32	2.92
1968	1.90	2.50	2.30	2.91
1969	1.92	2.54	2.44	2.86
1970	2.03	2.62	2.54	2.92

TABELLE 3.25

SECTORIAL CAPITAL COEFFICIENTS

SECTOR 8 AVERAGE LIFE TIME 80

	N-AMER	W-EUR	JAPAN	REST DEV
1950	33.86	16.78	3.51	20.39
1951	32.40	17.37	4.00	20.88
1952	32.08	17.52	4.47	20.81
1953	31.91	17.90	4.90	21.33
1954	32.14	18.35	5.17	21.07
1955	29.55	18.57	5.36	21.10
1956	29.78	18.58	5.55	21.28
1957	29.52	18.79	5.96	21.53
1958	27.32	19.12	6.36	21.02
1959	26.62	19.43	6.49	20.48
1960	25.92	18.57	6.28	20.17
1961	25.41	18.53	5.70	19.35
1962	24.08	19.13	6.07	18.17
1963	23.13	19.51	6.27	17.27
1964	22.36	19.58	6.40	17.00
1965	21.35	20.03	7.20	17.10
1966	20.79	20.41	7.64	17.16
1967	19.70	20.26	7.76	17.53
1968	19.99	20.28	8.00	17.02
1969	18.55	22.43	8.27	15.76
1970	19.08	22.79	8.96	15.79

TABELLE 3.26

5.4 Modellergebnisse

In diesem Abschnitt werden die Simulationsergebnisse mit dem makroökonomischen Modell wiedergegeben.
Die Tabellen 4.1 - 4.4 weisen die Regressionskoeffizienten samt den Standardabweichungen der Koeffizienten, sowie Varianz und Korrelationskoeffizient der Schätzung aus.
In den Tabellen 5.1 - 5.3 werden die speziellen Szenarioannahmen des hier reproduzierten Modellaufs wiedergegeben. Aus Platzgründen kann nur ein Lauf abgedruckt werden. Die Tabellen 5.4 - 5.7 (mit jeweils zwei Tabellen als Untergliederung) geben die Welthandelsstrukturveränderungen zwischen den zehn Regionen in den Jahren 1970, 1980, 2000 und 2020, wie sie sich aus dem hier abgedruckten Modellauf ergeben.
Die Tabellen 5.8 - 5.27 zeigen die Entwicklung der wichtigsten makroökonomischen Größen für jede Region bis zum Jahre 2025. Aus Platzgründen werden die Werte für die Zeit nach 1970 im Fünf-Jahres-Abstand gedruckt.
Die Tabellen 5.28 - 5.30 weisen die geglätteten durchschnittlichen jährlichen Wachstumsraten der realen Bruttoregionalprodukte der einzelnen Regionen über Zeiträume von 20, 30 und 60 Jahren aus.

Schätzung der "Konsumfunktion": $C = a + b \cdot GRP$

Region	a	b	Varianz	Korrelationskoeffizient
North America	-17.189	.659	36.771	.996
	(5.888)	(.010)		
Western Europe	12.653	.598	1.312	1.000
	(.915)	(.002)		
Japan	4.380	.508	1.701	.995
	(.572)	(.008)		
Rest of Developed	2.540	.575	.054	.999
	(.180)	(.005)		
USSR/Eastern Europe	6.818	.699	4.468	.999
	(1.174)	(.004)		
Latin America	1.175	.711	.388	.999
	(.452)	(.006)		
Middle East	3.564	.463	.314	.986
	(.319)	(.013)		
Main Africa	3.742	.585	.060	.994
	(.226)	(.011)		
South-East-Asia	6.844	.716	.737	.997
	(.767)	(.009)		
China	6.566	.594	1.056	.986
	(1.064)	(.016)		

Tabelle 4.1

Schätzung der "Staatsausgabenfunktion": $G = a + b \cdot GRP$

Region	a	b	Varianz	Korrelationskoeffizient
North America	3.693	.185	67.156	.916
	(7.957)	(.013)		
Western Europe	14.893	.111	1.699	.990
	(1.041)	(.033		
Japan	2.989	.054	.032	.992
	(.079)	(.001)		
Rest of Developed	-.814	.147	.053	.978
	(.178)	(.005)		
USSR/Eastern Europe	-3.348	.104	1.567	.989
	(.695)	(.002)		
Latin America	1.605	.078	.069	.981
	(.191)	(.002)		
Middle East	-1.685	.224	.091	.983
	(.171)	(.007)		
Main Africa	-1.367	.167	.007	.991
	(.079)	(.004)		
South-East-Asia	-3.570	.135	.042	.995
	(.184)	(.002)		
China	-1.318	.108	.255	.909
	(.522)	(.008)		

Tabelle 4.2

Schätzung der "Exportfunktion": $X = a + b \cdot GRP$

Region	a	b	Varianz	Korrelationskoeffizient
North America	-18.004	.088	4.256	.975
	(2.003)	(.003)		
Western Europe	-48.589	.326	33.622	.978
	(4.633)	(.011)		
Japan	-2.216	.139	.430	.984
	(.288)	(.004)		
Rest of De-veloped	-1.895	.261	.048	.994
	(.170)	(.005)		
USSR/Eastern Europe	-2.302	.064	.337	.994
	(.322)	(.001)		
Latin America	-4.336	.195	.770	.968
	(.637)	(.008)		
Middle East	-.767	.358	.098	.993
	(.177)	(.007)		
Main Africa	-1.390	.295	.081	.968
	(.261)	(.012)		
South-East-Asia	-.160	.085	.535	.857
	(.645)	(.008)		
China	-.473	.058	.074	.907
	(.281)	(.004)		

Tabelle 4.3

Schätzung der "Importfunktion": $M = a + b \cdot GRP$

Region	a	b	Varianz	Korrelationskoeffizient
North America	-22.163	.092	5.706	.970
	(2.319)	(.004)		
Western Europe	-53.526	.334	30.043	.981
	(4.379)	(.011)		
Japan	-2.020	.126	.136	.994
	(.162)	(.002)		
Rest of Developed	-1.713	.267	.236	.971
	(.376)	(.011)		
USSR/Eastern Europe	-.089	.041	.874	.963
	(.519)	(.002)		
Latin America	-2.572	.168	.360	.979
	(.435)	(.006)		
Middle East	.537	.223	.072	.986
	(.153)	(.006)		
Main Africa	-.447	.249	.110	.940
	(.304)	(.014)		
South-East-Asia	-2.202	.141	.540	.943
	(.657)	(.008)		
China	.454	.041	.101	.783
	(.330)	(.005)		

Tabelle 4.4

WORLD TRADE MATRIX 1955 USED AS STARTING MATRIX FOR SIMULATIONS

	N-AMER	W-EUR	JAPAN	REST DV	E-EUR	LAT AM	M EAST	M AFR	SE-ASIA	CHINA
N-AMER	6150.00	5310.00	700.00	900.00	75.00	3200.00	600.00	170.00	1700.00	20.00
W-EUR	3000.00	20000.00	165.00	1600.00	1300.00	1500.00	2100.00	800.00	1400.00	100.00
JAPAN	550.00	230.00	0.00	110.00	60.00	165.00	105.00	50.00	780.00	50.00
REST DV	300.00	1200.00	200.00	140.00	70.00	20.00	30.00	170.00	180.00	30.00
E-EUR	70.00	1440.00	20.00	23.00	7085.00	115.00	250.00	65.00	150.00	600.00
LAT AM	2400.00	2380.00	210.00	30.00	125.00	950.00	45.00	20.00	30.00	10.00
M EAST	310.00	2435.00	250.00	215.00	190.00	75.00	480.00	100.00	280.00	30.00
M AFR	350.00	1400.00	40.00	90.00	30.00	15.00	40.00	180.00	80.00	20.00
SE-ASIA	1250.00	1450.00	510.00	285.00	120.00	90.00	215.00	95.00	2150.00	120.00
CHINA	5.00	120.00	60.00	5.00	965.00	10.00	30.00	10.00	220.00	0.00

TOT-MATRIZEN
EVERY 15. YEAR PRINTED
1970

1.000	0.000	0.000	0.000	0.000	0.000	0.000	0.000	0.000	0.000
0.000	1.000	0.000	0.000	0.000	0.000	0.000	0.000	0.000	0.000
0.000	0.000	1.000	0.000	0.000	0.000	0.000	0.000	0.000	0.000
0.000	0.000	0.000	1.000	0.000	0.000	0.000	0.000	0.000	0.000
0.000	0.000	0.000	0.000	1.000	0.000	0.000	0.000	0.000	0.000
0.000	0.000	0.000	0.000	0.000	1.000	0.000	0.000	0.000	0.000
0.000	0.000	0.000	0.000	0.000	0.000	1.000	0.000	0.000	0.000
0.000	0.000	0.000	0.000	0.000	0.000	0.000	1.000	0.000	0.000
0.000	0.000	0.000	0.000	0.000	0.000	0.000	0.000	1.000	0.000
0.000	0.000	0.000	0.000	0.000	0.000	0.000	0.000	0.000	1.000

TOT-MATRIZEN
EVERY 15. YEAR PRINTED
1985

.990	0.000	0.000	0.000	0.000	0.000	0.000	0.000	0.000	0.000
0.000	.990	0.000	0.000	0.000	0.000	0.000	0.000	0.000	0.000
0.000	0.000	.990	0.000	0.000	0.000	0.000	0.000	0.000	0.000
0.000	0.000	0.000	.990	0.000	0.000	0.000	0.000	0.000	0.000
0.000	0.000	0.000	0.000	1.000	0.000	0.000	0.000	0.000	0.000
.003	.002	0.000	0.000	0.000	1.000	0.000	0.000	0.000	0.000
.001	.004	.005	.004	0.000	0.000	1.000	0.000	0.000	0.000
.002	.002	.001	.002	0.000	0.000	0.000	1.000	0.000	0.000
.004	.002	.004	.004	0.000	0.000	0.000	0.000	1.000	0.000
0.000	0.000	0.000	0.000	0.000	0.000	0.000	0.000	0.000	1.000

UPPER AND LOWER LIMITS FOR C/Y AND G/Y

62.00	62.00	62.00	62.00	65.00	70.00	50.00	70.00	75.00	64.00
65.00	65.00	65.00	65.00	75.00	75.00	71.00	82.00	82.00	73.00
18.00	13.50	8.00	11.50	8.00	9.00	11.00	8.00	8.00	8.00
20.00	15.50	15.00	14.00	10.00	10.00	21.00	15.00	12.00	12.00

TABELLE 5.1

SCENARIO 1 START 1955 END 2025
EVERY 5. YEAR PRINTED

GROSS INVESTMENT / GROSS REGIONAL PRODUCT

	N-AMER	W-EUR	JAPAN	R-DEV	E-EUR	LAT-AM	M-EAST	M-AFR	S-E-AS	CHINA
1955	18.6	18.9	19.0	22.4	15.8	17.0	14.3	11.4	12.4	20.0
1960	17.1	21.4	27.0	23.0	18.6	17.1	14.6	12.9	13.4	20.6
1965	17.8	23.4	31.0	26.6	16.8	16.5	15.9	14.5	14.7	23.3
1970	17.0	24.8	39.0	25.5	16.5	18.3	17.1	16.0	16.0	23.6
1975	18.5	25.4	34.5	25.8	18.3	19.6	19.1	18.0	18.0	23.3
1980	20.0	26.0	30.0	26.0	20.0	21.0	21.0	20.0	20.0	23.0
1985	22.5	26.0	28.0	26.0	22.5	21.5	21.5	21.0	21.0	23.3
1990	25.0	26.0	26.0	26.0	25.0	22.0	22.0	22.0	22.0	23.5
1995	25.1	26.0	26.0	26.0	25.1	22.4	22.4	22.4	22.4	23.7
2000	25.3	26.0	26.0	26.0	25.3	22.8	22.8	22.8	22.8	23.9
2005	25.4	26.0	26.0	25.0	25.4	23.2	23.2	23.2	23.2	24.1
2010	25.5	26.0	26.0	26.0	25.5	23.5	23.5	23.5	23.5	24.3
2015	25.6	26.0	26.0	26.0	25.6	23.9	23.9	23.9	23.9	24.5
2020	25.8	26.0	26.0	26.0	25.8	24.3	24.3	24.3	24.3	24.7
2025	25.9	26.0	26.0	26.0	25.9	24.7	24.7	24.7	24.7	24.8

TABELLE 5.2

CAPITAL COEFFICIENT

	N-AMER	W-EUR	JAPAN	R-DEV	E-EUR	LAT-AM	M-EAST	M-AFR	S-E-AS	CHINA
1955	3.80	2.30	1.57	3.27	1.60	2.48	1.58	1.47	1.51	3.10
1960	3.94	2.60	1.89	3.43	1.67	2.49	1.65	1.65	1.73	3.27
1965	3.55	2.90	2.22	3.49	1.91	2.49	1.73	1.88	1.94	3.60
1970	3.53	3.20	2.55	3.55	2.02	2.49	1.80	2.10	2.15	3.76
1975	3.62	3.40	2.93	3.63	2.26	2.50	2.00	2.30	2.33	3.48
1980	3.70	3.60	3.30	3.70	2.50	2.50	2.20	2.50	2.50	3.20
1985	3.80	3.75	3.60	3.80	2.70	2.55	2.40	2.55	2.55	3.20
1990	3.90	3.90	3.90	3.90	2.90	2.60	2.60	2.60	2.60	3.20
1995	3.94	3.95	3.95	3.94	3.04	2.65	2.65	2.65	2.65	3.20
2000	3.98	4.00	4.00	3.98	3.18	2.70	2.70	2.70	2.70	3.20
2005	4.02	4.05	4.05	4.02	3.32	2.75	2.75	2.75	2.75	3.20
2010	4.05	4.11	4.11	4.05	3.46	2.81	2.81	2.81	2.81	3.20
2015	4.09	4.16	4.16	4.09	3.61	2.86	2.86	2.86	2.86	3.20
2020	4.13	4.21	4.21	4.13	3.75	2.91	2.91	2.91	2.91	3.20
2025	4.17	4.26	4.26	4.17	3.89	2.96	2.96	2.96	2.96	3.20

UPPER LIMIT EXMJ IN TOTAL M-EAST EXPORTS .200

UPPER LIMIT EXMJ IN TOTAL JAPAN IMPORTS .500

RATE OF TECHNICAL PROGRESS IN ENERGY SUBSTITUTION IN JAPAN .500 AND 1.000

TABELLE 5.3

WORLD TRACE MATRIX 1970

IMPORT - STRUCTURE

	1	2	3	4	5	6	7	8	9	10
1	.365	.107	.313	.198	.005	.436	.109	.073	.195	.012
2	.281	.641	.118	.556	.136	.328	.614	.532	.260	.094
3	.096	.013	0.000	.071	.011	.065	.055	.065	.257	.095
4	.029	.041	.158	.050	.008	.005	.010	.112	.037	.027
5	.067	.049	.014	.009	.694	.026	.074	.050	.028	.686
6	.136	.045	.085	.006	.007	.119	.007	.008	.003	.006
7	.020	.054	.122	.052	.013	.011	.094	.048	.035	.021
8	.022	.030	.019	.021	.002	.002	.008	.081	.018	.013
9	.042	.016	.119	.035	.004	.006	.020	.024	.128	.045
10	.001	.004	.051	.002	.121	.003	.010	.007	.048	0.000

TABELLE 5.4.1

EXPORT - STRUCTURE

	1	2	3	4	5	6	7	8	9	10
1	.376	.283	.079	.045	.002	.137	.019	.009	.050	.001
2	.114	.667	.012	.050	.018	.041	.043	.027	.026	.003
3	.374	.133	0.000	.061	.013	.076	.037	.031	.248	.027
4	.135	.489	.181	.052	.013	.007	.008	.065	.043	.009
5	.016	.280	.008	.004	.504	.017	.029	.014	.016	.112
6	.432	.364	.066	.004	.007	.115	.004	.003	.002	.001
7	.085	.576	.124	.048	.017	.014	.068	.025	.036	.006
8	.177	.620	.038	.037	.005	.005	.011	.080	.020	.007
9	.255	.248	.177	.047	.007	.012	.022	.018	.194	.020
10	.006	.142	.157	.005	.497	.010	.022	.011	.149	0.000

TABELLE 5.4.2

WORLD TRADE MATRIX 1980

IMPORT - STRUCTURE

	1	2	3	4	5	6	7	8	9	10
1	.312	.093	.274	.169	.004	.381	.093	.062	.154	.011
2	.283	.657	.122	.561	.148	.338	.621	.539	.242	.100
3	.146	.021	0.000	.108	.018	.100	.083	.099	.362	.153
4	.026	.038	.149	.046	.008	.004	.009	.104	.031	.026
5	.006	.043	.013	.008	.656	.023	.065	.044	.023	.630
6	.149	.049	.094	.007	.008	.131	.008	.009	.003	.007
7	.020	.052	.171	.050	.013	.011	.086	.044	.029	.021
8	.021	.028	.018	.020	.002	.002	.007	.072	.008	.012
9	.036	.014	.104	.030	.003	.006	.017	.020	.100	.040
10	.001	.005	.055	.002	.139	.003	.011	.008	.047	0.000

TABELLE 5.5.1

EXPORT - STRUCTURE

	1	2	3	4	5	6	7	8	9	10
1	.313	.294	.103	.043	.002	.162	.024	.010	.048	.001
2	.092	.675	.015	.047	.017	.047	.052	.028	.025	.003
3	.324	.145	0.000	.061	.014	.094	.048	.035	.250	.028
4	.106	.480	.223	.047	.012	.008	.009	.067	.039	.039
5	.013	.288	.010	.004	.486	.021	.035	.015	.015	.112
6	.367	.385	.087	.004	.007	.137	.005	.004	.002	.001
7	.063	.528	.207	.041	.015	.014	.072	.023	.029	.006
8	.147	.637	.048	.035	.005	.006	.013	.082	.018	.007
9	.208	.253	.226	.044	.007	.014	.026	.019	.182	.020
10	.005	.141	.196	.005	.464	.011	.027	.012	.139	0.000

TABELLE 5.5.2

WORLD TRADE MATRIX 2000

IMPORT - STRUCTURE

	1	2	3	4	5	6	7	8	9	10
1	.229	.063	.167	.121	.003	.283	.058	.038	.100	.008
2	.256	.597	.102	.538	.146	.351	.602	.502	.244	.101
3	.115	.017	0.000	.093	.015	.094	.076	.086	.342	.138
4	.024	.034	.124	.044	.008	.005	.009	.098	.032	.026
5	.006	.036	.010	.007	.629	.021	.051	.033	.018	.591
6	.230	.072	.123	.010	.014	.209	.011	.012	.004	.011
7	.040	.097	.260	.098	.028	.021	.146	.072	.051	.043
8	.048	.060	.033	.043	.005	.004	.012	.124	.015	.028
9	.053	.019	.132	.044	.005	.009	.024	.027	.143	.063
10	.001	.005	.049	.002	.147	.003	.011	.008	.051	0.000

TABELLE 5.6.1

EXPORT - STRUCTURE

	1	2	3	4	5	6	7	8	9	10
1	.268	.256	.086	.037	.002	.235	.034	.016	.065	.001
2	.074	.600	.013	.041	.017	.072	.086	.053	.039	.003
3	.212	.107	0.000	.045	.011	.123	.068	.058	.351	.025
4	.085	.431	.198	.043	.012	.012	.015	.130	.064	.010
5	.011	.242	.008	.003	.500	.029	.049	.024	.020	.114
6	.328	.353	.077	.004	.008	.211	.008	.006	.003	.002
7	.059	.498	.171	.039	.017	.022	.107	.039	.042	.006
8	.138	.592	.042	.033	.006	.009	.017	.130	.024	.008
9	.172	.220	.190	.038	.007	.020	.038	.032	.261	.021
10	.004	.115	.159	.004	.434	.016	.041	.021	.256	0.000

TABELLE 5.6.2

IMPORT - STRUCTURE

	1	2	3	4	5	6	7	8	9	10
1	.193	.051	.112	.101	.003	.243	.045	.030	.081	.007
2	.191	.492	.071	.468	.121	.307	.536	.416	.226	.090
3	.067	.011	0.000	.065	.010	.066	.056	.058	.263	.099
4	.018	.030	.093	.042	.007	.004	.008	.088	.032	.025
5	.005	.031	.007	.006	.607	.019	.043	.028	.016	.548
6	.312	.097	.138	.014	.020	.300	.015	.015	.006	.017
7	.063	.154	.341	.153	.049	.036	.231	.113	.084	.074
8	.083	.101	.046	.078	.010	.008	.021	.209	.025	.051
9	.067	.026	.146	.061	.008	.012	.033	.035	.203	.090
10	.001	.005	.047	.002	.166	.004	.014	.009	.064	0.000

TABELLE 5.7.1

EXPORT - STRUCTURE

	1	2	3	4	5	6	7	8	9	10
1	.229	.205	.058	.032	.002	.314	.046	.024	.089	.001
2	.057	.493	.009	.037	.015	.100	.136	.086	.063	.003
3	.124	.069	0.000	.032	.008	.134	.088	.073	.450	.023
4	.066	.364	.144	.039	.010	.017	.026	.216	.107	.011
5	.009	.199	.006	.003	.480	.040	.069	.036	.028	.130
6	.292	.305	.057	.004	.008	.305	.012	.010	.005	.002
7	.053	.434	.125	.036	.017	.032	.165	.065	.065	.008
8	.125	.508	.030	.031	.006	.013	.026	.216	.035	.010
9	.134	.173	.127	.032	.006	.027	.055	.048	.374	.022
10	.003	.091	.108	.003	.367	.021	.062	.032	.313	0.000

TABELLE 5.7.2

REGION 1 NORTH AMERICA

YEAR	GRP DATA	GRP COMPUTED	GRP DEV.	CONSUMPTION DATA	CONSUMPTION COMPUTED	CONSUMPTION DEV.	GOV. EXPENDITURE DATA	GOV. EXPENDITURE COMPUTED	GOV. EXPENDITURE DEV.	NRP	GRP P.C.
1955	503.39	486.82	-3.29	314.16	301.90	-3.90	95.16	93.22	-2.04	462.39	2.68
1956	509.76	500.27	-1.86	318.10	311.84	-1.97	93.92	96.04	2.26	475.01	2.71
1957	522.50	513.65	-1.70	326.07	321.51	-1.40	98.65	98.78	.14	487.53	2.74
1958	516.13	526.90	2.09	326.60	331.18	1.40	99.95	101.52	1.56	499.89	2.76
1959	547.99	540.00	-1.46	348.77	340.73	-2.31	102.97	104.22	1.21	512.07	2.79
1960	560.74	552.91	-1.39	357.99	350.14	-2.19	103.32	106.89	3.46	524.04	2.81
1961	573.48	565.61	-1.37	365.49	359.48	-1.64	109.09	109.53	.40	535.75	2.83
1962	611.71	597.55	-2.25	388.27	379.68	-2.21	117.02	115.17	-1.58	567.08	2.94
1963	637.20	633.60	-.57	405.08	402.00	-.76	119.60	121.41	1.51	601.68	3.07
1964	669.06	673.01	.59	426.26	426.63	.09	121.10	128.29	5.94	640.00	3.21
1965	713.66	716.73	.43	457.57	453.88	-.81	125.53	135.91	8.27	682.60	3.36
1966	764.64	765.40	.10	483.08	484.26	.24	143.83	144.41	.40	730.11	3.53
1967	783.76	790.50	.86	493.72	501.92	1.66	156.52	149.39	-4.55	754.02	3.59
1968	821.99	815.75	-.76	519.49	519.70	.04	161.76	154.40	-4.55	778.02	3.65
1969	847.48	841.08	-.75	540.97	537.70	-.60	162.12	159.48	-1.63	802.07	3.70
1970	841.10	866.47	3.02	542.25	555.77	2.49	156.54	164.57	5.13	826.14	3.75
1975		1030.48			657.14			187.36		982.69	4.12
1980		1214.53			766.72			217.14		1158.27	4.48
1985		1450.76			899.31			253.17		1385.08	4.94
1990		1773.39			1079.17			302.10		1694.68	5.57
1995		2234.00			1361.16			378.99		2140.14	6.48
2000		2819.27			1719.31			476.64		2706.20	7.55
2005		3562.13			2173.22			600.42		3423.73	8.80
2010		4501.51			2745.66			756.52		4328.29	10.27
2015		5683.83			3465.70			952.87		5463.99	11.97
2020		7167.76			4366.29			1198.46		6887.67	13.93
2025		9024.42			5492.77			1505.66		8666.32	16.19

TABELLE 5. 8

REGION 1 NORTH AMERICA

YEAR	EXPORTS DATA	EXPORTS COMPUTED	EXPORTS DEV.	IMPORTS DATA	IMPORTS COMPUTED	IMPORTS DEV.	GROSS INVESTMENT DATA	GROSS INVESTMENT COMPUTED	GROSS INVESTMENT DEV.	CAPITAL STOCK	CAPITAL COEFF.
1955	24.73	24.48	-1.01	24.25	22.83	-5.85	93.58	90.04	-3.79	1847.70	3.80
1956	28.05	25.45	-9.29	25.92	24.41	-5.82	95.61	91.36	-4.45	1913.31	3.82
1957	29.87	26.56	-11.06	26.58	25.72	-3.23	94.50	92.52	-2.10	1979.41	3.85
1958	26.67	27.64	3.66	26.30	27.02	2.75	89.20	93.58	4.91	2045.80	3.88
1959	27.89	28.77	3.16	30.13	28.25	-6.23	98.49	94.53	-4.02	2112.38	3.91
1960	31.30	29.94	-4.35	29.55	29.41	-.46	97.68	95.36	-2.38	2178.98	3.94
1961	31.62	31.08	-1.70	29.17	30.56	4.74	96.45	96.07	-.39	2245.47	3.97
1962	34.03	33.89	-.41	32.38	33.57	3.66	104.77	102.77	-1.90	2311.68	3.87
1963	36.65	36.94	.79	33.43	36.94	10.48	109.31	110.19	.81	2383.59	3.76
1964	41.11	40.33	-1.91	35.51	40.65	14.46	116.10	118.40	1.98	2461.86	3.66
1965	42.50	44.14	3.85	39.77	44.72	12.44	127.84	127.51	-.26	2547.25	3.55
1966	47.04	48.33	2.73	46.29	49.30	6.49	136.98	137.70	.53	2640.64	3.45
1967	49.07	50.49	2.91	48.77	51.69	6.01	133.22	140.39	5.38	2743.05	3.47
1968	53.98	52.70	-2.37	55.61	54.04	-2.82	142.37	142.98	.43	2846.95	3.49
1969	57.41	54.87	-4.43	60.09	56.43	-6.10	147.07	145.46	-1.09	2952.20	3.51
1970	61.42	57.10	-7.04	60.01	58.79	-2.03	140.90	147.82	4.91	3058.66	3.53
1975		77.99			75.80			183.79		3652.15	3.54
1980		93.02			93.87			231.51		4405.63	3.63
1985		109.79			118.20			306.70		5404.79	3.73
1990		131.98			151.82			411.97		6780.61	3.82
1995		170.01			197.47			521.31		8626.02	3.86
2000		218.16			255.79			660.95		10992.18	3.90
2005		279.27			329.70			838.91		14022.85	3.94
2010		357.17			422.44			1064.60		17890.61	3.97
2015		454.65			539.48			1350.10		22803.90	4.01
2020		578.54			684.76			1709.23		29027.79	4.05
2025		732.26			867.27			2161.01		36887.16	4.09

TABELLE 5. 9

REGION 2 WESTERN EUROPE

YEAR	GRP			CONSUMPTION			GOV. EXPENDITURE			NRP	GRP P.C.
	DATA	COMPUTED	DEV.	DATA	COMPUTED	DEV.	DATA	COMPUTED	DEV.		
1955	301.94	299.57	-.79	193.10	195.10	1.04	47.19	47.23	.09	292.97	.95
1956	319.45	313.56	-1.84	205.10	202.81	-1.12	49.38	49.24	-.28	306.49	.99
1957	332.58	328.33	-1.28	212.67	211.32	-.63	50.49	51.46	1.91	320.77	1.02
1958	336.95	343.98	2.08	215.24	220.55	2.47	50.44	53.61	6.29	335.87	1.06
1959	354.46	360.57	1.72	224.66	230.53	2.61	53.30	55.46	4.05	351.89	1.10
1960	380.71	378.18	-.67	239.34	240.80	.61	56.75	57.35	1.05	368.89	1.15
1961	402.59	396.84	-1.43	251.59	251.72	.05	58.96	59.36	.68	386.89	1.20
1962	420.10	416.60	-.83	262.74	263.30	.21	62.22	61.49	-1.17	405.95	1.24
1963	437.60	437.54	-.01	275.94	275.68	-.09	64.66	63.78	-1.37	426.14	1.30
1964	463.86	459.74	-.89	290.58	288.66	-.66	66.15	66.17	.04	447.53	1.35
1965	485.74	483.25	-.51	303.31	303.82	.17	69.12	69.03	-.13	470.18	1.41
1966	503.24	507.52	.85	314.05	319.54	1.75	70.37	71.99	2.31	493.52	1.46
1967	520.74	532.55	2.27	324.86	335.77	3.36	73.55	75.05	2.04	517.55	1.52
1968	547.00	558.33	2.07	339.42	352.42	3.83	75.66	78.17	3.32	542.28	1.58
1969	582.01	584.87	.49	359.83	367.10	2.02	79.09	80.80	2.16	567.70	1.65
1970	608.26	613.13	.80	377.55	382.78	1.38	81.32	83.53	2.71	594.82	1.71
1975		799.65			495.08			107.80		773.80	2.14
1980		1049.61			649.26			139.51		1012.85	2.69
1985		1353.65			833.12			180.13		1301.77	3.32
1990		1693.85			1035.74			225.52		1621.80	3.99
1995		2177.18			1330.94			289.80		2078.39	4.91
2000		2780.74			1700.83			370.34		2646.94	6.01
2005		3530.00			2159.33			470.18		3351.24	7.31
2010		4455.99			2726.14			593.59		4221.77	8.85
2015		5597.48			3422.76			745.28		5293.93	10.65
2020		6997.93			4278.93			931.70		6606.95	12.76
2025		8709.15			5320.03			1158.39		8208.63	15.22

TABELLE 5.10

REGION 2 WESTERN EUROPE

YEAR	EXPORTS DATA	EXPORTS COMPUTED	EXPORTS DEV.	IMPORTS DATA	IMPORTS COMPUTED	IMPORTS DEV.	GROSS INVESTMENT DATA	GROSS INVESTMENT COMPUTED	GROSS INVESTMENT DEV.	CAPITAL STOCK	CAPITAL COEFF.
1955	50.33	47.61	-5.41	46.93	47.97	2.21	58.26	57.59	-1.14	689.01	2.30
1956	53.92	52.36	-2.90	52.31	52.48	.33	63.36	61.63	-2.72	740.00	2.36
1957	58.10	57.04	-1.83	54.80	57.55	5.02	66.11	66.06	-.07	794.57	2.42
1958	59.03	61.93	4.91	54.92	63.00	14.70	67.17	70.88	5.53	853.06	2.48
1959	64.57	67.18	4.05	60.55	68.71	13.48	72.47	76.10	5.01	915.84	2.54
1960	75.30	72.97	-3.09	72.32	74.54	3.08	81.64	81.61	-.04	983.27	2.60
1961	78.27	79.03	.97	76.28	80.80	5.92	90.05	87.52	-2.81	1055.58	2.66
1962	81.79	85.42	4.44	81.68	87.46	7.08	95.04	93.86	-1.24	1133.15	2.72
1963	86.81	92.05	6.04	88.58	94.67	6.87	98.77	100.70	1.95	1216.36	2.78
1964	94.90	99.15	4.48	97.73	102.23	4.61	109.95	107.99	-1.79	1305.66	2.84
1965	104.18	106.70	2.43	105.41	110.20	4.55	114.54	113.90	-.56	1401.43	2.90
1966	110.94	114.45	3.16	111.43	118.49	6.33	119.32	120.03	.60	1502.26	2.96
1967	117.79	122.41	3.92	116.66	127.05	8.91	121.21	126.37	4.26	1608.29	3.02
1968	131.96	130.68	-.97	128.45	135.81	5.73	128.41	132.87	3.47	1719.66	3.08
1969	150.06	139.15	-7.27	147.75	144.88	-1.94	140.78	142.70	1.36	1836.48	3.14
1970	163.32	148.19	-9.26	163.98	154.48	-5.79	150.05	153.11	2.04	1962.01	3.20
1975		213.86			219.92			202.82		2718.80	3.40
1980		293.28			301.12			268.68		3705.49	3.53
1985		395.14			401.66			346.92		4986.84	3.68
1990		515.42			517.18			434.34		6606.01	3.90
1995		677.34			679.04			558.14		8602.67	3.95
2000		878.50			882.18			713.25		11130.09	4.00
2005		1128.76			1133.79			905.53		14310.08	4.05
2010		1437.67			1444.64			1143.22		18292.41	4.11
2015		1820.36			1826.26			1435.35		23265.43	4.16
2020		2287.74			2294.83			1794.39		29445.15	4.21
2025		2863.57			2863.83			2230.98		37092.04	4.26

TABELLE 5.11

REGION 3 JAPAN

YEAR	GRP DATA	GRP COMPUTED	GRP DEV.	CONSUMPTION DATA	CONSUMPTION COMPUTED	CONSUMPTION DEV.	GOV. EXPENDITURE DATA	GOV. EXPENDITURE COMPUTED	GOV. EXPENDITURE DEV.	NRP	GRP P.C.
1955	32.71	32.23	-1.46	21.25	21.03	-1.03	4.87	4.79	-1.51	32.07	.37
1956	35.43	34.64	-2.24	22.73	22.28	-1.97	4.88	4.93	.90	34.46	.39
1957	38.16	37.46	-1.84	24.23	23.74	-2.03	4.97	5.08	2.16	37.25	.42
1958	40.20	40.73	1.32	25.57	25.42	-.57	4.93	5.26	6.77	40.50	.45
1959	43.61	44.52	2.09	27.07	27.39	1.19	5.06	5.47	8.07	44.25	.48
1960	49.74	48.89	-1.70	30.45	29.59	-2.84	5.44	5.70	4.86	48.59	.53
1961	57.92	55.00	-5.03	34.41	32.26	-6.24	5.99	5.89	-1.74	54.66	.59
1962	61.33	60.25	-1.76	35.85	34.99	-2.42	6.18	6.24	.99	59.85	.63
1963	68.14	67.10	-1.52	40.21	38.96	-3.12	6.87	6.70	-2.45	66.65	.70
1964	77.68	74.62	-3.94	45.13	43.16	-4.38	7.31	7.16	-2.03	74.11	.77
1965	81.09	82.81	2.13	46.95	47.75	1.70	7.63	7.67	.54	82.23	.85
1966	89.26	91.72	2.75	51.09	52.10	1.96	8.09	8.12	.36	91.05	.93
1967	101.53	101.86	.33	57.79	56.98	-1.40	8.76	8.62	-1.60	101.10	1.02
1968	115.84	113.39	-2.12	63.17	62.51	-1.05	9.31	9.19	-1.26	112.49	1.12
1969	130.15	123.20	-5.33	68.90	66.70	-3.19	9.87	9.82	-.55	122.17	1.21
1970	143.09	134.67	-5.89	74.50	72.43	-2.77	10.62	10.51	-1.00	133.48	1.30
1975		204.52			113.30			16.48		202.38	1.88
1980		309.11			181.33			25.23		304.93	2.69
1985		424.73			258.47			34.46		416.57	3.51
1990		544.67			341.96			44.12		529.19	4.27
1995		716.39			449.58			58.01		690.71	5.32
2000		931.19			584.36			75.40		891.85	6.56
2005		1198.20			751.82			97.01		1141.82	8.01
2010		1529.67			959.66			123.83		1452.97	9.70
2015		1940.72			1217.15			157.05		1838.61	11.67
2020		2448.61			1535.69			198.15		2315.00	13.97
2025		3075.07			1927.67			248.73		2903.04	16.64

TABELLE 5.12

REGION 3 JAPAN

YEAR	EXPORTS			IMPORTS			GROSS INVESTMENT			CAPITAL STOCK	CAPITAL COEFF.
	DATA	COMPUTED	DEV.	DATA	COMPUTED	DEV.	DATA	COMPUTED	DEV.		
1955	2.49	2.26	-9.22	1.96	2.07	5.27	6.06	6.21	2.41	50.46	1.57
1956	2.84	2.57	-9.53	2.50	2.37	-5.03	7.48	7.23	-3.25	56.51	1.63
1957	3.17	2.94	-7.07	2.82	2.74	-3.11	8.61	8.43	-2.08	63.56	1.70
1958	3.47	3.38	-2.64	2.72	3.16	16.32	8.95	9.83	9.80	71.79	1.76
1959	3.84	3.87	.70	3.54	3.69	4.27	11.17	11.47	2.71	81.39	1.83
1960	4.51	4.47	-.80	4.21	4.24	.73	13.55	13.37	-1.33	92.59	1.89
1961	5.02	5.18	3.18	5.58	5.01	-10.23	18.08	16.69	-7.70	105.66	1.92
1962	5.56	6.03	8.42	5.32	5.69	7.03	19.05	18.68	-1.93	122.00	2.03
1963	6.10	6.94	13.74	6.43	6.57	2.14	21.39	21.07	-1.49	140.28	2.09
1964	7.43	8.10	9.00	7.36	7.41	.68	25.16	23.61	-6.17	160.90	2.16
1965	8.94	9.36	4.63	7.74	8.35	7.87	25.31	26.39	4.28	184.00	2.22
1966	10.38	10.49	1.06	8.75	9.55	9.16	28.45	30.56	7.43	209.80	2.29
1967	11.31	11.80	4.32	11.06	10.90	-1.43	34.73	35.37	1.84	239.69	2.35
1968	13.80	13.24	-4.10	12.33	12.49	1.30	41.89	40.94	-2.26	274.30	2.42
1959	16.44	14.58	-11.35	13.98	13.79	-1.34	48.91	45.90	-6.16	314.34	2.55
1970	19.10	15.75	-17.56	17.04	15.26	-10.42	55.91	51.24	-8.36	359.20	2.67
1975		27.81			24.15			71.07		645.82	3.16
1980		44.33			36.40			94.61		1029.64	3.33
1985		61.86			50.69			120.62		1529.04	3.60
1990		80.39			65.22			143.40		2124.21	3.90
1995		106.58			86.31			188.53		2830.65	3.95
2000		139.19			112.81			245.06		3727.14	4.00
2005		179.78			145.68			315.28		4857.33	4.05
2010		230.07			186.32			402.44		6279.51	4.11
2015		292.77			236.68			510.42		8066.41	4.16
2020		369.57			298.79			644.00		10303.02	4.21
2025		465.39			375.11			808.38		13096.65	4.26

TABELLE 5.13

REGION 4 REST OF DEVELOPED

YEAR	GRP DATA	GRP COMPUTED	GRP DEV.	CONSUMPTION DATA	CONSUMPTION COMPUTED	CONSUMPTION DEV.	GOV. EXPENDITURE DATA	GOV. EXPENDITURE COMPUTED	GOV. EXPENDITURE DEV.	NRP	GRP P.C.
1955	25.79	25.51	-1.09	17.48	16.71	-4.40	3.05	2.96	-2.99	24.53	.80
1956	26.57	26.45	-.45	17.49	17.28	-1.23	3.08	3.09	.46	25.42	.81
1957	27.24	27.41	.62	18.22	17.88	-1.83	3.18	3.23	1.35	26.32	.82
1958	28.95	28.82	-.43	18.99	18.78	-1.07	3.39	3.43	1.26	27.67	.85
1959	30.47	30.84	1.21	20.01	20.30	1.43	3.41	3.65	6.80	29.62	.89
1960	31.77	32.51	2.34	21.01	21.32	1.49	3.55	3.89	9.42	31.22	.91
1961	32.73	33.53	2.43	20.90	21.81	4.31	3.69	4.12	11.54	32.16	.92
1962	34.66	35.22	1.62	22.42	22.92	2.24	4.04	4.39	8.55	33.78	.94
1963	37.11	37.72	1.64	23.83	24.37	2.25	4.27	4.65	8.86	36.19	.99
1964	39.74	39.74	-.01	25.78	25.38	-1.53	4.69	4.91	4.68	38.13	1.01
1965	41.41	42.00	1.42	26.57	26.62	.18	5.18	5.23	.94	40.30	1.05
1966	43.46	44.55	2.52	27.28	28.19	3.35	5.53	5.61	1.56	42.75	1.09
1967	45.39	47.06	3.68	28.72	29.84	3.91	6.09	6.03	-1.07	45.15	1.12
1968	48.35	49.70	2.78	30.14	31.36	4.05	6.41	6.40	-.11	47.68	1.16
1969	51.58	52.52	1.82	32.14	33.00	2.68	6.85	6.81	-.60	50.38	1.19
1970	54.07	55.49	2.64	33.91	34.70	2.32	7.52	7.24	-3.79	53.23	1.23
1975		72.93			45.12			9.74		69.94	1.44
1980		95.50			58.45			13.04		91.61	1.68
1985		123.69			74.69			17.04		118.49	1.93
1990		158.73			95.11			21.87		151.77	2.21
1995		205.53			122.53			28.35		196.23	2.54
2000		265.16			157.58			36.63		252.76	2.92
2005		340.80			201.98			47.13		324.43	3.34
2010		436.49			258.24			60.43		415.01	3.81
2015		557.11			328.93			77.13		529.00	4.32
2020		708.51			418.01			98.19		672.01	4.89
2025		898.19			529.00			124.42		850.97	5.52

TABELLE 5.14

REGION 4 REST OF DEVELOPED

YEAR	EXPORTS DATA	EXPORTS COMPUTED	EXPORTS DEV.	IMPORTS DATA	IMPORTS COMPUTED	IMPORTS DEV.	GROSS INVESTMENT DATA	GROSS INVESTMENT COMPUTED	GROSS INVESTMENT DEV.	CAPITAL STOCK	CAPITAL COEFF.
1955	4.89	5.31	8.51	5.47	5.22	-4.54	5.84	5.76	-1.47	83.45	3.27
1956	5.21	5.58	7.02	5.04	5.48	8.62	5.84	5.99	2.58	88.23	3.34
1957	5.11	5.82	13.95	5.40	5.75	6.36	6.14	6.23	1.49	93.19	3.40
1958	5.67	6.17	8.75	5.64	6.14	8.82	6.54	6.58	.58	98.32	3.41
1959	6.14	6.59	7.31	6.07	6.65	9.55	6.96	6.94	-.26	103.75	3.36
1960	6.49	7.02	8.07	6.72	7.08	5.31	7.43	7.36	-.96	109.47	3.37
1961	6.88	7.39	7.40	6.13	7.40	20.70	7.39	7.62	3.10	115.54	3.45
1962	7.22	7.83	8.53	6.80	7.86	15.49	7.78	7.94	1.97	121.79	3.46
1963	8.04	8.32	3.59	7.79	8.48	8.79	8.76	8.85	1.02	128.28	3.40
1964	8.28	8.74	5.57	9.26	9.12	-1.57	10.25	9.82	-4.27	135.61	3.41
1965	8.35	9.07	8.66	9.67	9.85	1.81	10.99	10.94	-.52	143.81	3.42
1966	9.05	9.96	10.10	9.42	10.41	10.55	11.02	11.20	1.60	153.04	3.44
1967	9.77	10.72	9.64	10.41	10.99	5.63	11.20	11.46	2.29	162.44	3.45
1968	10.85	11.39	5.04	10.99	11.69	6.39	11.95	12.24	2.40	171.99	3.46
1969	11.91	12.09	1.49	12.33	12.45	1.01	13.01	13.08	.51	182.21	3.47
1970	12.41	12.85	3.51	13.66	13.26	-2.96	13.89	13.97	.59	193.14	3.48
1975		17.77			18.19			18.49		259.18	3.55
1980		23.74			24.25			24.52		346.41	3.63
1985		31.65			31.34			31.65		460.82	3.73
1990		41.39			40.26			40.62		606.90	3.82
1995		54.30			52.30			52.65		793.60	3.86
2000		70.63			67.72			68.04		1033.83	3.90
2005		91.40			87.24			87.53		1341.62	3.94
2010		117.58			111.98			112.22		1734.77	3.97
2015		150.79			143.00			143.25		2235.15	4.01
2020		192.10			182.16			182.35		2869.29	4.05
2025		244.46			230.76			231.07		3671.33	4.09

TABELLE 5.15

REGION 5 USSR / EASTERN EUROPE

YEAR	GRP			CONSUMPTION			GOV. EXPENDITURE			NRP	GRP P.C.
	DATA	COMPUTED	DEV.	DATA	COMPUTED	DEV.	DATA	COMPUTED	DEV.		
1955	164.45	158.07	-3.87	124.51	118.90	-4.50	13.16	13.27	.86	156.22	.54
1956	175.99	172.72	-1.86	130.91	128.15	-2.11	13.73	14.68	6.95	170.70	.58
1957	193.30	189.38	-2.03	143.79	138.90	-3.40	15.08	16.31	8.18	187.18	.63
1958	210.61	211.98	.65	153.77	154.45	.44	16.21	18.26	12.66	209.59	.70
1959	230.80	234.86	1.76	166.37	170.08	2.23	18.71	20.49	9.50	232.26	.76
1960	248.11	249.77	.67	176.82	180.03	1.82	20.85	21.95	5.29	246.94	.80
1961	265.42	265.37	-.02	189.57	190.42	.45	23.35	23.48	.55	262.28	.84
1962	276.96	281.67	1.70	196.32	201.22	2.49	24.67	25.06	1.58	278.30	.88
1963	288.50	298.70	3.54	205.62	214.49	4.32	27.15	26.97	-.66	295.03	.92
1964	314.47	315.81	.43	224.73	226.82	.93	30.54	29.40	-3.74	311.82	.97
1965	331.78	339.00	2.18	239.65	244.90	2.19	31.48	32.06	1.83	334.65	1.02
1966	360.63	362.39	.49	259.25	261.57	.89	34.99	34.53	-1.31	357.65	1.08
1967	389.48	386.98	-.64	279.16	279.09	-.03	37.81	37.13	-1.78	381.82	1.14
1968	415.44	412.79	-.64	298.69	297.48	-.41	40.30	39.87	-1.09	407.21	1.20
1969	435.64	439.87	.97	313.24	316.81	1.14	42.25	42.74	1.15	433.84	1.27
1970	473.14	468.26	-1.03	340.19	337.08	-.92	45.89	45.75	-.31	461.74	1.33
1975		608.29			430.76			58.80		598.24	1.63
1980		782.05			544.60			75.17		765.68	1.98
1985		1018.88			692.38			96.19		994.40	2.43
1990		1343.49			891.22			124.10		1308.19	3.03
1995		1809.70			1197.78			167.10		1759.46	3.85
2000		2404.22			1588.27			221.87		2333.30	4.82
2005		3152.09			2078.75			290.66		3051.48	5.96
2010		4078.16			2684.58			375.63		3935.81	7.27
2015		5209.46			3424.03			479.34		5011.56	8.75
2020		6575.08			4315.22			604.34		6302.62	10.42
2025		8202.75			5375.57			753.06		7832.52	12.25

TABELLE 5.16

REGION 5 USSR / EASTERN EUROPE

YEAR	EXPORTS DATA	EXPORTS COMPUTED	EXPORTS DEV.	IMPORTS DATA	IMPORTS COMPUTED	IMPORTS DEV.	GROSS INVESTMENT DATA	GROSS INVESTMENT COMPUTED	GROSS INVESTMENT DEV.	CAPITAL STOCK	CAPITAL COEFF.
1955	7.95	7.46	-6.13	6.15	6.84	11.25	24.98	25.28	1.20	252.92	1.60
1956	8.36	8.46	1.21	6.42	7.24	12.85	29.41	28.67	-2.51	276.35	1.60
1957	9.32	9.49	1.81	7.20	7.95	10.49	32.30	32.62	.98	303.00	1.60
1958	10.13	10.73	5.99	8.01	8.85	10.43	38.51	37.38	-2.94	333.42	1.57
1959	12.25	12.15	-.77	9.47	9.77	3.21	42.94	41.91	-2.40	368.41	1.57
1960	13.02	13.03	.07	9.77	10.44	6.78	47.20	45.20	-4.23	407.72	1.63
1961	14.24	13.91	-2.29	10.80	11.13	3.03	49.07	48.69	-.77	450.08	1.70
1962	15.97	14.84	-7.09	12.65	11.83	-6.48	52.65	52.38	-.51	495.68	1.76
1963	17.22	16.08	-6.60	13.46	12.44	-7.58	51.98	53.60	3.12	544.69	1.82
1964	18.35	17.43	-5.04	15.51	13.24	-14.66	56.35	55.40	-1.68	594.63	1.88
1965	19.40	18.96	-2.25	14.09	14.14	.30	55.35	57.21	3.38	646.03	1.91
1966	20.20	20.42	1.12	14.42	15.13	4.95	60.61	61.00	.65	698.90	1.93
1967	22.02	21.94	-.34	15.00	16.15	7.69	65.48	64.96	-.80	755.16	1.95
1968	24.24	23.57	-2.76	16.34	17.22	5.38	68.55	69.10	.80	814.96	1.97
1969	26.07	25.27	-3.10	17.79	18.37	3.25	71.87	73.43	2.17	878.48	2.00
1970	27.44	27.05	-1.42	18.44	19.56	6.06	78.06	77.94	-.15	945.88	2.02
1975		35.18			25.49			109.04		1354.21	2.23
1980		44.63			33.24			150.91		1916.80	2.45
1985		56.73			43.79			217.37		2697.04	2.65
1990		72.66			58.41			313.92		3819.72	2.84
1995		98.63			78.65			424.85		5395.43	2.98
2000		131.57			104.55			567.05		7500.33	3.12
2005		172.97			137.10			746.81		10269.25	3.26
2010		224.65			177.01			970.31		13850.17	3.40
2015		287.30			226.08			1244.87		18412.53	3.53
2020		362.92			285.35			1577.95		24148.30	3.67
2025		453.04			355.80			1976.88		31260.36	3.81

TABELLE 5.17

REGION 6 LATIN AMERICA

YEAR	GRP			CONSUMPTION			GOV. EXPENDITURE			NRP	GRP P.C.
	DATA	COMPUTED	DEV.	DATA	COMPUTED	DEV.	DATA	COMPUTED	DEV.		
1955	54.88	54.24	-1.17	41.08	39.97	-2.70	6.01	5.46	-9.17	52.58	.29
1956	57.30	57.29	-.00	42.88	42.38	-1.15	6.06	5.79	-4.44	55.55	.30
1957	60.52	60.47	-.09	45.26	44.81	-1.00	6.46	6.13	-5.02	58.63	.31
1958	64.56	63.75	-1.26	48.23	47.22	-2.08	6.63	6.47	-2.37	61.81	.32
1959	66.17	67.13	1.44	48.75	49.50	1.53	6.99	6.79	-2.74	65.08	.32
1960	70.21	70.81	.85	50.97	51.83	1.69	7.11	7.12	.18	68.65	.33
1961	75.05	74.82	-.31	54.29	54.40	.20	7.53	7.44	-1.15	72.54	.34
1962	78.28	79.19	1.16	56.47	58.06	2.81	7.76	7.86	1.32	76.79	.35
1963	80.70	83.58	3.57	58.11	61.63	6.05	8.23	8.26	.40	81.05	.36
1964	87.16	87.94	.90	63.33	64.64	2.07	8.78	8.59	-2.16	85.27	.37
1965	92.00	92.65	.71	66.74	68.01	1.90	8.83	8.96	1.51	89.83	.38
1966	96.03	97.73	1.77	69.39	71.47	3.01	9.36	9.33	-.25	94.76	.39
1967	100.07	103.21	3.14	72.63	75.20	3.53	9.56	9.74	1.85	100.08	.40
1968	106.52	109.13	2.44	76.29	79.20	3.82	9.63	10.17	5.69	105.82	.41
1969	113.79	115.51	1.51	81.98	83.52	1.88	9.93	10.64	7.17	112.02	.42
1970	121.05	122.41	1.12	87.33	88.17	.96	10.62	11.15	4.96	118.73	.43
1975		169.46			119.53			14.69		164.65	.52
1980		246.81			172.15			21.22		240.51	.66
1985		356.91			247.66			30.59		348.70	.83
1990		515.58			356.10			44.05		504.55	1.04
1995		743.00			511.90			63.39		727.39	1.31
2000		1066.33			733.20			90.85		1043.41	1.64
2005		1523.96			1045.66			129.63		1490.27	2.03
2010		2165.13			1484.26			184.06		2119.61	2.52
2015		3075.01			2099.15			260.36		3002.36	3.10
2020		4343.20			2955.43			366.63		4236.86	3.81
2025		6111.42			4147.48			514.56		5956.51	4.67

TABELLE 5.18

REGION 6 LATIN AMERICA

YEAR	EXPORTS			IMPORTS			GROSS INVESTMENT			CAPITAL STOCK	CAPITAL COEFF.
	DATA	COMPUTED	DEV.	DATA	COMPUTED	DEV.	DATA	COMPUTED	DEV.		
1955	5.79	6.19	7.07	7.29	6.66	-8.61	9.29	9.27	-.19	134.64	2.48
1956	5.87	6.68	13.89	6.92	7.22	4.39	9.41	9.66	2.65	142.26	2.48
1957	6.19	7.28	17.51	7.30	7.77	6.51	9.91	10.02	1.12	150.17	2.48
1958	6.46	7.97	23.41	7.03	8.27	17.63	10.28	10.36	.76	158.35	2.48
1959	7.00	8.53	21.87	7.44	8.94	20.08	10.87	11.23	3.31	166.77	2.48
1960	10.39	9.25	-10.94	10.34	9.55	-7.63	12.08	12.16	.62	175.96	2.49
1961	10.96	10.03	-8.46	10.81	10.22	-5.40	13.09	13.17	.67	185.96	2.49
1962	11.80	10.87	-7.88	11.05	10.97	-.81	13.30	13.36	.43	196.86	2.49
1963	12.36	11.85	-4.14	10.86	11.59	6.74	12.85	13.43	4.48	207.82	2.49
1964	12.51	12.67	1.26	11.94	12.37	3.61	14.47	14.41	-.41	218.72	2.49
1965	14.13	13.45	-4.80	12.30	13.27	7.91	14.61	15.51	6.15	230.46	2.49
1966	14.48	14.42	-.38	12.88	14.15	9.88	15.69	16.66	6.13	243.15	2.49
1967	14.96	15.46	3.33	13.79	15.09	9.39	16.71	17.90	7.16	256.84	2.49
1968	16.98	16.59	-2.31	15.92	16.10	1.09	19.55	19.26	-1.49	271.61	2.49
1969	17.84	17.81	-.18	16.67	17.19	3.13	20.70	20.73	.13	287.56	2.49
1970	18.64	19.13	2.64	17.86	18.37	2.87	22.31	22.33	.07	304.80	2.49
1975		26.23			27.69			36.70		414.51	2.45
1980		39.59			41.41			55.26		604.93	2.45
1985		59.12			60.65			80.19		892.29	2.50
1990		87.15			88.32			116.60		1314.22	2.55
1995		126.95			128.34			169.11		1931.29	2.60
2000		183.11			185.44			244.61		2825.32	2.65
2005		262.31			266.20			352.56		4114.46	2.70
2010		374.18			379.44			506.08		5965.37	2.75
2015		530.15			538.82			724.17		8611.27	2.80
2020		749.50			760.39			1032.03		12381.08	2.85
2025		1052.95			1070.08			1466.51		17728.95	2.90

TABELLE 5.19

REGION 7 MIDDLE EAST

YEAR	GRP DATA	GRP COMPUTED	GRP DEV.	CONSUMPTION DATA	CONSUMPTION COMPUTED	CONSUMPTION DEV.	GOV. EXPENDITURE DATA	GOV. EXPENDITURE COMPUTED	GOV. EXPENDITURE DEV.	NRP	GRP P.C.
1955	15.37	15.16	-1.37	10.94	10.74	-1.80	1.66	1.74	4.62	14.97	.16
1956	16.39	16.28	-.69	11.57	11.20	-3.19	1.97	1.98	.63	16.38	.16
1957	17.41	17.52	.58	12.94	11.92	-7.87	2.25	2.29	1.75	17.30	.17
1958	18.44	18.76	1.74	12.31	12.56	2.01	2.36	2.58	9.24	18.52	.18
1959	19.72	19.59	-.67	12.99	12.77	-1.72	2.59	2.90	11.97	19.33	.18
1960	21.00	21.20	.93	13.32	13.64	2.40	2.77	3.12	12.78	20.92	.19
1961	22.02	22.73	3.21	14.62	14.35	-1.91	2.86	3.47	21.16	22.43	.20
1962	24.07	24.43	1.34	15.55	15.11	-2.84	3.23	3.84	19.15	24.07	.21
1963	25.61	26.20	2.30	15.11	15.95	5.57	3.76	4.25	12.95	25.85	.22
1964	27.91	28.15	.86	16.16	16.86	4.30	4.22	4.69	11.35	27.77	.23
1965	30.48	30.27	-.66	17.37	17.82	2.61	4.82	5.17	7.31	29.86	.24
1966	32.01	32.57	1.75	18.15	18.89	4.05	5.22	5.68	8.92	32.13	.25
1967	33.81	35.07	3.73	19.42	20.03	3.10	5.99	6.24	4.19	34.58	.26
1968	37.39	37.77	1.02	20.53	21.25	3.54	6.95	6.84	-1.63	37.25	.27
1969	40.21	40.71	1.25	21.91	22.59	3.10	7.68	7.49	-2.43	40.14	.29
1970	43.02	43.90	2.03	23.41	24.02	2.63	8.39	8.19	-2.35	43.28	.30
1975		61.43			31.14			11.48		60.51	.37
1980		100.59			48.64			19.79		99.25	.52
1985		157.75			74.44			31.56		155.74	.72
1990		236.66			110.07			47.40		233.61	.94
1995		365.21			168.46			73.36		360.05	1.26
2000		554.47			254.58			111.65		545.46	1.67
2005		830.26			379.94			167.40		815.37	2.18
2010		1229.43			561.38			248.08		1205.78	2.81
2015		1803.90			821.86			363.90		1766.97	3.60
2020		2625.48			1194.82			529.75		2568.59	4.56
2025		3795.57			1723.72			764.93		3708.99	5.75

TABELLE 5.20

REGION 7 MIDDLE EAST

YEAR	EXPORTS			IMPORTS			GROSS INVESTMENT			CAPITAL STOCK	CAPITAL COEFF.
	DATA	COMPUTED	DEV.	DATA	COMPUTED	DEV.	DATA	COMPUTED	DEV.		
1955	4.72	4.53	-3.88	4.15	4.06	-2.17	2.20	2.20	.15	23.87	1.58
1956	5.03	4.94	-1.82	4.61	4.27	-7.21	2.43	2.43	.22	25.88	1.59
1957	4.53	5.37	18.61	4.74	4.56	-3.72	2.44	2.50	2.46	28.11	1.61
1958	5.87	5.88	.17	4.52	4.79	5.92	2.42	2.53	4.47	30.39	1.62
1959	6.06	6.43	6.14	4.34	5.05	16.40	2.43	2.55	5.00	32.68	1.67
1960	6.86	6.66	-2.85	5.01	5.39	7.49	3.06	3.16	3.02	34.97	1.65
1961	6.87	7.21	4.95	5.59	5.73	2.46	3.26	3.44	5.45	37.85	1.67
1962	7.80	7.80	.03	5.97	6.11	2.26	3.47	3.75	8.06	40.99	1.68
1963	8.71	8.43	-3.14	6.10	6.53	7.07	4.12	4.09	-.87	44.41	1.70
1964	9.52	9.11	-4.25	6.34	6.97	10.05	4.35	4.46	2.43	48.14	1.71
1965	10.36	9.86	-4.81	6.98	7.45	6.73	4.91	4.87	-.85	52.22	1.73
1966	10.95	10.67	-2.58	7.52	7.97	6.01	5.22	5.31	1.80	56.68	1.74
1967	10.76	11.54	7.28	8.09	8.54	5.63	5.72	5.80	1.40	61.54	1.76
1968	12.38	12.50	1.03	8.75	9.16	4.64	6.28	6.33	.77	66.86	1.77
1969	13.79	13.53	-1.87	9.69	9.82	1.38	6.51	6.91	6.15	72.67	1.79
1970	14.71	14.68	-.23	10.58	10.55	-.36	7.10	7.55	6.32	79.01	1.80
1975		18.32			16.04			16.53		120.45	1.96
1980		30.47			25.42			27.10		216.95	2.16
1985		48.90			38.55			41.40		371.18	2.35
1990		74.52			56.53			61.20		603.26	2.55
1995		116.17			85.90			93.11		949.30	2.60
2000		177.19			129.17			140.21		1469.11	2.65
2005		265.98			192.05			208.99		2241.56	2.70
2010		394.11			283.18			309.03		3381.09	2.75
2015		578.25			413.72			453.60		5051.64	2.80
2020		840.23			601.55			662.23		7484.39	2.85
2025		1213.25			867.02			960.69		11010.79	2.90

TABELLE 5.21

REGION 8 MAIN AFRICA

YEAR	GRP			CONSUMPTION			GOV. EXPENDITURE			NRP	GRP P.C.
	DATA	COMPUTED	DEV.	DATA	COMPUTED	DEV.	DATA	COMPUTED	DEV.		
1955	16.32	16.13	-1.15	13.35	13.31	-.31	1.35	1.34	-.64	15.89	.10
1956	17.05	16.88	-1.02	13.84	13.77	-.55	1.46	1.47	.27	16.62	.10
1957	17.83	17.68	-.87	14.38	14.25	-.85	1.57	1.60	2.15	17.40	.10
1958	18.63	18.53	-.54	14.91	14.78	-.85	1.70	1.75	3.07	18.24	.10
1959	19.48	19.27	-1.10	15.32	15.22	-.66	1.82	1.88	2.94	18.95	.11
1960	20.35	20.04	-1.52	16.26	15.66	-3.74	1.88	2.00	6.80	19.71	.11
1961	20.71	20.86	.71	16.20	16.12	-.50	2.02	2.14	5.92	20.50	.11
1962	21.47	21.71	1.15	16.31	16.62	1.90	2.04	2.28	11.84	21.33	.11
1963	22.29	22.61	1.45	16.34	17.15	4.92	2.22	2.43	9.44	22.21	.11
1964	22.96	23.56	2.63	17.07	17.70	3.69	2.44	2.59	6.20	23.13	.12
1965	24.14	24.56	1.74	17.62	18.27	3.74	2.78	2.76	-.70	24.10	.12
1966	25.30	25.61	1.22	18.48	18.89	2.18	2.88	2.93	1.74	25.12	.12
1967	26.19	26.71	1.99	18.96	19.53	2.99	3.10	3.12	.52	26.19	.12
1968	27.31	27.87	2.07	19.69	20.19	2.51	3.27	3.31	1.14	27.31	.13
1969	28.91	29.09	.62	20.53	20.89	1.77	3.47	3.51	1.26	28.50	.13
1970	30.47	30.37	-.33	21.63	21.62	-.07	3.75	3.72	-.64	29.74	.13
1975		39.26			25.64			4.86		38.38	.15
1980		60.01			37.46			8.16		58.79	.21
1985		95.10			57.72			13.60		93.41	.30
1990		148.75			88.72			21.38		146.41	.42
1995		231.63			140.33			34.33		228.00	.58
2000		356.63			214.79			53.04		350.75	.80
2005		541.96			325.45			80.86		532.54	1.10
2010		815.31			488.93			121.95		800.38	1.48
2015		1215.92			728.05			182.06		1192.34	1.98
2020		1799.32			1077.07			269.80		1762.51	2.63
2025		2645.85			1581.64			396.64		2588.93	3.47

TABELLE 5.22

REGION 8 MAIN AFRICA

YEAR	EXPORTS			IMPORTS			GROSS INVESTMENT			CAPITAL STOCK	CAPITAL COEFF.
	DATA	COMPUTED	DEV.	DATA	COMPUTED	DEV.	DATA	COMPUTED	DEV.		
1955	3.35	3.29	-1.78	3.61	3.66	1.54	1.87	1.85	-1.18	23.71	1.47
1956	3.51	3.50	-.14	3.77	3.85	2.02	2.01	1.99	-1.02	25.32	1.50
1957	3.68	3.73	1.53	3.95	4.06	2.59	2.16	2.14	-.94	27.05	1.53
1958	3.84	3.98	3.45	4.13	4.28	3.60	2.32	2.31	-.46	28.91	1.56
1959	4.40	4.18	-5.00	4.52	4.47	-1.26	2.46	2.46	-.17	30.92	1.61
1960	4.38	4.42	.87	4.69	4.65	-.81	2.52	2.62	3.73	33.07	1.65
1961	4.40	4.66	5.93	4.59	4.85	5.78	2.67	2.79	4.25	35.35	1.70
1962	4.49	4.91	9.36	4.13	5.07	22.80	2.75	2.97	7.86	37.78	1.74
1963	5.00	5.17	3.45	4.47	5.30	18.56	3.19	3.16	-1.06	40.36	1.79
1964	5.84	5.45	-6.78	5.71	5.54	-2.85	3.31	3.36	1.68	43.12	1.83
1965	6.43	5.73	-10.78	6.33	5.79	-8.54	3.65	3.58	-1.85	46.05	1.88
1966	6.48	6.04	-6.87	6.18	6.06	-1.86	3.63	3.81	5.17	49.17	1.92
1967	6.39	6.35	-.55	6.21	6.35	2.26	3.94	4.06	2.89	52.49	1.97
1968	6.57	6.69	1.80	6.49	6.64	2.23	4.26	4.32	1.45	56.02	2.01
1969	7.05	7.04	-.15	6.42	6.95	8.25	4.28	4.59	7.34	59.78	2.06
1970	7.40	7.42	.15	7.04	7.27	3.29	4.72	4.88	3.41	63.78	2.10
1975		8.65			10.53			10.64		88.52	2.25
1980		13.87			15.77			16.29		147.07	2.45
1985		23.02			24.42			25.18		237.75	2.50
1990		37.13			37.50			39.01		379.17	2.55
1995		58.97			63.16			61.16		602.06	2.60
2000		92.22			96.62			93.20		944.92	2.65
2005		141.15			146.55			141.06		1463.20	2.70
2010		212.99			220.61			212.05		2242.21	2.75
2015		318.18			328.97			316.59		3405.06	2.80
2020		470.25			488.21			470.41		5129.28	2.85
2025		691.11			718.34			694.81		7675.48	2.90

TABELLE 5.23

REGION 9 SOUTH-EAST-ASIA

YEAR	GRP			CONSUMPTION			GOV. EXPENDITURE			NRP	GRP P.C.
	DATA	COMPUTED	DEV.	DATA	COMPUTED	DEV.	DATA	COMPUTED	DEV.		
1955	63.00	61.55	-2.29	51.60	50.56	-2.00	4.91	4.93	.39	60.60	.08
1956	66.50	65.47	-1.55	53.33	53.51	.33	5.12	5.11	-.11	64.45	.08
1957	67.38	68.61	1.83	53.83	55.91	3.86	5.19	5.53	6.59	67.52	.09
1958	70.00	70.72	1.03	56.35	57.38	1.83	5.95	5.97	.29	69.56	.09
1959	72.63	74.00	1.89	58.39	59.99	2.74	6.10	6.44	5.52	72.76	.09
1960	77.00	77.28	.37	62.76	62.59	-.26	6.85	6.91	.82	75.96	.09
1961	80.50	80.58	.09	64.56	64.96	.62	7.41	7.36	-.68	79.16	.09
1962	83.13	84.03	1.08	67.25	67.44	.29	7.56	7.82	3.43	82.52	.09
1963	87.50	87.64	.16	69.04	70.07	1.49	8.49	8.32	-2.00	86.03	.09
1964	92.75	91.43	-1.42	73.92	72.82	-1.50	9.00	8.83	-1.80	89.72	.10
1965	92.75	95.40	2.86	71.97	75.63	5.08	9.37	9.37	.01	93.57	.10
1966	96.25	99.56	3.44	76.13	78.63	3.28	9.63	9.93	3.21	97.61	.10
1967	103.25	103.91	.64	82.81	81.73	-1.29	10.12	10.52	3.98	101.83	.10
1968	106.75	108.47	1.61	83.59	84.96	1.65	11.10	11.13	.28	106.25	.10
1969	114.63	113.24	-1.21	88.26	88.36	.11	12.04	11.78	-2.16	110.89	.11
1970	120.75	118.24	-2.08	92.74	91.88	-.92	12.56	12.44	-.91	115.74	.11
1975		153.40			113.02			16.21		149.88	.12
1980		214.47			154.65			23.93		209.56	.15
1985		316.28			226.13			36.07		309.51	.20
1990		468.07			332.45			53.53		458.80	.27
1995		692.75			491.24			79.62		679.31	.35
2000		1018.99			721.62			117.47		993.82	.46
2005		1489.89			1053.51			172.00		1459.51	.60
2010		2166.13			1529.40			250.19		2120.42	.77
2015		3133.00			2207.99			361.69		3064.32	.99
2020		4509.38			3172.95			520.25		4406.57	1.27
2025		6462.14			4537.01			744.38		6308.95	1.61

TABELLE 5.24

REGION 9 SOUTH-EAST-ASIA

YEAR	EXPORTS			IMPORTS			GROSS INVESTMENT			CAPITAL STOCK	CAPITAL COEFF.
	DATA	COMPUTED	DEV.	DATA	COMPUTED	DEV.	DATA	COMPUTED	DEV.		
1955	5.29	5.02	-5.12	6.55	6.63	1.19	7.75	7.67	-1.06	93.10	1.51
1956	6.32	5.15	-18.42	7.58	7.26	-4.28	9.31	8.95	-3.86	99.81	1.52
1957	6.87	5.46	-20.54	8.02	7.63	-4.87	9.50	9.33	-1.77	107.74	1.57
1958	5.88	5.70	-3.09	7.84	7.99	1.97	9.66	9.67	.13	115.99	1.64
1959	6.10	5.97	-2.10	7.92	8.46	6.81	9.95	10.05	1.05	124.50	1.68
1960	5.62	6.26	11.38	8.09	8.90	10.13	9.86	10.42	5.77	133.31	1.73
1961	5.96	6.55	9.87	8.53	9.36	9.74	11.11	11.08	-.27	142.42	1.77
1962	5.99	6.84	14.24	9.23	9.85	6.79	11.55	11.77	1.89	152.09	1.81
1963	6.39	7.14	11.76	9.10	10.40	14.26	12.69	12.51	-1.38	162.35	1.85
1964	6.49	7.45	14.70	9.83	10.96	11.51	13.17	13.30	.95	173.26	1.90
1965	7.14	7.78	8.99	9.65	11.50	19.18	13.91	14.11	1.45	184.84	1.94
1966	8.28	8.13	-1.79	12.03	12.13	.79	14.25	14.99	5.23	197.13	1.98
1967	8.88	8.49	-4.37	13.73	12.75	-7.19	15.18	15.91	4.83	210.16	2.02
1968	9.07	8.88	-2.12	13.77	13.39	-2.78	16.76	16.88	.73	223.99	2.07
1969	9.86	9.27	-5.95	13.98	14.08	.69	18.45	17.91	-2.94	238.66	2.11
1970	11.35	9.70	-14.53	15.09	14.79	-2.04	19.20	19.00	-1.05	254.21	2.15
1975		11.79			20.89			33.27		349.66	2.28
1980		16.47			30.10			49.53		525.66	2.45
1985		24.54			44.79			74.33		790.69	2.50
1990		36.52			66.63			112.20		1193.11	2.55
1995		54.44			98.96			166.41		1800.66	2.60
2000		80.24			146.06			245.72		2699.89	2.65
2005		117.34			214.02			361.05		4022.47	2.70
2010		170.34			311.93			528.12		5957.12	2.75
2015		245.87			451.55			769.00		8773.67	2.80
2020		352.51			651.86			1115.53		12854.80	2.85
2025		503.67			934.31			1611.38		18746.38	2.90

TABELLE 5.25

REGION 10 CHINA

YEAR	GRP			CONSUMPTION			GOV. EXPENDITURE			NRP	GRP P.C.
	DATA	COMPUTED	DEV.	DATA	COMPUTED	DEV.	DATA	COMPUTED	DEV.		
1955	55.23	55.21	-.04	40.25	39.66	-1.47	4.48	4.68	4.50	52.78	.09
1956	61.53	59.45	-3.39	44.30	42.33	-4.46	4.25	5.16	21.46	56.90	.10
1957	63.57	64.19	.97	45.64	45.32	-.71	4.64	5.69	22.67	61.52	.11
1958	70.57	69.51	-1.49	50.03	48.69	-2.67	5.79	6.30	8.84	66.73	.11
1959	69.17	75.52	9.18	49.04	52.47	7.01	5.67	6.98	23.03	72.60	.12
1960	67.77	68.67	1.33	48.05	47.97	-.16	5.56	6.18	11.16	65.62	.11
1961	58.03	63.11	8.75	40.39	44.36	9.83	5.34	5.54	3.70	59.91	.10
1962	58.73	58.47	-.44	40.78	41.31	1.30	5.28	5.00	-5.35	55.13	.09
1963	63.63	63.61	-.03	43.50	44.61	2.54	5.61	5.58	-.37	60.11	.09
1964	69.48	69.57	.13	47.53	47.89	.77	6.11	6.20	1.33	65.91	.10
1965	77.63	76.71	-1.19	51.78	51.80	.03	6.99	6.92	-.93	72.88	.11
1966	82.78	87.03	5.13	54.06	58.04	7.37	7.78	7.87	1.09	83.02	.12
1967	78.65	83.63	6.33	53.64	56.73	5.77	7.31	7.78	6.39	79.43	.12
1968	80.11	81.61	1.87	53.83	55.20	2.54	7.61	7.52	-1.22	77.25	.11
1969	84.06	87.22	3.76	56.12	58.49	4.23	8.25	8.12	-1.55	82.68	.12
1970	90.67	93.48	3.10	60.03	62.15	3.55	9.25	8.79	-5.00	88.72	.12
1975		129.77			85.03			12.91		123.69	.16
1980		185.93			121.12			19.10		178.21	.20
1985		249.65			161.64			25.94		239.92	.25
1990		337.04			217.24			35.33		324.74	.31
1995		457.21			293.56			48.22		441.20	.38
2000		622.23			398.21			65.88		600.87	.48
2005		848.95			541.70			90.10		820.16	.60
2010		1161.14			738.83			123.37		1122.37	.75
2015		1592.20			1010.52			169.22		1539.41	.94
2020		2234.41			1383.72			244.63		2162.37	1.20
2025		3141.10			1941.43			343.49		3042.44	1.54

TABELLE 5.26

REGION 10 CHINA

YEAR	EXPORTS			IMPORTS			GROSS INVESTMENT			CAPITAL STOCK	CAPITAL COEFF.
	DATA	COMPUTED	DEV.	DATA	COMPUTED	DEV.	DATA	COMPUTED	DEV.		
1955	2.87	2.54	-11.60	3.43	2.77	-19.26	11.06	11.10	.38	171.16	3.10
1956	3.51	2.88	-17.76	3.14	2.99	-4.78	12.61	12.07	-4.33	179.82	3.03
1957	3.31	3.18	-3.67	2.92	3.16	8.14	12.90	13.16	1.96	189.35	2.95
1958	3.74	3.50	-6.33	3.60	3.37	-6.22	14.61	14.39	-1.48	199.84	2.88
1959	3.67	3.87	5.61	3.53	3.59	1.66	14.32	15.78	10.21	211.45	2.80
1960	3.59	3.49	-2.89	3.46	3.30	-4.51	14.03	14.33	2.19	224.31	3.27
1961	3.13	3.13	-.15	3.02	3.10	2.72	12.19	13.18	8.15	235.60	3.73
1962	3.11	2.87	-7.89	2.23	2.90	30.22	11.79	12.20	3.49	245.58	4.29
1963	3.25	3.13	-3.54	2.42	3.15	30.24	13.69	13.44	-1.88	254.44	4.00
1964	3.68	3.47	-5.90	2.92	3.40	16.52	15.08	15.42	2.28	264.38	3.80
1965	4.19	3.89	-7.26	3.65	3.68	.95	18.32	17.78	-2.93	276.14	3.60
1966	4.55	4.39	-3.65	4.06	4.09	.79	20.45	20.82	1.84	290.10	3.33
1967	4.01	4.29	6.97	3.85	3.99	3.55	17.54	18.81	7.26	306.91	3.67
1968	4.01	4.18	4.36	3.60	3.90	8.23	18.27	18.61	1.87	321.53	3.94
1969	4.12	4.49	8.79	3.62	4.13	14.08	19.18	20.25	5.54	335.78	3.85
1970	4.26	4.85	13.71	4.35	4.39	.81	21.49	22.08	2.76	351.49	3.76
1975		6.95			5.86			30.74		451.60	3.48
1980		10.29			8.10			43.53		594.97	3.20
1985		14.01			10.68			58.72		798.87	3.20
1990		19.01			14.30			79.77		1078.53	3.20
1995		25.97			19.22			108.68		1463.07	3.20
2000		35.51			25.98			148.61		1991.12	3.20
2005		48.63			35.26			203.79		2716.64	3.20
2010		66.72			47.94			280.17		3715.64	3.20
2015		91.73			65.51			386.23		5095.03	3.20
2020		132.08			87.57			561.54		7025.73	3.14
2025		185.61			122.78			793.36		9854.44	3.14

TABELLE 5.27

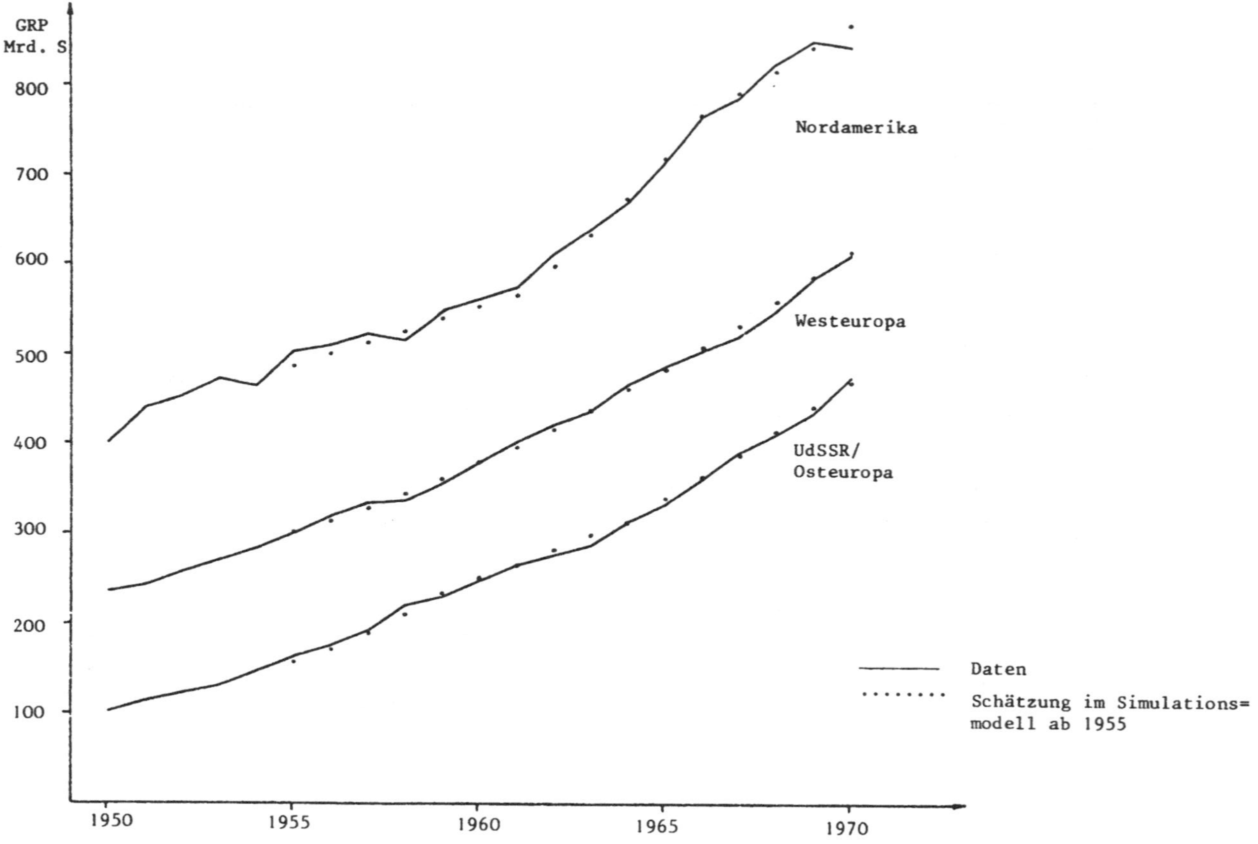

Abbildung 5.1 : Daten und Simulationsergebnisse

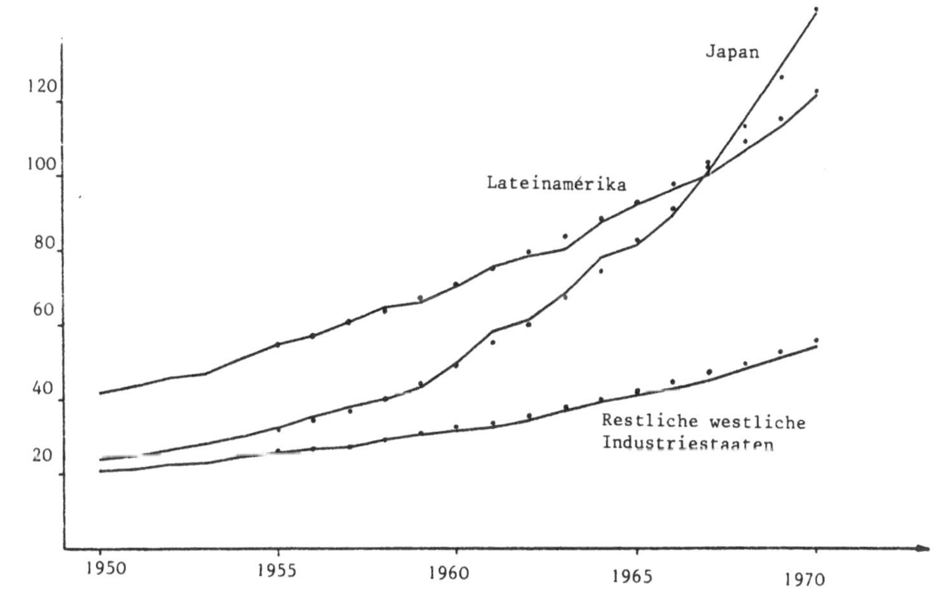

Abbildung 5.2 : Daten und Simulationsergebnisse

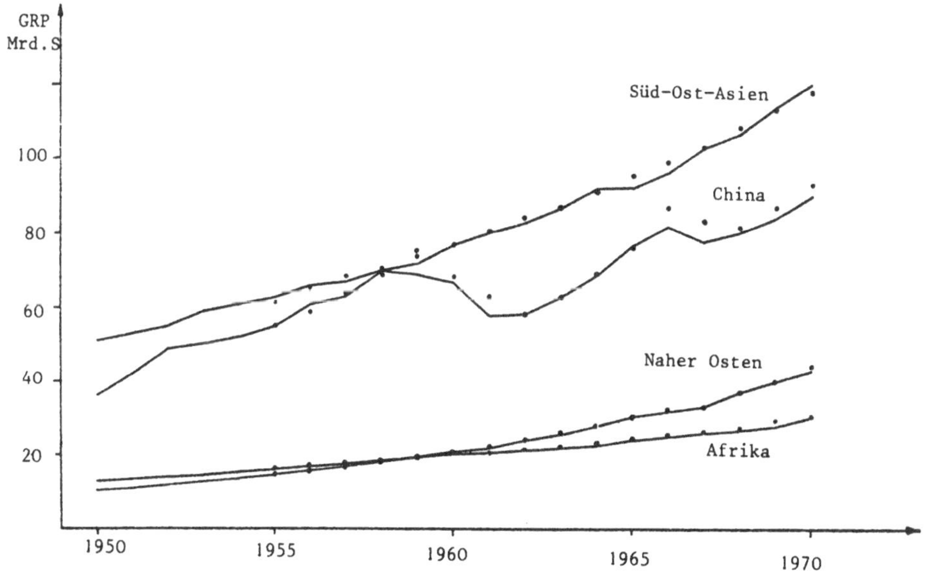

Abbildung 5.3 : Daten und Simulationsergebnisse

	N-AMER	W-EUR	JAPAN	R-DEV	E-EUR	LAT-AM	M-EAST	M-AFR	S-E-AS	CHINA
GRP GROWTH RATES OF THE TEN REGIONS 1960 TILL 1980	3.96	5.20	9.52	5.64	5.93	6.36	7.88	5.39	5.10	5.71
DOUBLING TIME	17.51	13.33	7.28	12.30	11.69	10.90	8.80	12.87	13.60	12.14
GRP GROWTH RATES OF THE TEN REGIONS 1980 TILL 2000	4.35	4.94	5.52	5.23	5.83	7.60	8.84	9.32	8.13	6.23
DOUBLING TIME	15.94	14.04	12.55	13.26	11.88	9.12	7.84	7.44	8.53	11.12
GRP GROWTH RATES OF THE TEN REGIONS 2000 TILL 2020	4.78	4.72	4.95	5.04	5.16	7.27	8.08	8.42	7.72	6.54
DOUBLING TIME	14.50	14.68	14.01	13.76	13.44	9.53	8.58	8.23	8.98	10.60

TABELLE 5.28

N-AMER	W-EUR	JAPAN	R-DEV	E-EUR	LAT-AM	M-EAST	N-AFR	S-E-AS	CHINA
GRP GROWTH RATES OF THE TEN REGIONS 1960 TILL 1990									
3.77	5.25	8.46	5.52	5.68	6.94	8.52	6.97	6.18	6.14
DOUBLING TIME									
18.37	13.20	8.19	12.55	12.21	9.99	8.14	9.95	11.21	11.29
GRP GROWTH RATES OF THE TEN REGIONS 1990 TILL 2020									
4.78	4.84	5.12	5.11	5.43	7.36	8.33	8.65	7.84	6.46
DOUBLING TIME									
14.52	14.33	13.54	13.56	12.76	9.42	8.32	8.01	8.84	10.73

TABELLE 5.29

N-AMER	W-EUR	JAPAN	R-DEV	E-EUR	LAT-AM	M-EAST	N-AFR	S-E-AS	CHINA
GRP GROWTH RATES OF THE TEN REGIONS 1960 TILL 2020									
4.27	5.03	6.41	5.29	5.62	7.32	8.60	8.32	7.38	6.33
DOUBLING TIME									
16.22	13.79	10.82	13.10	12.33	9.47	8.06	8.33	9.39	10.95

TABELLE 5.30

6. Literaturverzeichnis

Albert, H. — Ökonomischer Essentialismus - Der moderne Methodenstreit und die Grenzen des Methodenpluralismus, Jahrb.f.Sozialwiss., 1961, wiederabgedruckt in: Albert,H., Marktsoziologie und Entscheidungslogik, Neuwied, 1967, S. 281.

Allen, R.D.G. — Mathematische Wirtschaftstheorie, übersetzt von Kade,G., Berlin, 1971.

Ball, R.J. (Hrsg.) — The International Linkage of National Economic Models, London/New York, 1973.

Beckerman, W. — Economists, Scientists and Environmental Catastrophe, Oxf.Econ.Papers, Vol.24, Nov.1972 (3).

Bensoussan, A., Hurst, G., Näslund — Management Applications of Modern Control Theory, New York, 1974.

Bicanic, R. — The Threshold of Economic Growth, Kyklos, XV (1), 1962.

Blum, R. — Der Kapitalkoeffizient als Instrument der empirischen Wirtschaftsforschung, in: Hoffmann,W.G., (Hrsg.), 1971.

Bossel, H. — Simulation des Normenstratums und des Normenwandels am Beispiel des Verhältnisses zwischen Entwicklungsland und Industrieland, Inst.f.Systemtechnik u. Innovationsforschung, Manuskript, Karlsruhe, 1973.

Bossel, H. — Unser Weg in die Zukunft bleibt unsicher, Frankfurter Allgemeine Zeitung, 22.12.1972.

Brown, L.S. u.a. — Are there real Limits to Growth - A Reply to Beckerman, Oxf.Econ.Papers, Vol.25, Nov.1973 (3).

Buchanan, J. Mc G. — Ceteris paribus - Einige Bemerkungen zur Methodologie, in: Jochimsen,R., Knobel,H. (Hrsg.), 1971.

Clark, C. — The Conditions of Economic Progress, London, 1957.

Codoni, R. u.a. — World Trade Flows, Zürich, 1971.

Cole, H.S.D. — Die Struktur der Weltmodelle, in: Freeman,Ch. u.a. (Hrsg.), 1973.

Cole, H.S.D., Curnow, R.C. — Bewertung der Weltmodelle, in: Freeman,Ch. u.a. (Hrsg.), 1973.

Csáki, F. — Modern Control Theories, Budapest, 1972.

Dürr, E. — Wachstumspolitisch relevante Ergebnisse der Wachstumstheorie, in: Schneider,H.K. (Hrsg.), 1970.

Duesenberry, J.S. — Die methodologische Grundlage der ökonomischen Theorie, in: Jochimsen,R., Knobel,H. (Hrsg.), 1971.

Duwendag, D. — Die Kontroverse zwischen Fiskalisten und Monetaristen, WISU, 10/1972.

Ehrlich,P. und A. Bevölkerungswachstum und Umweltkrise, Frankfurt/M., 1972.

Enzensberger,H.M. Zur Kritik der Politischen Ökologie, in: Kursbuch 33, Berlin, Okt. 1973.

Evans,M.K. Macroeconomic Activity, New York, 1969.

Eyre,S.R. Man the Pest - Eine Frage des Überlebens, in: Kursbuch 33, Berlin, Okt. 1973.

International Finance Corporation Jahresbericht 1974, zitiert nach FAZ vom 17.9. 1974, S. 13.

Föhl,C. Volkswirtschaftliche Regelkreise höherer Ordnung in Modelldarstellung, in: Geyer,H.,Oppelt, W. (Hrsg.), 1957.

Forrester,J.W. Der teuflische Regelkreis, Stuttgart, 1972.

Freeman,Ch., Jahoda,M. (Hrsg.) Zukunft aus dem Computer, Neuwied/Berlin, 1973.

Fritsch,B. Wachstumsbegrenzung als Machtinstrument, Stuttgart, 1974.

Gahlen,B. Der Informationsgehalt der neoklassischen Wachstumstheorie, Tübingen, 1972.

Gahlen,B.,Ott,A.E. (Hrsg.) Probleme der Wachstumstheorie, Tübingen, 1972

Geyer,H.,Oppelt,W. Volkswirtschaftliche Regelungsvorgänge, München, 1957.

Giersch,H. (Hrsg.) The International Division of Labour, Problems and Perspectives, Tübingen, 1974.

Gigch,J.P. van Applied General Systems Theory, New York u.a., 1974.

Gorz,A. Technische Intelligenz und kapitalistische Arbeitsteilung , in: Vahrenkamp,R. (Hrsg.), Technologie und Kapital, Frankfurt/M., 1973, S. 94.

Hahn,H.,Matthews, R.C.O. The Theory of Economic Growth, Econ.Journal, Vol. LXXIV, 1964.

Hannoversche Allgemeine Zeitung, 27.8.1974, S.5.

Harcourt,G.O. Some Cambridge Controversies in the Theory of Capital, Journ.of Econ.Literature, 7, 1969.

Helmstädter,E. Der Kapitalkoeffizient. Eine kapitaltheoretische Untersuchung, Stuttgart, 1969.

Helmstädter,E. Der Kapitalkoeffizient als Schlüsselgröße der Wachstumstheorie, in: Gahlen,B.,Ott,A.E. (Hrsg.), 1972.

Helmstädter,E. Die Wachstumsfaktoren im Lichte der Wachstumstheorie, Wirtschaftsdienst, 49, 1969, S. 686.

Hesse,H. Strukturwandlungen im Welthandel 1950-1960/61, Tübingen, 1967.

Hickman,B. A General Linear Model of World Trade, in: Ball,R.J. (Hrsg.), 1973.

Hoffmann,W.G. (Hrsg.) Untersuchungen zum Wachstum der deutschen Wirtschaft, Tübingen, 1971.

Hoffmann,W.G.,Grumbach,F.,Hesse,H. Das Wachstum der deutschen Wirtschaft seit der Mitte des 19. Jahrhunderts, Berlin/Heidelberg, New York, 1965.

Hübl,L.,Meyer,W., Ströbele,W. Grundkurs in Volkswirtschaftslehre, Berlin, 1973.

Hunt,E.K., Schwartz,J.G., (Hrsg.) A Critique of Economic Theory, Harmondsworth, 1972.

Jäger,K. Einige Bemerkungen zur Reswitching-Diskussion, in: Gahlen,B.,Ott,A.E. (Hrsg.), 1972.

Jochimsen,R. Knobel,H. (Hrsg.) Gegenstand und Methoden der Nationalökonomie, Köln, 1971.

Johnson,K.,Klein, L.R. Link Model Simulations of International Trade, Journ. of Finance, Vol. XXIX, No. 2, 1974

Kade,G. Wirtschaftswachstum und Umweltschutz im Kapitalismus, in: Nussbaum,H.v. (Hrsg.), 1973.

Kade,G., Hujer,R. Ipsen,D. Wirtschaftskybernetik - Eine Zwischenbilanz, in: Schenk,K.-E. (Hrsg.), 1971.

Känel,S.von Einführung in die Kybernetik für Ökonomen, Berlin (Ost), 1971.

Kindleberger,Ch. Foreign Trade and the National Economy, New Haven/London, 1967.

Kirner,W. Zeitreihen für das Anlagevermögen der Wirtschaftsbereiche in der BRD, DIW-Beiträge zur Strukturforschung, Heft 5, 1968.

Klein,L.R. Die Beiträge der Mathematik in der Wirtschaftswissenschaft, in: Jochimsen,R.,Knobel,H. (Hrsg.), 1971.

König,H. Ansätze und Probleme der Wachstumstheorie, Einleitung zu König,H. (Hrsg.), Wachstum und Entwicklung der Wirtschaft, Köln/Berlin, 1968.

Kornai,J. Anti-Equilibrium - On Economic Systems Theory and the Tasks of Research, Amsterdam/London, 1971.

Lange,O. Einführung in die ökonomische Kybernetik, Tübingen, 1970.

Lützel,H. Das reproduzierbare Anlagevermögen in Preisen von 1962, Wirtschaft und Statistik, 1971/10, S. 593.

Mathematik und Kybernetik in der Ökonomie, Berlin (Ost), 1973.

Meadows,D. u.a. A Response to Sussex,Futures, Vol. 5(1), Febr. 1973.

Meadows,D. u.a. Die Grenzen des Wachstums, Stuttgart,1972. engl. The Limits to Growth, New York,1972.

Mesarovic,M.,Macko,D.,Takahara,Y. Theory of Hierarchical, Multilevel, Systems, New York/London, 1970.

Mesarovic,M., Pestel,E. A Goal-Seeking and Regionalized Model for Analysis of Critical World Relationships - The Conceptual Foundations, Kybernetes, 1972, Vol. 1.

Mesarovic,M., Pestel,E. Menschheit am Wendepunkt, Stuttgart, 1974.

Methodologie der Input-Output-Tabellen 1965, Sonderreihe 1-1970, Stat.Amt der Europäischen Gemeinschaften, 1970.

Michalski,W. u.a. Perspektiven der wirtschaftlichen Entwicklung in Japan, Stuttgart, 1972.

Nussbaum,H. von (Hrsg.) Die Zukunft des Wachstums, Düsseldorf, 1973.

Oppelt,W. Kleines Handbuch technischer Regelungsvorgänge, Weinheim (Bergstraße), 1972.

Pavitt,K.L.R. Malthus und andere Ökonomen - Prognosen des Untergangs in neuem Licht, in: Freeman,Ch.,Jahoda,M., (Hrsg.), 1973.

Phillips,A.W. Mechanical Models in Economic Dynamics, Economica,17, 1950.

Rademaker,I.O. (Hrsg.) Progress Report No. 2 der Gruppe Global Dynamics, Manuskript, Eindhoven, 1972.

Redl,F. Versuch einer ökonomischen Theorie des Kapitalkoeffizienten und seiner Veränderung, Jahrb.f. Nationalök.u.Stat., 176, 1964.

Richter,R. Methodologie aus der Sicht des Wirtschaftswissenschaftlers, in: Jochimsen,R.,Knobel,H. (Hrsg.), 1971.

Rhomberg,R.R. Towards a General Trade Model, in: Ball,R.J. (Hrsg.), 1973.

Rhomberg,R.R. Possible Approaches to a Model of World Trade and Payments, IMF Staff Papers, Vol. XVII (1), 1970.

Robinson,J. Capital Theory up to Date, Canadian Journ. of Econ., 1970 (3), zitiert nach Wiederabdruck in: Hunt,E.K.,Schwartz,J.G. (Hrsg.), 1972.

Robinson,J., Eatwell,J. Einführung in die Volkswirtschaftslehre, München, 1974.

Rose,K. Theorie der Außenwirtschaft, Berlin/Frankfurt/M., 1966.

Samuelson,P. Ökonomische Theorie und Mathematik. Eine Stellungnahme, in: Jochimsen,R.,Knobel,H. (Hrsg.), 1971.

Sautter,H. — Tendencies of Regionalization in World Trade Between 1938 and 1970, an: Giersch,H. (Hrsg.), 1974.

Schenk,K.-E. (Hrsg.) — Systemanalyse in den Wirtschafts- und Sozialwissenschaften, Berlin, 1971.

Schneider,H.K. (Hrsg.) — Beiträge zur Wachstumspolitik, Berlin, 1970.

Scholder,K. — Grenzen der Zukunft, Stuttgart, 1973.

Silk,L. — Ecological Disaster - How Imminent?, New York Times, 13.3.1972.

Taplin,G.B. — Models of World Trade, IMF Staff Papers, Vol. VIV (3), 1967.

Tustin,A. — The Mechanism of Economic Systems, London, 1953.

United Nations — Yearbook of National Account Statistics, New York, 1971.

Wiener,N. — Kybernetik, Hamburg, 1968.

FSC
www.fsc.org
MIX
Papier | Fördert gute Waldnutzung
FSC® C083411

Kolibri 360 GmbH
Ferdinand-Jühlke-Straße 7
99095 Erfurt, Deutschland
produktsicherheit@kolibri360.de

Druck:
CPI Druckdienstleistungen GmbH
im Auftrag der
Kolibri 360 GmbH
Ferdinand-Jühlke-Str. 7
99095 Erfurt